BIBLIOTHÈQUE

LATINE-FRANÇAISE

PUBLIÉE

SOUS LES AUSPICES

DE S. A. R.

MONSIEUR LE DAUPHIN

———

C. L. F. PANCKOUCKE, ÉDITEUR.

IMPRIMERIE DE C. L. F. PANCKOUCKE,

RUE DES POITEVINS, N° 14.

BIBLIOTHÈQUE
LATINE-FRANÇAISE

COLLECTION
DES CLASSIQUES LATINS

AVEC LA TRADUCTION EN REGARD.

DOUZIÈME LIVRAISON.

PARIS

C. L. F. PANCKOUCKE

MEMBRE DE L'ORDRE ROYAL DE LA LÉGION D'HONNEUR

ÉDITEUR, RUE DES POITEVINS, Nº. 14.

M DCCC XXVIII.

MÉMOIRES

DE

JULES CÉSAR

TRADUCTION NOUVELLE

PAR M. ARTAUD

PROFESSEUR AU COLLÈGE ROYAL DE LOUIS-LE-GRAND.

TOME SECOND.

PARIS

C. L. F. PANCKOUCKE

MEMBRE DE L'ORDRE ROYAL DE LA LÉGION D'HONNEUR

ÉDITEUR, RUE DES POITEVINS, N⁰. 14.

M DCCC XXVIII.

MÉMOIRES

DE JULES CÉSAR

SUR

LA GUERRE DES GAULES.

C. JULII CÆSARIS

COMMENTARIORUM

DE BELLO GALLICO

LIBER VII.

———

I. Quieta Gallia, Cæsar, ut constituerat, in Italiam ad conventus agendos proficiscitur. Ibi cognoscit de P. Clodii cæde; senatusque consulto certior factus, ut omnes juniores Italiæ conjurarent, dilectum tota Provincia habere instituit. Eæ res in Galliam transalpinam celeriter perferuntur. Addunt ipsi et affingunt rumoribus Galli, quod res poscere videbatur, retineri urbano motu Cæsarem, neque in tantis dissensionibus ad exercitum venire posse. Hac impulsi occasione, qui jam ante se populi romani imperio subjectos dolerent, liberius atque audacius de bello consilia inire incipiunt. Indictis inter se principes Galliæ conciliis silvestribus ac remotis locis, queruntur de Acconis morte : hunc casum ad ipsos recidere posse demonstrant : miserantur communem Galliæ fortunam : omnibus pollicitationibus ac præmiis deposcunt, qui belli initium faciant, et sui

MÉMOIRES

DE JULES CÉSAR

SUR

LA GUERRE DES GAULES.

LIVRE VII.

———

I. La Gaule étant paisible, César, comme il l'avait résolu, se rend en Italie pour y tenir l'assemblée; là il apprend le meurtre de P. Clodius[1], et sur la nouvelle du
sénatus-consulte qui appelait aux armes[2] toute la jeunesse d'Italie, il fit faire des levées dans toute la province. Le bruit s'en répand bientôt dans la Gaule transalpine. Les Gaulois s'empressent de dire, et la circonstance portait à le croire, que César était retenu par des
troubles civils, et ne pourrait, au milieu de si vifs débats,
se rendre à l'armée. Cette occasion décida des peuples
qui ne se voyaient qu'avec peine soumis au pouvoir des
Romains, à former des projets de guerre avec plus de
liberté et d'audace. Les principaux d'entre eux s'étant rassemblés dans des lieux écartés et dans les forêts, se plai-
gnirent de la mort d'Accon[3]; ils se disent menacés du
même sort, déplorent le triste état de la Gaule, promet-

capitis periculo Galliam in libertatem vindicent. Ejus in primis rationem habendam dicunt, priusquam eorum clandestina consilia efferantur, ut Cæsar ab exercitu intercludatur. Id esse facile, quod neque legiones, absente imperatore, audeant ex hibernis egredi; neque imperator sine præsidio ad legiones pervenire possit; postremo in acie præstare interfici, quam non veterem belli gloriam libertatemque, quam a majoribus acceperint, recuperare.

II. His rebus agitatis, profitentur Carnutes, « se nullum periculum communis salutis causa recusare; principesque ex omnibus bellum facturos pollicentur; et, quoniam in præsentia obsidibus cavere inter se non possint, ne res efferatur, ut jurejurando ac fide sanciatur, petunt, collatis militaribus signis (quo more eorum gravissimæ cærimoniæ continentur), ne, facto initio belli, ab reliquis deserantur. » Tum, collaudatis Carnutibus, dato jurejurando ab omnibus, qui aderant, tempore ejus rei constituto, ab concilio disceditur.

III. Ubi ea dies venit, Carnutes, Cotuato et Conetoduno ducibus, desperatis hominibus, Genabum dato signo concurrunt, civesque romanos, qui negotiandi causa ibi constiterant, in his C. Fusium Citam, honestum equitem romanum, qui rei frumentariæ jussu Cæsaris præerat, interficiunt, bonaque eorum diripiunt. Celeriter ad omnes Galliæ civitates fama perfertur (nam, ubi major atque illustrior incidit res, clamore per agros regionesque significant; hunc alii deinceps excipiunt, et proximis tradunt, ut tum accidit) : nam, quæ Genabi

tent les plus belles récompenses à quiconque commencera la guerre, et délivrera la Gaule, au péril de sa vie. La première chose à faire est de fermer à César le retour vers son armée, avant que leur projet n'éclate. Ils le pourront aisément; les légions n'oseraient quitter leurs quartiers en l'absence du général; il ne pourrait arriver à elles sans escorte : d'ailleurs ne vaut-il pas mieux mourir en combattant, que de ne point recouvrer leur ancienne gloire et la liberté qu'ils ont reçue de leurs ancêtres?

II. La question étant ainsi débattue, les Carnutes s'engagent à braver tous les dangers pour le salut commun, et à se déclarer les premiers. Comme ils craignaient qu'en se donnant mutuellement des otages, leur projet ne fût divulgué, ils demandèrent que l'on jurât sur les étendards réunis, serment le plus sacré qu'ils connaissent, de ne point les abandonner après qu'ils auraient commencé la guerre. Les Carnutes sont comblés d'éloges, tous ceux qui étaient présens prêtent le serment, et le jour de l'exécution ayant été fixé, l'assemblée se sépare.

III. Ce jour venu, les Carnutes prenant pour chefs Cotuatus et Conetodunus, hommes déterminés, courent à Génabe[4] au signal convenu, et massacrent les citoyens romains que le commerce y avait attirés, entre autres C. Fusius Cita, honorable chevalier, à qui César avait donné l'intendance des vivres. Tous leurs biens furent pillés. Cette nouvelle parvint bientôt à tous les états de la Gaule; car toutes les fois qu'il arrive quelque évènement remarquable, ils l'annoncent aux campagnes et aux contrées voisines par des cris qui se transmettent de

oriente sole gesta essent, ante primam confectam vigiliam in finibus Arvernorum audita sunt; quod spatium est millium circiter CLX.

IV. Simili ratione ibi Vercingetorix, Celtilli filius, Arvernus, summæ potentiæ adolescens (cujus pater principatum Galliæ totius obtinuerat, et ob eam causam, quod regnum appetebat, ab civitate erat interfectus), convocatis suis clientibus, facile eos incendit. Cognito ejus consilio, ad arma concurritur : ab Gobanitione, patruo suo, reliquisque principibus, qui hanc tentandam fortunam non existimabant, expellitur ex oppido Gergovia : non destitit tamen, atque in agris habet dilectum egentium ac perditorum. Hac coacta manu, quoscunque adit ex civitate, ad suam sententiam perducit : hortatur, ut communis libertatis causa arma capiant; magnisque coactis copiis, adversarios suos, a quibus paulo ante erat ejectus, expellit ex civitate. Rex ab suis appellatur : dimittit quoquoversus legationes; obtestatur, ut in fide maneant. Celeriter sibi Senones, Parisios, Pictones, Cadurcos, Turones, Aulercos, Lemovices, Andes, reliquosque omnes, qui Oceanum attingunt, adjungit : omnium consensu ad eum defertur imperium. Qua oblata potestate, omnibus his civitatibus obsides imperat, certum numerum militum ad se celeriter adduci jubet : armorum quantum quæque civitas domi, quodque ante tempus efficiat, constituit; in primis equitati studet : summæ diligentiæ summam imperii severitatem addit : magnitudine supplicii dubitantes cogit; nam, majore commisso delicto, igni atque omnibus tormentis necat; le-

proche en proche. Ainsi ce qui s'était passé à Génabe au lever du soleil fut su des Arvernes avant la fin de la première veille, à une distance de près de cent soixante-milles [5].

IV. Animé du même désir, Vercingetorix, fils de Cel-tillus, jeune homme puissant dans cette contrée, et dont le père qui avait commandé toute la Gaule, avait été tué par ses compatriotes pour avoir aspiré à la royauté, ras-sembla ses cliens et n'eut pas de peine à exciter leur ar-deur. Sitôt que son projet est connu, on court aux armes : Gobanition, son oncle, et les principaux Arver-nes, ne voulant pas tenter la même fortune, le chas-sent de Gergovie [6]. Cependant il ne se rebute pas, et en-rôle dans les campagnes des hommes pauvres et perdus de dettes. Avec cette troupe, il entraîne dans son parti tous ceux de la nation qu'il rencontre, les exhorte à prendre les armes pour la liberté commune, et, ayant réuni de grandes forces, il chasse à son tour les adver-saires qui l'avaient banni. Ses partisans lui décernent le titre de roi; il députe de toutes parts pour conjurer chacun de rester fidèle. En peu de temps il s'attache les Sénonais, les Parisiens, les Pictons [7], les Cadurciens [8], les Turons [9], les Aulerciens [10], les Lémovices [11], les Andes [12] et les autres peuples qui bordent l'Océan [13]. Tous lui défèrent le commandement suprême. Revêtu de ce pouvoir, il exige de tous ces peuples des otages, et ordonne une prompte levée de soldats; il fixe la quan-tité d'armes que chaque nation doit avoir dans un temps marqué; il s'attache surtout à former la cavalerie. Joignant à l'activité une sévérité extrême, il contraint

viore de causa, auribus desectis, aut singulis effossis oculis, domum remittit, ut sit reliquis documento, et magnitudine pœnæ perterreant alios.

V. His suppliciis celeriter coacto exercitu, Lucterium Cadurcum, summæ hominem audaciæ, cum parte copiarum in Rutenos mittit : ipse in Bituriges proficiscitur. Ejus adventu Bituriges ad Æduos, quorum erant in fide, legatos mittunt subsidium rogatum, quo facilius hostium copias sustinere possint. Ædui de consilio legatorum, quos Cæsar ad exercitum reliquerat, copias equitatus peditatusque subsidio Biturigibus mittunt. Qui quum ad flumen Ligerim venissent, quod Bituriges ab Æduis dividit, paucos dies ibi morati, neque flumen transire ausi, domum revertuntur, legatisque nostris renuntiant, se Biturigum perfidiam veritos revertisse, quibus id consilii fuisse cognoverint, ut, si flumen transissent, una ex parte ipsi, altera Arverni se circumsisterent. Id eane de causa, quam legatis pronuntiarunt, an perfidia adducti fecerint, quod nihil nobis constat, non videtur pro certo esse ponendum. Bituriges eorum discessu statim se cum Arvernis conjungunt.

VI. His rebus in Italiam Cæsari nuntiatis, quum jam ille urbanas res virtute Cn. Pompeii commodiorem in statum pervenisse intelligeret, in transalpinam Galliam profectus est. Eo quum venisset, magna difficultate afficiebatur, qua ratione ad exercitum pervenire posset : nam si legiones in Provinciam arcesseret, se absente in

ceux qui hésitent, par la rigueur des châtimens. Une
faute grave est punie par le feu et la torture; pour d'autres plus légères, il fait couper les oreilles et crever les
yeux, et renvoie alors les coupables, afin que la grandeur du supplice avertisse et effraie les autres.

V. Avec des moyens si cruels, il eut bientôt une armée. Il en envoya une partie chez les Ruténiens [14], sous
les ordres du cadurcien Lucterius, homme plein d'audace, et marcha lui-même contre les Bituriges [15]. A son
approche, ils députèrent vers les Éduens leurs alliés pour
demander des secours qui les missent en état de résister
aux ennemis. Les Éduens, de l'avis des lieutenans lais-
sés par César près de l'armée, leur envoient des corps de
cavalerie et d'infanterie. Mais arrivées à la Loire qui
sépare le territoire de ces deux peuples, ces troupes s'y
arrêtèrent quelques jours, puis revinrent sans avoir osé
la passer, alléguant à nos lieutenans que la crainte d'être
trahies par les Bituriges leur avait fait rebrousser chemin; qu'elles étaient informées que ces peuples d'un côté,
et les Arvernes de l'autre, devaient les envelopper si
elles passaient le fleuve. Dire si cette excuse avait un
fondement réel ou n'était qu'une perfidie, c'est ce qu'on
ne saurait décider. Aussitôt après leur départ, les Bituriges se réunirent aux Arvernes.

VI. A ces nouvelles, César voyant les troubles de
Rome [16] apaisés par la fermeté de Pompée, partit pour
la Gaule transalpine. Là, il se trouva fort embarrassé
pour rejoindre l'armée. S'il faisait venir les légions dans
la Province, il sentait que pendant la marche elles seraient
forcées de combattre sans lui; s'il allait vers elles, il ne

itinere prœlio dimicaturas intelligebat; si ipse ad exercitum contenderet, ne iis quidem, qui eo tempore pacati viderentur, suam salutem recte committi videbat.

VII. Interim Lucterius Cadurcus, in Rutenos missus, eam civitatem Arvernis conciliat. Progressus in Nitiobriges et Gabalos, ab utrisque obsides accipit, et magna coacta manu, in Provinciam, Narbonem versus, eruptionem facere contendit. Qua re nuntiata, Cæsar omnibus consiliis antevertendum existimavit, ut Narbonem proficisceretur. Eo quum venisset, timentes confirmat, præsidia in Rutenis provincialibus, Volcis Arecomicis, Tolosatibus, circumque Narbonem, quæ loca hostibus erant finitima, constituit: partem copiarum ex Provincia, supplementumque, quod ex Italia adduxerat, in Helvios, qui fines Arvernorum contingunt, convenire jubet.

VIII. His rebus comparatis, represso jam Lucterio et remoto, quod intrare intra præsidia periculosum putabat, in Helvios proficiscitur: etsi mons Cevenna, qui Arvernos ab Helviis discludit, durissimo tempore anni, altissima nive iter impediebat, tamen discussa nive VI in altitudinem pedum, atque ita viis patefactis, summo militum sudore ad fines Arvernorum pervenit. Quibus oppressis inopinantibus, quod se Cevenna, ut muro, munitos existimabant, ac ne singulari quidem unquam homini eo tempore anni semitæ patuerant, equitibus imperat, ut, quam latissime possint, vagentur, et quam maximum hostibus terrorem inferant. Celeriter hæc fama ac nuntiis ad Vercingetorigem perferuntur: quem

pouvait se confier avec sûreté même à ceux qui semblaient alors paisibles.

VII. Cependant le cadurcien Lucterius, envoyé chez les Ruténiens, les engage aussi dans l'alliance. De là il s'avance vers les Nitiobriges [17] et les Gabaliens [18], en reçoit des otages, et, à la tête d'une armée nombreuse, menace la Province du côté de Narbonne. Instruit de son dessein, César n'eut rien de plus pressé que de partir pour Narbonne. Son arrivée calma les craintes. Il plaça des garnisons dans la partie des Ruténiens dépendante de la Province, chez les Volques-Arécomiciens [19], chez les Tolosates [20], et dans les environs de Narbonne, tous voisins des ennemis. Enfin, il ordonna à une partie des troupes de la Province, et aux recrues qu'il avait amenées d'Italie, de se réunir sur le territoire des Helviens [21], qui touche à celui des Arvernes.

VIII. Ces dispositions continrent Lucterius. Il craignit de s'enfermer entre nos garnisons, et s'éloigna. César marcha vers les Helviens. Quoique les montagnes des Cévennes, qui les séparent des Arvernes, fussent alors couvertes de neige, et semblassent, dans une saison si rude, s'opposer au passage, cependant les soldats, à force de peine, écartèrent la neige haute de six pieds, et ouvrirent un chemin qui les mena chez les Arvernes. César étonna ces peuples par une irruption si subite; car ils se croyaient défendus par les Cévennes comme par un mur impénétrable. Jamais en cette saison un simple voyageur ne s'y était frayé le moindre sentier. César ordonne à la cavalerie de s'étendre au loin, pour inspirer à l'ennemi plus

perterriti omnes Arverni circumsistunt atque obsecrant,
ut suis fortunis consulat, neu se ab hostibus diripi patiatur; præsertim quum videat, omne ad se bellum trans-
latum. Quorum ille precibus permotus, castra ex Biturigibus movet in Arvernos versus.

IX. At Cæsar, biduum in iis locis moratus, quod hæc
de Vercingetorige usu ventura opinione præceperat, per
causam supplementi equitatusque cogendi ab exercitu
discedit; Brutum adolescentem iis copiis præficit; hunc
monet, ut in omnes partes equites quam latissime per-
vagentur : daturum se operam, ne longius triduo ab
castris absit. His constitutis rebus, suis inopinantibus,
quam maximis potest itineribus, Viennam pervenit. Ibi
nactus recentem equitatum, quem multis ante diebus eo
præmiserat, neque diurno neque nocturno itinere intermisso, per fines Æduorum in Lingones contendit, ubi II
legiones hiemabant; ut, si quid etiam de sua salute ab
Æduis iniretur consilii, celeritate præcurreret. Eo quum
pervenisset, ad reliquas legiones mittit, priusque in
unum locum omnes cogit, quam de ejus adventu Arvernis nuntiari posset. Hac re cognita, Vercingetorix rursus in Bituriges exercitum reducit; atque inde profectus
Gergoviam, Boiorum oppidum, quos ibi Helvetico prœlio victos Cæsar collocaverat, Æduisque attribuerat, oppugnare instituit.

X. Magnam hæc res Cæsari difficultatem ad consilium
capiendum afferebat : si reliquam partem hiemis uno in

de terreur. La renommée et de nombreux messages portent bientôt cette nouvelle à Vercingetorix. Les Arvernes effrayés l'entourent; ils le conjurent de pourvoir à leur sûreté et de les garantir du pillage; car tout le poids de la guerre allait peser sur eux. Touché de leurs plaintes, il lève son camp, et quitte le pays des Bituriges pour se rendre chez les Arvernes.

IX. César, qui avait prévu le parti que prendrait Vercingetorix, ne s'arrêta que deux jours en cet endroit, et quitta l'armée, sous prétexte de faire des recrues et de lever de la cavalerie. Il laisse le commandement au jeune Brutus, et lui recommande de faire battre au loin la campagne : il aura soin de ne pas être absent plus de trois jours. Tout étant réglé, il part, et se rend à grandes journées à Vienne [22], où on ne l'attendait pas. Là, prenant la cavalerie nouvellement levée qu'il y avait envoyée plusieurs jours avant, il marche jour et nuit, traverse le pays des Éduens, et se dirige vers les Lingons où deux légions hivernaient. Il voulait prévenir les Éduens, dans le cas où ils trameraient quelque dessein contre lui. A peine est-il arrivé, qu'il donne ordre aux autres légions de le joindre, et les réunit toutes avant que les Arvernes puissent être instruits de sa marche. Dès que Vercingetorix en eut avis, il ramena son armée chez les Bituriges et se disposa à faire le siège de Gergovie [23], ville tenue par les Boïens que César y avait établis, sous l'autorité des Éduens, après le désastre de la guerre Helvétique.

X. Cette entreprise mit César dans un grand embarras. Si, pendant le reste de l'hiver, il laissait les légions

loco legiones contineret, ne, stipendiariis Æduorum expugnatis, cuncta Gallia deficeret, quod nullum amicis in eo præsidium videret positum esse : sin maturius ex hibernis educeret, ne ab re frumentaria duris subvectionibus laboraret. Præstare visum est tamen, omnes difficultates perpeti, quam, tanta contumelia accepta, omnium suorum voluntates alienare. Itaque cohortatus Æduos de supportando commeatu, præmittit ad Boios, qui de suo adventu doceant, hortenturque, ut in fide maneant, atque hostium impetum magno animo sustineant. Duabus Agendici legionibus atque impedimentis totius exercitus relictis, ad Boios proficiscitur.

XI. Altero die, quum ad oppidum Senonum Vellaunodunum venisset, ne quem post se hostem relinqueret, quo expeditiore re frumentaria uteretur, oppugnare instituit, idque biduo circumvallavit : tertio die missis ex oppido legatis de deditione, arma proferri, jumenta produci, DC obsides dari jubet. Ea qui conficeret, C. Trebonium legatum relinquit : ipse, ut quam primum iter conficeret, Genabum Carnutum proficiscitur, qui, tum primum allato nuntio de oppugnatione Vellaunoduni, quum longius eam rem ductum iri existimarent, præsidium Genabi tuendi causa, quod eo mitterent, comparabant. Huc biduo pervenit : castris ante oppidum positis, diei tempore exclusus, in posterum oppugnationem differt, quæque ad eam rem usui sint, militibus imperat : et, quod oppidum Genabum pons fluminis Ligeris continebat, veritus, ne noctu ex oppido profugerent, duas legiones in armis excubare jubet. Genabenses, paulo ante mediam noctem silentio ex oppido egressi, flumen

dans leurs quartiers, il craignait que la réduction d'une ville alliée des Éduens n'entraînât la défection de toute la Gaule, qui ne verrait plus en lui un protecteur; s'il entrait en campagne plutôt que de coutume, les vivres pouvaient manquer par la difficulté des transports. Cependant il aima mieux braver tous les obstacles, que d'aliéner tous les esprits en se déshonorant. Il engagea les Éduens à lui envoyer des vivres, fit avertir les Boïens de son approche, les exhorta à rester fidèles et à soutenir vaillamment l'attaque des ennemis. Puis, laissant à Agendicum [24] deux légions, avec le bagage de toute l'armée, il se dirigea vers les Boïens.

XI. Le lendemain, étant arrivé à Vellaunodun [25], ville des Sénonais, il résolut de l'attaquer, afin de ne point laisser derrière lui d'ennemis qui gênassent le transport des vivres. La circonvallation fut achevée en deux jours. Le troisième jour, la place proposa de se rendre : elle eut ordre de déposer les armes, de livrer les chevaux et de donner six cents otages. César laisse C. Trebonius, son lieutenant, pour faire exécuter le traité, et marche en toute hâte sur Génabe, au pays des Carnutes. Ceux-ci ne faisaient que d'apprendre le siège de Vellaunodun. Croyant qu'il durerait plus long-temps, ils se disposaient à y envoyer du secours. César y arriva le second jour, et établit son camp devant la place : mais l'approche de la nuit le força de remettre l'attaque au lendemain; pendant ce temps il fit ses préparatifs. Comme cette ville avait un pont sur la Loire, il fit veiller deux légions sous les armes, dans la crainte que les assiégés ne s'échappassent la nuit. En effet, vers minuit, ils sortirent en silence et se mirent à

transire cœperunt. Qua re per exploratores nuntiata, Cæsar legiones, quas expeditas esse jusserat, portis incensis, intromittit, atque oppido potitur, perpaucis ex hostium numero desideratis, quin cuncti vivi caperentur, quod pontis atque itinerum angustiæ multitudini fugam intercluserant. Oppidum diripit atque incendit, prædam militibus donat, exercitum Ligerim transducit, atque in Biturigum fines pervenit.

XII. Vercingetorix, ubi de Cæsaris adventu cognovit, oppugnatione desistit, atque obviam Cæsari proficiscitur. Ille oppidum Biturigum, positum in via, Noviodunum oppugnare instituerat. Quo ex oppido quum legati ad eum venissent, oratum, ut sibi ignosceret, suæque vitæ consuleret, ut celeritate reliquas res conficeret, qua pleraque erat consecutus, arma proferri, equos produci, obsides dari jubet. Parte jam obsidum transdita, quum reliqua administrarentur, centurionibus et paucis militibus intromissis, qui arma jumentaque conquirerent, equitatus hostium procul visus est, qui agmen Vercingetorigis antecesserat. Quem simul atque oppidani conspexerunt, atque in spem auxilii venerunt, clamore sublato arma capere, portas claudere, murum complere cœperunt. Centuriones in oppido, quum ex significatione Gallorum novi aliquid ab his iniri consilii intellexissent, gladiis districtis portas occupaverunt, suosque omnes incolumes receperunt.

XIII. Cæsar ex castris equitatum educi jubet, prœliumque equestre committit : laborantibus jam suis Germanos equites circiter CD submittit, quos ab initio secum habere instituerat. Eorum impetum Galli sustinere

passer le fleuve. César averti par ses éclaireurs, mit le
feu aux portes, introduisit les légions qu'il avait tenues
prêtes, et s'empara de la place. Peu d'ennemis échappèrent : presque tous furent pris, les issues et le pont étant
trop étroits pour tant de fuyards. César pille et brûle la
ville, abandonne le butin aux soldats, leur fait passer la
Loire et arrive sur le territoire des Bituriges.

XII. Vercingetorix n'est pas plutôt averti de l'arrivée
de César, qu'il lève le siège et marche à lui. Celui-ci
avait résolu d'assiéger sur la route Noviodun [26], ville des
Bituriges. Les habitans ayant député vers lui pour demander le pardon et la vie, César, afin d'user de cette
promptitude qui l'avait si bien servi, leur ordonne de
livrer otages, armes, chevaux. Une partie des otages
était déjà livrée, et le reste du traité s'exécutait en présence des centurions et de quelques soldats qu'on avait
introduits dans la place pour recevoir les chevaux et les
armes, lorsqu'on aperçut au loin la cavalerie ennemie
qui précédait l'armée de Vercingetorix. A cette vue, les
habitans, ranimés par l'espoir du secours, prennent les
armes avec de grands cris, ferment les portes, et bordent le rempart. Les centurions comprirent aux mouvemens des Gaulois qu'il se tramait quelque nouveau dessein. Ils tirent l'épée, s'emparent des portes, et se retirent sans perte.

XIII. César fait sortir sa cavalerie et engage avec elle
le combat. Comme elle était serrée de près, il la fait soutenir par six cents cavaliers germains qu'il avait avec
lui depuis le commencement de la guerre. Les Gaulois

non potuerunt, atque in fugam conjecti, multis amissis, sese ad agmen receperunt : quibus profligatis, rursus oppidani perterriti comprehensos eos, quorum opera
plebem concitatam existimabant, ad Cæsarem perduxe-
runt, seseque ei dediderunt. Quibus rebus confectis, Cæsar ad oppidum Avaricum, quod erat maximum muni-
tissimumque in finibus Biturigum, atque agri fertilis-
sima regione, profectus est; quod, eo oppido recepto,
civitatem Biturigum se in potestatem redacturum confidebat.

XIV. Vercingetorix, tot continuis incommodis Vellaunoduni, Genabi, Novioduni acceptis, suos ad concilium convocat. Docet, « longe alia ratione esse bellum
gerendum, atque antea sit gestum : omnibus modis huic
rei studendum, ut pabulatione et commeatu Romani
prohibeantur. Id esse facile, quod equitatu ipsi abun-
dent, et quod anni tempore subleventur : pabulum se-
cari non posse; necessario dispersos hostes ex ædificiis
petere : hos omnes quotidie ab equitibus deleri posse.
Præterea salutis causa rei familiaris commoda negli-
genda; vicos atque ædificia incendi oportere hoc spatio,
a Boia quoquo versus, quo pabulandi causa adire posse
videantur. Harum ipsis rerum copiam suppetere, quod,
quorum in finibus bellum geratur, eorum opibus subleventur : Romanos aut inopiam non laturos, aut magno
cum periculo longius a castris progressuros : neque interesse, ipsosne interficiant, impedimentisne exuant, quibus amissis, bellum geri non possit. Præterea oppida incendi oportere, quæ non munitione et loci natura ab
omni sint periculo tuta; neu suis sint ad detrectan-

ne purent soutenir leur choc, prirent la fuite, et se re-
plièrent sur leur armée avec beaucoup de perte. Ce revers effraya de nouveau les habitans. Ils saisirent ceux
qui passaient pour avoir soulevé le peuple, les livrèrent à
César et se rendirent à lui. Cette affaire terminée, César
se dirigea sur Avarique, la plus grande et la plus forte
place des Bituriges, sur le territoire le plus fertile. Il
comptait que la prise de cette place le rendrait maître de
tout le pays.

XIV. Vercingetorix, après avoir essuyé successive-
ment tant de revers à Vellaunodun, à Génabe, à Noviodun, convoque un conseil. Là il démontre qu'il s'agit
de faire la guerre tout autrement que par le passé. Ils
doivent avant tout s'appliquer à priver les Romains de
vivres et de fourrages; le nombre de leur cavalerie, la
saison même, facilitera leurs efforts : l'ennemi ne trouvant pas d'herbe à couper, sera contraint de s'écarter
pour en chercher dans les maisons, et pourra chaque
jour être détruit par la cavalerie. Le salut commun doit
faire oublier les intérêts particuliers. Il faut incendier les
habitations et les bourgs, depuis le territoire des Boïens,
de tous côtés, aussi loin que l'ennemi peut étendre ses
fourrages. Pour eux, ils auront tout en abondance, sûrs
d'être secourus par les peuples voisins. Les Romains seront pressés par la disette, ou quitteront leur camp avec
de grands périls. Qu'on les tue, ou qu'on enlève leurs
bagages, peu importe, si cette perte leur rend la guerre
impossible. Il faut encore brûler les places que leur position ou la faiblesse des fortifications ne préservent pas

dam militiam receptacula, neu Romanis proposita ad
copiam commeatus prædamque tollendam. Hæc si gra-
via aut acerba videantur, multo illa gravius æstimare
debere, liberos, conjuges in servitutem abstrahi, ipsos
interfici; quæ sit necesse accidere victis. »

XV. Omnium consensu hac sententia probata, uno
die amplius xx urbes Biturigum incenduntur. Hoc idem
fit in reliquis civitatibus. In omnibus partibus incendia
conspiciuntur : quæ etsi magno cum dolore omnes ferebant, tamen hoc sibi solatii proponebant, quod se, prope
explorata victoria, celeriter amissa recuperaturos confidebant. Deliberatur de Avarico in communi concilio, incendi placeret, an defendi. Procumbunt omnibus Gallis
ad pedes Bituriges, « ne pulcherrimam prope totius Galliæ urbem, quæ et præsidio et ornamento sit civitati,
suis manibus succendere cogerentur : facile se loci natura defensuros, dicunt, quod, prope ex omnibus partibus flumine et palude circumdata, unum habeat et per-
angustum aditum. » Datur petentibus venia, dissuadente
primo Vercingetorige, post concedente, et precibus ipsorum, et misericordia vulgi. Defensores oppido idonei
deliguntur.

XVI. Vercingetorix minoribus Cæsarem itineribus subsequitur, et locum castris deligit, paludibus silvisque
munitum, ab Avarico longe millia passuum xvi. Ibi per
certos exploratores in singula diei tempora, quæ ad Avaricum agerentur, cognoscebat, et, quid fieri vellet, imperabat : omnes nostras pabulationes frumentationesque

de tout péril, de peur qu'elles ne servent de refuge aux traîtres, ou que les Romains n'en tirent des vivres. Si de tels moyens paraissent durs et violens, ne serait-il pas plus dur encore de voir leurs femmes et leurs enfans traînés en esclavage, et d'être eux-mêmes égorgés, sort inévitable des vaincus?

XV. Cet avis fut approuvé de tous. En un jour, plus de vingt villes des Bituriges sont livrées aux flammes. Les pays voisins font de même : de toutes parts on ne voit qu'incendies. Chacun se consolait de ce douloureux spectacle, par l'espoir d'une prochaine victoire, qui réparerait promptement toutes les pertes. On délibère dans l'assemblée s'il convient de brûler Avarique[27] ou de la défendre. Mais les Bituriges se jettent aux pieds des autres Gaulois; ils demandent qu'on ne les force pas à brûler de leurs mains une des plus belles villes de la Gaule, l'ornement et le soutien de tout le pays; il leur sera facile de défendre, par sa position même, une place presque entourée de toutes parts d'une rivière et d'un marais, et qui n'a qu'une avenue fort étroite. On se rend à leurs instances; Vercingetorix, qui les avait combattues d'abord, cède enfin à leurs prières et à la pitié générale. La défense de la ville est confiée à des hommes d'élite.

XVI. Vercingetorix suivit César à petites journées, et plaça son camp dans un lieu défendu par des bois et des marais, à seize milles d'Avarique. Là, des éclaireurs fidèles l'instruisaient à chaque instant du jour de ce qui se passait dans la place, et y reportaient ses ordres. Il épiait le moment où nous allions chercher des vivres et

observabat, dispersosque, quum longius necessario pro-
cederent, adoriebatur, magnoque incommodo afficiebat :
etsi, quantum ratione provideri poterat, ab nostris oc-
currebatur, ut incertis temporibus diversisque itineribus
iretur.

XVII. Castris ad eam partem oppidi positis, Cæsar,
quæ intermissa a flumine et palude aditum, ut supra
diximus, angustum habebat, aggerem apparare, vineas
agere, turres duas constituere cœpit : nam circumvallare
loci natura prohibebat. De re frumentaria Boios atque
Æduos adhortari non destitit : quorum alteri, quod nullo
studio agebant, non multum adjuvabant; alteri non
magnis facultatibus, quod civitas erat exigua et infirma,
celeriter, quod habuerunt, consumpserunt. Summa difficultate rei frumentariæ affecto exercitu, tenuitate Boiorum, indiligentia Æduorum, incendiis ædificiorum, usque eo, ut complures dies milites frumento caruerint,
et pecore e longinquioribus vicis adacto extremam fa-
mem sustentarent, nulla tamen vox est ab iis audita, populi romani majestate et superioribus victoriis indigna.
Quin etiam Cæsar, quum in opere singulas legiones appellaret, et, si acerbius inopiam ferrent, se dimissurum
oppugnationem diceret, universi ab eo, « ne id faceret,
petebant : sic se complures annos illo imperante meruisse,
ut nullam ignominiam acciperent, nunquam infecta re
discederent : hoc se ignominiæ laturos loco, si inceptam
oppugnationem reliquissent : præstare, omnes perferre
acerbitates, quam non civibus romanis, qui Genabi
perfidia Gallorum interissent, parentarent. » Hæc eadem

des fourrages, et si la nécessité forçait les nôtres de s'écarter au loin, il fondait sur eux et les maltraitait vivement, malgré toute notre attention à ne sortir qu'à des heures variées et par des chemins divers.

XVII. César ayant placé son camp vers cette partie de la ville où la rivière et les marais laissaient une étroite avenue, fit élever une terrasse, dresser des mantelets et construire deux tours; car la nature du lieu rendait une circonvallation impossible. César ne cessait de demander des vivres aux Boïens et aux Éduens : les uns, peu zélés, ne lui étaient pas d'un grand secours; les autres, pauvres et faibles, eurent bientôt épuisé leur récolte. Au milieu de cette disette, causée par la pauvreté des Boïens, par la négligence des Éduens, par l'incendie des habitations, durant plusieurs jours que le soldat manqua de blé et ne vécut que de bestiaux amenés de fort loin, il ne lui échappa aucune parole indigne de la majesté du peuple romain, ni des précédentes victoires; et même comme César, visitant les travaux, s'adressait tour à tour à chaque légion, et offrait de lever le siège, si la disette leur était trop pénible, tous le conjurèrent de n'en rien faire, disant que depuis nombre d'années qu'ils servaient sous ses ordres, ils avaient appris à n'essuyer aucun affront, et à ne laisser aucune entreprise imparfaite; qu'ils se tiendraient pour déshonorés, s'ils quittaient le siège commencé; qu'ils aimaient mieux tout souffrir que de ne pas venger les citoyens romains égorgés à Génabe par la perfidie[28] des Gaulois.

centurionibus tribunisque militum mandabant, ut per eos ad Cæsarem deferrentur.

XVIII. Quum jam muro turres appropinquassent, ex captivis Cæsar cognovit, Vercingetorigem, consumpto pabulo, castra movisse propius Avaricum, atque ipsum cum equitatu expeditisque, qui inter equites prœliari consuessent, insidiarum causa eo profectum, quo nostros postero die pabulatum venturos arbitraretur. Quibus rebus cognitis, media nocte silentio profectus, ad hostium castra mane pervenit. Illi, celeriter per exploratores adventu Cæsaris cognito, carros impedimentaque sua in arctiores silvas abdiderunt, copias omnes in loco aperto atque edito instruxerunt. Qua re nuntiata, Cæsar celeriter sarcinas conferri, arma expediri jussit.

XIX. Collis erat leniter ab infimo acclivis : hunc ex omnibus fere partibus palus difficilis atque impedita cingebat, non latior pedibus L. Hoc se colle, interruptis pontibus, Galli fiducia loci continebant, generatimque distributi in civitates, omnia vada ac saltus ejus paludis certis custodibus obtinebant, sic animo parati, ut, si eam paludem Romani perrumpere conarentur, hæsitantes premerent ex loco superiore : ut, qui propinquitatem loci videret, paratos prope æquo Marte ad dimicandum existimaret; qui iniquitatem conditionis perspiceret, inani simulatione sese ostentare cognosceret. Indignantes milites Cæsar, quod conspectum suum hostes ferre possent, tantulo spatio interjecto, et signum prœlii exposcentes, edocet, « quanto detrimento, et quot virorum fortium

Ils firent les mêmes protestations aux centurions et aux tribuns, pour qu'ils les rapportassent à César.

XVIII. Déjà l'on avait fait avancer les tours près du rempart, quand César apprit par des captifs, que Vercingetorix, après avoir consumé tous les vivres, avait rapproché son camp d'Avarique, et que lui-même était parti avec sa cavalerie, et son infanterie légère exercée à combattre avec elle, pour dresser une embuscade à l'endroit où il pensait que les nôtres iraient le lendemain au fourrage. Sur cet avis, César partit en silence au milieu de la nuit, et arriva le matin près du camp des ennemis. Ceux-ci ayant été promptement avertis par leurs éclaireurs, cachèrent les bagages et les chariots dans l'épaisseur des forêts, et rangèrent toutes leurs troupes sur un lieu élevé et découvert. César ordonna aussitôt de déposer les sacs, et de se préparer au combat.

XIX. L'ennemi occupait une colline en pente douce; un marais de cinquante pieds de large l'entourait presque de tous côtés, et en rendait l'accès dangereux et difficile. Les Gaulois avaient rompu les ponts, et se fiaient à l'avantage du lieu. Distribués par nations, ils gardaient tous les gués et les détours du marais, prêts à fondre de cette hauteur sur les Romains en désordre, s'ils tentaient de le franchir. A voir la proximité des distances, on eût pu leur supposer une bravoure à toute épreuve; en jugeant l'inégalité des positions, on reconnaissait aisément que leur contenance n'était qu'une vaine parade. Nos soldats, indignés que l'ennemi, à une si petite distance, osât soutenir leurs regards, demandaient le signal du combat. César leur fit comprendre qu'il faudrait acheter

morte necesse sit constare victoriam : quos quum sic
animo paratos videat, ut nullum pro sua laude periculum recusent, summæ se iniquitatis condemnari debere,
nisi eorum vitam sua salute habeat cariorem. » Sic milites consolatus, eodem die reducit in castra ; reliqua,
quæ ad oppugnationem oppidi pertinebant, administrare
instituit.

XX. Vercingetorix, quum ad suos redisset, proditionis insimulatus, quod castra propius Romanos movisset,
quod cum omni equitatu discessisset, quod sine imperio
tantas copias reliquisset, quod ejus discessu Romani tanta
opportunitate et celeritate venissent ; non hæc omnia for-
tuito, aut sine consilio accidere potuisse ; regnum illum
Galliæ malle Cæsaris concessu, quam ipsorum habere
beneficio ; tali modo accusatus ad hæc respondit : « Quod
castra movisset, factum inopia pabuli, etiam ipsis hor-
tantibus : quod propius Romanos accessisset, persuasum
loci opportunitate, qui se ipsum munitione defenderet :
equitum vero operam neque in loco palustri desiderari
debuisse, et illic fuisse utilem, quo sint profecti : summam imperii se consulto nulli discedentem tradidisse,
ne is multitudinis studio ad dimicandum impelleretur ;
cui rei propter animi mollitiem studere omnes videret,
quod diutius laborem ferre non possent. Romani si casu
intervenerint, fortunæ ; si alicujus indicio vocati, huic
habendam gratiam, quod et paucitatem eorum ex loco
superiore cognoscere, et virtutem despicere potuerint ;
qui, dimicare non ausi, turpiter se in castra receperint.
Imperium se a Cæsare per proditionem nullum desiderare, quod habere victoria posset, quæ jam esset sibi at-

la victoire par la mort de trop de braves; et que les voyant prêts à braver tous les périls pour sa gloire, il serait lui-même ingrat si leur salut ne lui était plus cher que le sien propre. Après ces paroles consolantes, il les ramena le même jour au camp, et acheva de tout disposer pour le siège.

XX. De retour près des siens, Vercingetorix fut accusé de trahison, pour avoir rapproché son camp de celui des Romains, pour être parti avec toute la cavalerie, et pour avoir laissé tant de troupes sans chef. « Son départ ne pouvait qu'être favorable aux Romains : on a pu en juger par la promptitude de leur marche. Toutes ces circonstances ne peuvent être l'effet du hasard : sans doute il aime mieux tenir le commandement de la Gaule de l'agrément de César que de leur bonne volonté. » Il répondit à ces accusations, qu'il n'avait levé le camp que par disette de fourrage, et sur leurs instances; quand il s'est approché des Romains, il savait que le poste où il laissait les siens se défendait de lui-même : on n'eût pu faire usage de la cavalerie dans un lieu marécageux; elle avait été utile où il l'avait menée. En ne confiant le commandement à aucun autre, il voulait éviter qu'un nouveau chef ne fût entraîné par la multitude aux hasards d'une bataille; il connaissait leur faiblesse, et le désir qu'ils avaient de terminer promptement leurs fatigues. Si le hasard a conduit ici les Romains, il faut en remercier la fortune; si quelque traître les a appelés, on lui doit de connaître leur petit nombre et d'avoir pu braver leur valeur. On les a vus, n'osant engager le combat, se retirer honteusement dans

que omnibus Gallis explorata : quin etiam ipsis remit-
tere, si sibi magis honorem tribuere, quam ab se salutem accipere videantur. Hæc ut intelligatis, inquit, sincere
a me pronuntiari, audite romanos milites. » Producit
servos, quos in pabulatione paucis ante diebus excepe-
rat, et fame vinculisque excruciaverat. Hi, jam ante
edocti, quæ interrogati pronuntiarent, milites se esse
legionarios dicunt : fame et inopia adductos clam ex castris exisse, si quid frumenti aut pecoris in agris reperire
possent : simili omnem exercitum inopia premi, nec jam
vires sufficere cuiquam, nec ferre operis laborem posse :
itaque statuisse imperatorem, si nihil in oppugnatione
oppidi profecisset, triduo exercitum deducere. «Hæc, inquit, a me, Vercingetorix, beneficia habetis, quem proditionis insimulatis : cujus opera sine vestro sanguine
tantum exercitum victorem fame pæne consumptum vide-
tis : quem, turpiter se ex hac fuga recipientem, ne qua
civitas suis finibus recipiat, a me provisum est. »

XXI. Conclamat omnis multitudo, et suo more armis
concrepat; quod facere in eo consuerunt, cujus orationem approbant : summum esse Vercingetorigem ducem,
nec de ejus fide dubitandum ; nec majore ratione bellum
administrari posse. Statuunt, ut x millia hominum delecta ex omnibus copiis in oppidum submittantur : nec
solis Bituricibus communem salutem committendam cen-

leur camp. Il n'a pas besoin d'obtenir par trahison une
autorité qui peut être acquise par une victoire certaine :
il est prêt à s'en démettre, s'ils pensent qu'elle serve plus
à sa gloire qu'au salut de tous. Voulez-vous, dit-il, connaître la sincérité de mes paroles? entendez les soldats
romains. Alors il fait paraître quelques esclaves pris
les jours précédens parmi les fourrageurs, et long-temps
affaiblis par la faim et la captivité. Instruits d'avance de
ce qu'ils devaient répondre, ils disent qu'ils sont des
soldats légionnaires; que, pressés par la faim et la mi-
sère, ils ont quitté secrètement le camp pour chercher
dans la campagne du blé ou quelque bétail. Toute
l'armée est dans la même disette; les forces ne suf-
fisent plus aux travaux du camp : César a résolu de
lever le siège dans trois jours, si la place ne se rend pas.
« Voilà pourtant, reprend Vercingetorix, ce que vous
devez à celui qu'on accuse de trahison. C'est par mes
soins, et sans qu'il en ait coûté une goutte de sang, que
vous voyez une armée victorieuse presque mourant de
faim, et, dans sa fuite honteuse, réduite, par ma prévoyance, à ne trouver aucune ville qui veuille lui donner
asile. »

XXI. Tous alors poussent des cris, et font entendre
le cliquetis des armes[29]; c'est leur manière d'applaudir
une harangue. Vercingetorix est un grand général; sa
fidélité n'est point douteuse; on ne saurait conduire la
guerre avec plus de sagesse. Ils décident qu'on enverra
dans la ville dix mille hommes choisis sur toute l'armée :
ils craindraient de confier le salut commun aux seuls Bi-

sent; quod penes eos, si id oppidum retinuissent, summam victoriæ constare intelligebant.

XXII. Singulari militum nostrorum virtuti consilia
cujusque modi Gallorum occurrebant, ut est summæ genus solertiæ, atque ad omnia imitanda atque efficienda,
quæ ab quoque tradantur, aptissimum. Nam et laqueis
falces avertebant, quas quum destinaverant, tormentis
introrsus reducebant; et aggerem cuniculis subtrahebant,
eo scientius, quod apud eos magnæ sunt ferrariæ, atque
omne genus cuniculorum notum atque usitatum est. Totum autem murum ex omni parte turribus contabulave-
rant, atque has coriis intexerant. Tum crebris diurnis
nocturnisque eruptionibus aut aggeri ignem inferebant,
aut milites occupatos in opere adoriebantur; et nostrarum turrium altitudinem, quantum has quotidianus agger expresserat, commissis suarum turrium malis, adæ-
quabant; et apertos cuniculos præusta ac præacuta
materia, et pice fervefacta, et maximi ponderis saxis
morabantur, mœnibusque appropinquare prohibebant.

XXIII. Muris autem omnibus Gallicis hæc fere forma
est. Trabes directæ, perpetuæ in longitudinem, paribus
intervallis distantes inter se binos pedes, in solo collocantur : hæ revinciuntur introrsus, et multo aggere ves-
tiuntur. Ea autem, quæ diximus, intervalla grandibus
in fronte saxis effarciuntur. His collocatis et coagmenta-
tis, alius insuper ordo adjicitur, ut idem illud interval-
lum servetur, neque inter se contingant trabes, sed paribus intermissæ spatiis, singulæ singulis saxis interjectis,
arte contineantur. Sic deinceps omne opus contexitur,

turiges, qui, s'ils conservaient leur ville, s'attribueraient tout l'honneur de la victoire.

XXII. Les Gaulois opposaient toutes sortes de ruses à la merveilleuse constance de nos soldats : l'industrie de cette nation imite parfaitement tout ce qu'elle voit faire. Ils détournaient nos faux avec des lacets, et lorsqu'ils les avaient accrochées, ils les tiraient en dedans de leurs murs avec des machines. Ils ruinaient nos terrasses par des mines souterraines ; travail qui leur est familier, à cause des nombreuses mines de fer dont leur pays abonde. Ils avaient de tous côtés garni leurs murailles de tours recouvertes de cuir. Nuit et jour ils faisaient des sorties, mettaient le feu à nos ouvrages, ou attaquaient nos travailleurs. A mesure que nos tours s'élevaient avec la terrasse, ils élevaient les leurs, en ajoutant des poutres qu'ils liaient avec art. Si nous ouvrions une mine, ils l'éventaient, la remplissant de pieux pointus et durcis au feu, de poix bouillante et de grosses masses de pierres ; ils arrêtaient ainsi nos mineurs, et les empêchaient d'approcher des murs.

XXIII. Voici quelle est à peu près la forme des murailles de toutes les villes des Gaulois : des poutres sont posées en longueur, à la distance de deux pieds ; elles sont liées en dedans par des traverses, et remplies de terre. Les intervalles sont, sur le devant, revêtus de grosses pierres. A ce premier rang, ainsi formé, on en ajoute un second, gardant toujours les mêmes intervalles ; de manière que les poutres ne se touchent point, et sont supportées par les pierres placées entre chaque rang : l'ouvrage est ainsi continué jusqu'à ce que le mur

dum justa muri altitudo expleatur. Hoc quum in speciem varietatemque opus deforme non est, alternis trabibus ac saxis, quæ rectis lineis suos ordines servant; tum ad utilitatem et defensionem urbium summam habet opportunitatem; quod et ab incendio lapis, et ab ariete materia defendit, quæ, perpetuis trabibus pedes quadragenos plerumque introrsus revincta, neque perrumpi, neque distrahi potest.

XXIV. Iis tot rebus impedita oppugnatione, milites, quum toto tempore frigore et assiduis imbribus tardarentur, tamen continenti labore omnia hæc superaverunt, et diebus xxv aggerem, latum pedes cccxxx, altum pedes lxxx, exstruxerunt. Quum is murum hostium pæne contingeret, et Cæsar ad opus consuetudine excubaret, militesque cohortaretur, ne quod omnino tempus ab opere intermitteretur, paulo ante tertiam vigiliam est animadversum, fumare aggerem, quem cuniculo hostes succenderant : eodemque tempore toto muro clamore sublato, duabus portis ab utroque latere turrium eruptio fiebat. Alii faces atque aridam materiem de muro in aggerem eminus jaciebant, picem alii reliquasque res, quibus ignis excitari potest, fundebant, ut, quo primum occurreretur, aut cui rei ferretur auxilium, vix ratio iniri posset. Tamen, quod instituto Cæsaris duæ semper legiones pro castris excubabant, pluresque partitis temporibus erant in opere, celeriter factum est, ut alii eruptionibus resisterent, alii turres reducerent, aggeremque interscinderent, omnis vero ex castris multitudo ad restinguendum concurreret.

ait atteint toute sa hauteur. Ces rangs de poutres et de
pierres, ainsi entrelacés en échiquier, sont, par la va-
riété même, assez agréables à l'œil, et ils ont surtout de
grands avantages pour la défense des places : la pierre
les défend du feu, et le bois, des ravages du bélier; les
poutres ont ordinairement quarante pieds de long, et,
attachées en dedans l'une à l'autre, elles ne peuvent se
disjoindre ni se rompre.

XXIV. Le siège, retardé par tant d'obstacles, l'était
encore par le froid et les pluies continuelles dont nos soldats avaient à souffrir; cependant ils surmontèrent les
difficultés par un travail opiniâtre, et élevèrent en vingt-
cinq jours une terrasse de trois cent trente pieds de large
sur quatre-vingts de haut. Elle touchait presque au mur
des ennemis, et César, assistant aux travaux, selon sa coutume, exhortait les soldats à ne pas perdre un instant,
lorsque, vers la troisième veille[30], on vit s'élever de la terrasse des tourbillons de fumée; les ennemis y avaient mis le
feu par une mine. En même temps, des cris s'élèvent le long
du rempart, et les assiégés font une sortie de chaque côté
des tours; les uns, du haut des murailles, lancent sur
notre terrasse du bois sec et des torches ardentes; d'autres
y jettent de la poix et diverses matières inflammables; on
ne savait où courir, ni où porter du secours. Cependant,
comme César, d'après son usage, tenait toujours deux
légions de garde dans ses retranchemens, tandis que les
autres se partageaient les heures du travail, on vit assez
promptement les uns faire face aux assaillans, les autres
ramener les tours et couper la terrasse pour arrêter le
feu, et toute l'armée accourir du camp pour l'éteindre.

XXV. Quum in omnibus locis, consumpta jam reliqua parte noctis, pugnaretur, semperque hostibus spes victoriæ redintegraretur, eo magis, quod deustos pluteos turrium videbant, nec facile adire apertos ad auxiliandum animadvertebant, semperque ipsi recentes defessis succederent, omnemque Galliæ salutem in illo vestigio temporis positam arbitrarentur, accidit, inspectantibus nobis, quod, dignum memoria visum, prætermittendum non existimavimus. Quidam ante portam oppidi Gallus, qui per manus sevi ac picis traditas glebas in ignem e regione turris projiciebat, scorpione ab latere dextro trajectus exanimatusque concidit. Hunc ex proximis unus jacentem transgressus, eodem illo munere fungebatur : eadem ratione ictu scorpionis exanimato altero, successit tertius, et tertio quartus; nec prius ille est a propugnatoribus vacuus relictus locus, quam, restincto aggere, atque omni parte submotis hostibus, finis est pugnandi factus.

XXVI. Omnia experti Galli, quod res nulla successerat, postero die consilium ceperunt, ex oppido profugere, hortante et jubente Vercingetorige. Id, silentio noctis conati, non magna jactura suorum sese effecturos sperabant; propterea quod neque longe ab oppido castra Vercingetorigis aberant, et palus perpetua, quæ intercedebat, Romanos ad insequendum tardabat. Jamque hoc facere noctu apparabant, quum matres familiæ repente in publicum procurrerunt, flentesque, projectæ ad pedes suorum, omnibus precibus petierunt, ne se et communes liberos hostibus ad supplicium dederent, quos ad capiendam fugam naturæ et virium infirmitas impediret.

XXV. Le reste de la nuit s'était écoulé, et l'on combattait encore sur tous les points : l'ennemi, sans cesse ranimé par l'espérance de vaincre, voyait les mantelets de nos tours brûlés, et nos soldats, sans abri, résister avec peine, tandis qu'il relevait sans cesse les siens par des troupes fraîches; tous pensaient que ce moment déciderait du sort de la Gaule. Un fait vraiment digne de mémoire se passa alors sous nos yeux. Devant la porte de la ville, était un Gaulois qui, du haut d'une tour, lançait dans le feu des boules de suif et de poix qu'on lui passait de main en main : un trait parti, d'un scorpion le frappa au côté droit et le tua. Le plus proche de ses voisins le remplace aussitôt, et périt de même; un troisième lui succède, puis un quatrième; et le poste n'est abandonné qu'après que le feu fut éteint, et que la défaite des ennemis, repoussés de toutes parts, eut terminé le combat.

XXVI. Les Gaulois, rebutés de l'inutilité de leurs efforts, résolurent le lendemain, sur l'avis de Vercingetorix, et même par ses ordres, d'abandonner la place. Ils espéraient, à la faveur de la nuit, exécuter ce projet sans grande perte, vu que le camp de Vercingetorix n'était pas éloigné, et qu'un vaste marais, les séparant des Romains, retarderait ceux-ci dans leur poursuite. Déjà ils se préparaient à partir au milieu du silence de la nuit, lorsque les mères de famille arrivent tout éplorées, se jettent en larmes à leurs pieds, les conjurent de ne point les livrer à la cruauté de l'ennemi, elles et leurs enfans, trop faibles pour les suivre. Mais les trouvant

Ubi eos in sententia perstare viderunt, quod plerumque in summo periculo timor misericordiam non recipit, conclamare, et significare de fuga Romanis cœperunt. Quo timore perterriti Galli, ne ab equitatu Romanorum viæ præoccuparentur, consilio destiterunt.

XXVII. Postero die Cæsar, promota turri, directisque operibus, quæ facere instituerat, magno coorto imbri, non inutilem hanc ad capiendum consilium tempestatem arbitratus, quod paulo incautius custodias in muro dispositas videbat, suos quoque languidius in opere versari jussit, et quid fieri vellet, ostendit. Legiones intra vineas in occulto expeditas cohortatur, ut aliquando pro tantis laboribus fructum victoriæ perciperent : his, qui primi murum ascendissent, præmia proposuit, militibusque signum dedit. Illi subito ex omnibus partibus evolaverunt, murumque celeriter compleverunt.

XXVIII. Hostes, re nova perterriti, muro turribusque dejecti, in foro ac locis patentioribus cuneatim constiterunt, hoc animo, ut, si qua ex parte obviam contra veniretur, acie instructa depugnarent. Ubi neminem in æquum locum sese demittere, sed toto undique muro circumfundi viderunt, veriti, ne omnino spes fugæ tolleretur, abjectis armis, ultimas oppidi partes continenti impetu petiverunt : parsque ibi, quum angusto portarum exitu se ipsi premerent, a militibus, pars, jam egressa portis, ab equitibus est interfecta : nec fuit quisquam, qui prædæ studeret. Sic et Genabensi cæde, et labore operis incitati, non ætate confectis, non mulieribus, non infantibus pepercerunt. Denique ex omni eo numero, qui fuit circiter XL millium, vix DCCC, qui

inflexibles, tant la crainte étouffe souvent la pitié, elles se mirent alors à jeter des cris pour avertir les Romains de cette fuite. Les Gaulois effrayés, craignant que notre cavalerie ne s'assurât des passages, abandonnèrent leur dessein.

XXVII. Le lendemain, comme César faisait avancer une tour, et achever les travaux qu'il avait ordonnés, il survint une pluie abondante : cette circonstance lui parut favorable. S'étant aperçu que le rempart était gardé avec négligence, il ordonne aux siens de se ralentir, et leur fait connaître ses intentions. Il exhorte ses légions, à couvert derrière la tranchée, à recueillir enfin le fruit de tant de fatigues ; il promet des prix[31] à ceux qui les premiers escaladeraient la muraille, et donne le signal. Ils s'élancent aussitôt de tous les points et remplissent bientôt le rempart.

XXVIII. Les ennemis, étonnés de cette attaque, chassés de leur rempart et de leurs tours, se rangèrent en bataillons carrés sur la place publique et dans les lieux les plus ouverts, afin de faire face de quelque côté que vînt l'attaque. Quand ils virent que nos soldats, au lieu de descendre dans la place, se répandaient de tous côtés le long des murs, la crainte de se voir fermer toute retraite, leur fit jeter leurs armes : ils fuient et se précipitent vers l'autre extrémité de la ville : là, les portes étant trop étroites, les uns furent massacrés par les soldats, les autres, déjà en dehors, tombèrent sous les coups de notre cavalerie; personne ne songeait au pillage. Irrités par le souvenir du carnage de Génabe, et par les fatigues du siège, les soldats n'épargnèrent ni la vieillesse, ni le sexe, ni

primo clamore audito se ex oppido ejecerant, incolumes ad Vercingetorigem pervenerunt. Quos ille, multa jam nocte, silentio ex fuga excepit (veritus, ne qua in castris ex eorum concursu et misericordia vulgi seditio oriretur), ut, procul in via dispositis familiaribus suis principibusque civitatum, disparandos deducendosque ad suos curaret, quæ cuique civitati pars castrorum ab initio obvenerat.

XXIX. Postero die concilio convocato, consolatus cohortatusque est, « ne se admodum animo demitterent, neve perturbarentur incommodo : non virtute, neque in acie vicisse Romanos, sed artificio quodam et scientia oppugnationis, cujus rei fuerint ipsi imperiti : errare, si qui in bello omnes secundos rerum proventus exspectent : sibi nunquam placuisse, Avaricum defendi, cujus rei testes ipsos haberet; sed factum imprudentia Biturigum, et nimia obsequentia reliquorum, uti hoc incommodum acciperetur : id tamen se celeriter majoribus commodis sanaturum. Nam quæ ab reliquis Gallis civitates dissentirent, has sua diligentia adjuncturum, atque unum consilium totius Galliæ effecturum, cujus consensu ne orbis quidem terrarum possit obsistere : idque se prope jam effectum habere. Interea æquum esse, ab iis communis salutis causa impetrari, ut castra munire instituerent, quo facilius repentinos hostium impetus sustinere possent. »

XXX. Fuit hæc oratio non ingrata Gallis, maxime, quod ipse animo non defecerat, tanto accepto incom-

l'enfance. D'environ quarante mille, à peine huit cents, qui aux premiers cris s'étaient enfuis de la place, arrivèrent sans blessures près de Vercingetorix. Celui-ci, craignant que leur arrivée subite et leur état déplorable n'excitassent une émeute dans le camp, les reçut en silence et dans l'obscurité de la nuit; il envoya au devant d'eux plusieurs de ses amis, et les chefs de chaque nation, pour les séparer et les mener dans les divers quartiers assignés à chacun de ces peuples dès le commencement de la guerre.

XXIX. Le lendemain, il tint une assemblée, et chercha à consoler les esprits; il dit qu'il ne fallait se laisser ni abattre, ni troubler par un revers : « Les Romains n'ont point vaincu par la valeur et en bataille rangée, mais par la ruse et l'art des sièges, qu'ils possèdent mieux que nous : on se tromperait, si l'on prétendait être toujours heureux à la guerre. Il n'avait jamais été d'avis de défendre Avarique, tous en sont témoins : l'imprudence des Bituriges, et l'excessive complaisance des autres, ont fait le mal. De plus grands avantages l'auront bientôt réparé. Par ses soins, les pays jusqu'alors séparés de la cause commune vont entrer dans son alliance, et feront de toute la Gaule un seul corps, auquel le monde entier ne saurait résister. Le moment n'est pas éloigné; cependant le salut commun exige de retrancher le camp, pour être plus en état de repousser les attaques soudaines de l'ennemi. »

XXX. Ce discours ne déplut pas aux Gaulois : ils lui surent gré de n'avoir pas été découragé par un si grand

modo, neque se in occultum abdiderat, et conspectum multitudinis fugerat : plusque animo providere et præsentire existimabatur, quod, re integra, primo incendendum Avaricum, post deserendum censuerat. Itaque ut reliquorum imperatorum res adversæ auctoritatem minuunt, sic hujus ex contrario dignitas, incommodo accepto, in dies augebatur : simul in spem veniebant ejus affirmatione, de reliquis adjungendis civitatibus; primumque eo tempore Galli castra munire instituerunt, et sic sunt animo consternati, homines insueti laboris, ut omnia, quæ imperarentur, sibi patienda et perferenda existimarent.

XXXI. Nec minus, quam est pollicitus, Vercingetorix animo laborabat, ut reliquas civitates adjungeret, atque earum principes donis pollicitationibusque alliciebat. Huic rei idoneos homines deligebat, quorum quisque aut oratione subdola, aut amicitia facillime capi posset. Qui Avarico expugnato refugerant, armandos vestiendosque curat. Simul ut deminutæ copiæ redintegrarentur, imperat certum numerum militum civitatibus, quem, et quam ante diem in castra adduci velit; sagittariosque omnes, quorum erat permagnus in Gallia numerus, conquiri et ad se mitti jubet. His rebus celeriter id, quod Avarici deperierat, expletur. Interim Teutomatus, Olloviconis filius, rex Nitiobrigum, cujus pater ab senatu nostro amicus erat appellatus, cum magno equitum suorum numero, et quos ex Aquitania conduxerat, ad eum pervenit.

XXXII. Cæsar, Avarici complures dies commoratus, summamque ibi copiam frumenti et reliqui commeatus

revers, et de ne s'être ni caché, ni dérobé aux regards. Sa prévoyance n'en était que mieux reconnue, puisqu'avant le siège, il avait voulu d'abord qu'on brûlât Avarique, ensuite qu'on l'abandonnât. Ainsi, tandis que les revers ébranlent le crédit des autres généraux, cet échec ne fit qu'accroître le sien de jour en jour; en même temps ils se flattaient, sur sa parole, d'être bientôt secondés par tous les peuples des Gaules. Ils commencèrent donc, pour la première fois, à fortifier leur camp; et tel fut sur leur esprit l'effet de l'adversité, que ces hommes, peu accoutumés au travail, devinrent obéissans et furent prêts à tout endurer.

XXXI. Vercingetorix ne s'efforçait pas moins de remplir sa promesse et de rallier les autres états. Il attirait les principaux chefs par ses offres et par ses présens; il chargeait de ces négociations des hommes capables de les séduire par un adroit langage ou de feintes caresses. Tous ceux qui avaient échappé au désastre d'Avarique furent armés et vêtus par ses soins. Pour recruter ses troupes, il demande à chaque cité un certain nombre d'hommes, et fixe le jour où ils doivent être arrivés; il ordonne encore de rechercher et de lui envoyer tous les archers, fort nombreux dans la Gaule. Par ce moyen, les pertes faites à Avarique furent bientôt réparées. En même temps, Teutomatus, fils d'Ollovicon, roi des Nitiobriges, dont le père avait reçu de notre sénat le titre d'ami, vint le joindre avec une cavalerie nombreuse levée dans ses états et dans l'Aquitaine.

XXXII. César trouva dans Avarique une grande quantité de vivres, et s'y arrêta quelque temps, pour

nactus, exercitum ex labore atque inopia refecit. Jam
prope hieme confecta, quum ipso anni tempore ad gerendum bellum vocaretur, et ad hostem proficisci constituis-
set, sive eum ex paludibus silvisque elicere, sive obsidione premere posset, legati ad eum principes Æduorum
veniunt, oratum, « ut maxime necessario tempore civitati subveniat : summo esse in periculo rem ; quod, quum
singuli magistratus antiquitus creari, atque regiam potestatem annuam obtinere consuessent, duo magistratum
gerant, et se uterque eorum legibus creatum esse dicat.
Horum esse alterum Convictolitanem, florentem et illus-
trem adolescentem ; alterum Cotum, antiquissima familia natum, atque ipsum hominem summæ potentiæ et
magnæ cognationis ; cujus frater Valetiacus proximo
anno eumdem magistratum gesserit : civitatem omnem
esse in armis, divisum senatum, divisum populum, suas
cujusque eorum clientelas. Quod si diutius alatur controversia, fore, uti pars cum parte civitatis confligat :
id ne accidat, positum in ejus diligentia atque auctoritate. »

XXXIII. Cæsar, etsi a bello, atque hoste discedere
detrimentosum esse existimabat ; tamen, non ignorans,
quanta ex dissensionibus incommoda oriri consuessent,
ne tanta et tam conjuncta populo romano civitas, quam
ipse semper aluisset, omnibusque rebus ornasset, ad vim
atque ad arma descenderet, atque ea pars, quæ minus
sibi confideret, auxilia a Vercingetorige arcesseret, huic
rei prævertendum existimavit ; et quod legibus Æduorum iis, qui summum magistratum obtinerent, excedere
ex finibus non liceret, ne quid de jure aut de legibus eo-

refaire l'armée de sa fatigue et de ses privations. Sur la
fin de l'hiver, comme la saison permettait de combattre,
César se disposait à marcher à l'ennemi, soit pour l'attirer hors de ses bois et de ses marais, soit pour l'y
assiéger, lorsque les principaux des Éduens vinrent en
députation implorer son secours. Leur cité était en péril :
tous les ans, d'après leurs anciens usages, ils élisaient
un magistrat[32], auquel ils donnaient un pouvoir suprême : en ce moment, deux citoyens en étaient revêtus,
et chacun d'eux prétendait être légalement nommé. L'un,
appelé Convictolitan, était un jeune homme d'une naissance illustre; l'autre, nommé Cotus, issu d'une très-
ancienne famille, était également puissant par son crédit
personnel et par ses alliances : son frère Valetiacus avait,
l'année précédente, exercé cette même charge. Tout le
pays était en armes, le sénat partagé, le peuple divisé,
chacun à la tête de ses cliens. Si la querelle se prolon-
geait, la guerre civile paraissait imminente : l'activité
et la puissante intervention de César pouvaient seules
empêcher ce malheur.

XXXIII. César sentait l'inconvénient de s'éloigner de
l'ennemi, mais il comprenait que ces dissensions pouvaient être dangereuses. Il craignait qu'une nation si
puissante, si attachée au peuple romain, qu'il avait lui-
même protégée et comblée d'honneurs, n'en vînt aux
violences et aux armes, et que le parti qui se défierait
de ses forces n'appelât Vercingetorix; il résolut de prévenir ce péril. Comme les lois du pays défendaient au
souverain magistrat de sortir du territoire, César, ne
voulant porter aucune atteinte à leurs lois, s'y rendit

rum deminuisse videretur, ipse in Æduos proficisci statuit, senatumque omnem, et quos inter controversia esset, ad se Decetiam evocavit. Quum prope omnis civitas
eo convenisset, docereturque, paucis clam convocatis,
alio loco, alio tempore, atque oportuerit, fratrem a fra-
tre renuntiatum, quum leges duo ex una familia, vivo
utroque, non solum magistratus creari vetarent, sed
etiam in senatu esse prohiberent, Cotum imperium de-
ponere coegit; Convictolitanem, qui per sacerdotes, more
civitatis, intermissis magistratibus, esset creatus, potestatem obtinere jussit.

XXXIV. Hoc decreto interposito, cohortatus Æduos,
ut controversiarum ac dissensionum obliviscerentur, atque, omnibus omissis his rebus, huic bello servirent,
eaque, quæ meruissent, præmia ab se, devicta Gallia,
exspectarent, equitatumque omnem, et peditum millia x
sibi celeriter mitterent, quæ in præsidiis rei frumentariæ causa disponeret, exercitum in duas partes divisit;
IV legiones in Senones Parisiosque Labieno ducendas dedit; VI ipse in Arvernos ad oppidum Gergoviam secundum flumen Elaver duxit; equitatus partem illi attribuit, partem sibi reliquit. Qua re cognita, Vercingetorix, omnibus interruptis ejus fluminis pontibus, ab altera
Elaveris parte iter facere cœpit.

XXXV. Quum uterque utrique esset exercitus in conspectu, fereque e regione castris castra poneret, dispositis exploratoribus, necubi effecto ponte Romani copias
transducerent, erat in magnis Cæsari difficultatibus res,
ne majorem æstatis partem flumine impediretur; quod

lui-même, et cita devant lui, à Decetia [33], tout le sénat et les deux prétendans. Presque toute la nation s'y trouva réunie. César ayant su que l'élection de Cotus était l'ouvrage d'une réunion clandestine, et que les formes légales pour le temps et le lieu n'y avaient pas été observées ; que le frère avait été proclamé par le frère, que d'ailleurs les lois ne permettaient pas d'élever à la magistrature, ni même d'admettre au sénat deux sujets d'une même famille du vivant l'un de l'autre, il obligea Cotus de se démettre, et maintint Convictolitan, qui avait été élu par les prêtres, avec l'intervention des magistrats et selon les coutumes du pays.

XXXIV. Cet arrêt rendu, César exhorta les Éduens à oublier leurs querelles, et à étouffer toute discorde intestine, pour s'occuper de la guerre, bien assurés qu'il les récompenserait dignement après la soumission de la Gaule. Il leur demanda sur-le-champ toute leur cavalerie et dix mille fantassins, qu'il destinait aux garnisons, pour assurer les convois de vivres. Il partagea l'armée, donna quatre légions à Labienus, pour marcher contre les Senonais et les Parisiens ; et, prenant avec lui les six autres, se dirigea vers les Arvernes, à Gergovie, le long de la rivière d'Allier. Il avait donné une partie de la cavalerie à Labienus, et gardé l'autre : Vercingetorix, instruit de cette marche, coupa tous les ponts de l'Allier, et fit route de l'autre côté de cette rivière.

XXXV. Comme les deux armées étaient en présence, et les camps presqu'en face l'un de l'autre, les éclaireurs disposés par Vercingetorix empêchaient les Romains de construire un pont et de faire passer les troupes. César était dans une position critique, et craignait d'être ainsi

non fere ante autumnum Elaver vado transiri solet. Itaque, ne id accideret, silvestri loco castris positis, e regione unius eorum pontium, quos Vercingetorix res-
cindendos curaverat, postero die cum II legionibus in
occulto restitit; reliquas copias cum omnibus impedimentis, ut consueverat, misit, captis quibusdam cohortibus, uti numerus legionum constare videretur. His,
quam longissime possent, progredi jussis, quum jam ex
diei tempore conjecturam caperet, in castra perventum,
iisdem sublicis, quarum pars inferior integra remane-
bat, pontem reficere cœpit. Celeriter effecto opere, legionibusque traductis, et loco castris idoneo delecto, reliquas copias revocavit. Vercingetorix, re cognita, ne
contra suam voluntatem dimicare cogeretur, magnis itineribus antecessit.

XXXVI. Cæsar ex eo loco quintis castris Gergoviam
pervenit; equestrique prœlio eo die levi facto, perspecto
urbis situ, quæ, posita in altissimo monte, omnes aditus difficiles habebat, de expugnatione desperavit; de
obsessione non prius agendum constituit, quam rem frumentariam expedisset. At Vercingetorix, castris prope
oppidum in monte positis, mediocribus circum se intervallis separatim singularum civitatum copias collocaverat;
atque omnibus ejus jugi collibus occupatis, qua despici
poterat, horribilem speciem præbebat : principesque earum civitatum, quos sibi ad consilium capiendum dele-
gerat, prima luce quotidie ad se jubebat convenire, seu
quid communicandum, seu quid administrandum videretur : neque ullum fere diem intermittebat, quin equestri prœlio, interjectis sagittariis, quid in quoque esset

reténu une partie de l'été, l'Allier n'étant presque jamais guéable avant l'automne. Pour vaincre cet obstacle, il alla camper dans un lieu couvert de bois, vis-à-vis l'un des ponts que Vercingetorix avait détruits. Il y resta caché le lendemain avec deux légions, et fit partir le reste des troupes avec tous les bagages, dans l'ordre accoutumé, retenant encore sur celles-ci quelques cohortes, afin que le nombre des légions parût être complet. Il leur ordonna de se porter aussi loin qu'elles pourraient; et quand il pensa qu'elles étaient arrivées à leur campement, il se mit à rétablir le pont sur les anciens pilotis, dont la partie inférieure restait entière. L'ouvrage ayant été promptement terminé, il fit passer les légions, se campa dans un lieu favorable, et rappela le reste des troupes. A cette nouvelle, Vercingetorix craignant d'être forcé de combattre malgré lui, se porta en avant, à grandes journées.

XXXVI. César parvint à Gergovie en cinq jours de marche; le même jour, après une légère escarmouche de cavalerie, il reconnut la place; et voyant qu'elle était située sur une très-haute montagne, dont l'accès était défendu de toutes parts, il désespéra de l'enlever de force : il ne voulut pas en former le siège, avant d'avoir pourvu aux subsistances. Vercingetorix avait assis son camp près de la ville, sur une montagne; ses troupes, rangées à de faibles distances, et par ordre de nations, occupaient toutes les hauteurs et présentaient un aspect terrible. Tous les jours, au lever du soleil, les chefs qui formaient son conseil se rendaient près de lui, pour faire leur rapport ou recevoir ses ordres; et il ne passait presque pas de jour sans essayer le courage et la valeur

animi ac virtutis suorum, periclitaretur. Erat e regione
oppidi collis sub ipsis radicibus montis, egregie munitus,
atque ex omni parte circumcisus (quem si tenerent nostri, et aquæ magna parte et pabulatione libera prohibi-
turi hostes videbantur; sed is locus præsidio ab iis non
nimis firmo tenebatur) : tamen silentio noctis Cæsar, ex
castris egressus, prius quam subsidio ex oppido veniri
posset, dejecto præsidio, potitus loco, duas ibi legiones
collocavit, fossamque duplicem duodenum pedum a majoribus castris ad minora perduxit, ut tuto ab repentino
hostium incursu etiam singuli commeare possent.

XXXVII. Dum hæc ad Gergoviam geruntur, Convictolitanis Æduus, cui magistratum adjudicatum a Cæsare demonstravimus, sollicitatus ab Arvernis pecunia,
cum quibusdam adolescentibus colloquitur, quorum erat
princeps Litavicus, atque ejus fratres, amplissima familia nati adolescentes. Cum iis præmium communicat,
hortaturque eos, « ut se liberos et imperio natos memine-
rint : unam esse Æduorum civitatem, quæ certissimam
Galliæ victoriam distineat; ejus auctoritate reliquas contineri; qua traducta, locum consistendi Romanis in Gallia non fore : esse nonnullo se Cæsaris beneficio affectum,
sic tamen, ut justissimam apud eum causam obtinuerit;
sed plus communi libertati tribuere : cur enim potius
Ædui de suo jure et de legibus ad Cæsarem disceptatorem,
quam Romani ad Æduos veniant? » Celeriter adolescentibus et oratione magistratus et præmio deductis, quum
se vel principes ejus consilii fore profiterentur, ratio per-
ficiendi quærebatur, quod civitatem temere ad suscipien-
dum bellum adduci posse non confidebant. Placuit, uti

des siens, en faisant combattre sa cavalerie, qu'il entre-
mêlait d'archers. En face de la ville, au pied de la montagne, était une colline bien fortifiée et escarpée de tous
côtés : en nous en rendant maîtres, nous gênions l'ennemi
pour se procurer l'eau et pour aller au fourrage ; ce poste
était gardé par une garnison assez faible. César sortit
du camp dans le silence de la nuit ; et, chassant la garnison avant qu'elle pût être secourue, s'empara du poste,
y plaça deux légions, et conduisit d'un camp à l'autre
un double fossé de douze pieds, pour assurer la communication contre toute attaque soudaine.

XXXVII. Tandis que ces choses se passent à Gergovie, l'éduen Convictolitan, qui, comme on l'a vu[34],
devait à César la suprême magistrature, séduit par
l'argent des Arvernes, s'abouche avec plusieurs jeunes
gens, à la tête desquels étaient Litavicus et ses frères,
issus d'une illustre famille. Il partage avec eux le prix de
sa trahison, et les exhorte à se rappeler qu'ils sont libres
et nés pour commander. « La nation éduenne, ajoute-t-
il, retarde seule la victoire certaine de la Gaule ; l'autorité des Éduens retient les autres nations : s'ils changent de parti, les Romains ne sauraient tenir dans la
Gaule. Pour lui, il a sans doute quelqu'obligation à
César, quoiqu'au reste il n'ait obtenu que ce que lui
donnait la justice ; mais il préfère à tout la liberté commune. Et pourquoi les Éduens auraient-ils plutôt recours
à César, pour décider de leurs droits et de leurs lois, que
les Romains aux Éduens ? » Aussitôt cette jeunesse, séduite
par ces paroles et par ces offres, propose de commencer
l'entreprise, et ne songe plus qu'aux moyens de l'exécuter ;

Litavicus decem illis millibus, quæ Cæsari ad bellum
mitterentur, præficeretur, atque ea ducenda curaret, fra-
tresque ejus ad Cæsarem præcurrerent. Reliqua, qua ratione agi placeat, constituunt.

XXXVIII. Litavicus, accepto exercitu, quum millia
passuum circiter xxx ab Gergovia abesset, convocatis
subito militibus, lacrymans, « Quo proficiscimur, inquit,
milites ? Omnis noster equitatus, omnis nobilitas interiit :
principes civitatis, Eporedorix et Viridomarus, insimu-
lati proditionis, ab Romanis indicta causa interfecti sunt.
Hæc ab iis cognoscite, qui ex ipsa cæde fugerunt : nam
ego, fratribus atque omnibus propinquis meis interfectis,
dolore prohibeor, quæ gesta sunt, pronuntiare. » Producuntur ii, quos ille edocuerat quæ dici vellet; atque eâ-
dem, quæ Litavicus pronuntiaverat, multitudini exponunt : « Omnes equites Æduorum interfectos, quod
collocuti cum Arvernis dicerentur ; ipsos se inter multitudinem militum occultasse, atque ex media cæde profugisse. » Conclamant Ædui, et Litavicum, ut sibi consulat, obsecrant. « Quasi vero, inquit ille, consilii sit res,
ac non necesse sit nobis Gergoviam contendere, et cum
Arvernis nosmet conjungere. An dubitamus, quin, nefario facinore admisso, Romani jam ad nos interficiendos concurrant ? Proinde, si quid est in nobis animi,
persequamur eorum mortem, qui indignissime interie-
runt, atque hos latrones interficiamus. » Ostendit cives
romanos, qui ejus præsidii fiducia una erant. Continuo
magnum numerum frumenti commeatusque diripit, ip-

car on craignait que la nation ne se laissât pas entraîner légèrement à la guerre. Il fut résolu que Litavicus prendrait le commandement des dix mille hommes qui devaient rejoindre l'armée romaine, et se chargerait de les conduire, tandis que ses frères se rendraient en avant auprès de César. Ils réglèrent entre eux l'exécution du reste.

XXXVIII. Litavicus part avec l'armée : il n'était plus qu'à trente milles[35] de Gergovie, quand, assemblant les troupes et répandant des larmes : « Où allons-nous, soldats? leur dit-il; toute notre cavalerie, toute notre noblesse a péri; nos principaux citoyens, Eporedorix et Viridomare, ont été, sous prétexte de trahison, égorgés par les Romains, sans forme de procès. Écoutez ceux qui ont échappé au massacre; car pour moi, après avoir perdu mes frères et tous mes proches, la douleur m'empêche de vous en faire le récit.» En même temps on amène des hommes qu'il avait bien instruits, et ceux-ci répètent à la multitude ce que Litavicus venait de dire : que César avait massacré tous les cavaliers éduens, les accusant d'intelligence avec les Arvernes; qu'eux-mêmes ne s'étaient sauvés du carnage qu'en se cachant dans la foule des soldats. Alors les Éduens poussent des cris, et conjurent Litavicus de pourvoir au salut de tous. « Y a-t-il donc à délibérer? dit-il : avons-nous autre chose à faire que d'aller vers Gergovie, nous joindre aux Arvernes? Doutons-nous qu'après un tel forfait les Romains n'accourent déjà pour nous égorger? S'il nous reste quelque courage, vengeons un meurtre si indigne, et exterminons ces brigands. » A ces mots, il leur montre les citoyens romains qui se croyaient en sûreté sous son

sos crudeliter excruciatos interficit : nuntios tota civitate
Æduorum dimittit, eodem mendacio de cæde equitum et
principum permovet : hortatur, ut simili ratione, atque
ipse fecerit, suas injurias persequantur.

XXXIX. Eporedorix Æduus, summo loco natus adolescens, et summæ domi potentiæ, et una Viridomarus,
pari ætate et gratia, sed genere dispari, quem Cæsar,
sibi ab Divitiaco traditum, ex humili loco ad summam
dignitatem perduxerat, in equitum numero convenerant,
nominatim ab eo evocati. His erat inter se de principatu
contentio, et in illa magistratuum controversia alter pro
Convictolitane, alter pro Coto summis opibus pugnave-
rant. Ex iis Eporedorix, cognito Litavici consilio, media fere nocte rem ad Cæsarem defert; « ne patiatur, civitatem pravis adolescentium consiliis ab amicitia populi
romani deficere; quod futurum provideat, si se tot hominum millia cum hostibus conjunxerint, quorum salutem neque propinqui negligere, neque civitas levi momento æstimare posset. »

XL. Magna affectus sollicitudine hoc nuntio Cæsar,
quod semper Æduorum civitati præcipue indulserat, nulla
interposita dubitatione, legiones expeditas quatuor equitatumque omnem ex castris educit : nec fuit spatium tali
tempore ad contrahenda castra, quod res posita in celeritate videbatur. C. Fabium legatum cum legionibus II

escorte; il livre au pillage un convoi de vivres qu'ils conduisaient, et les fait périr dans de cruels tourmens; puis
il envoie des messages dans tout le pays des Éduens, répand les mêmes impostures sur le meurtre des cavaliers
et de la noblesse, et les exhorte à venger comme lui leurs
injures.

XXXIX. L'éduen Eporedorix, jeune homme d'une
haute famille et fort puissant dans son pays, et avec lui
Viridomare, de même âge et de même crédit, mais de
bien moindre naissance, élevé par César, sur la re-
commandation de Divitiacus, d'une condition obscure
aux plus hautes dignités, étaient venus, par son ordre
spécial, le joindre avec la cavalerie. Ils rivalisaient de
pouvoir, et dans le débat récent sur la suprême magistrature, ils avaient combattu, de toute leur puissance,
l'un pour Convictolitan, et l'autre pour Cotus. Eporédorix, informé du dessein de Litavicus, vient au milieu
de la nuit en donner avis à César; il le prie de ne pas
souffrir que son pays, séduit par les mauvais conseils
de quelques jeunes gens, abandonne l'alliance des Romains; ce malheur est à craindre si tant de milliers
d'hommes vont se joindre à l'ennemi. Leur sort ne saurait être indifférent à leurs proches, la nation même n'y
resterait pas insensible.

XL. César, qui avait toujours favorisé les Éduens,
fut vivement affecté de cette nouvelle. Sur-le-champ il
prend quatre légions sans bagage, et toute la cavalerie:
il n'eut pas même le temps de resserrer le camp; le
succès dépendait de la célérité. Il laissa son lieutenant
C. Fabius[36] avec deux légions pour la garde du camp.

castris præsidio relinquit. Fratres Litavici quum comprehendi jussisset, paulo ante reperit ad hostes profugisse. Adhortatus milites, ne necessario tempore itineris labore permoveantur, cupidissimis omnibus, progressus millia passuum xxv, agmen Æduorum conspicatus, immisso equitatu, iter eorum moratur atque impedit, interdicitque omnibus, ne quemquam interficiant. Eporedorigem et Viridomarum, quos illi interfectos existimabant, inter equites versari, suosque appellare jubet. Iis cognitis, et Litavici fraude perspecta, Ædui manus tendere, et deditionem significare, et projectis armis, mortem deprecari incipiunt. Litavicus cum suis clientibus, quibus nefas more Gallorum est, etiam in extrema fortuna deserere patronos, Gergoviam profugit.

XLI. Cæsar, nuntiis ad civitatem Æduorum missis, qui suo beneficio conservatos docerent, quos jure belli interficere potuisset, tribusque horis noctis exercitui ad quietem datis, castra ad Gergoviam movit. Medio fere itinere equites, a Fabio missi, quanto res in periculo fuerit, exponunt; summis copiis castra oppugnata demonstrant, quum crebro integri defessis succederent, nostrosque assiduo labore defatigarent, quibus propter magnitudinem castrorum perpetuo esset eisdem in vallo permanendum; multitudine sagittarum atque omnis generis telorum multos vulneratos : ad hæc sustinenda magno usui fuisse tormenta : Fabium discessu eorum, duabus relictis portis, obstruere ceteras, pluteosque vallo addere, et se in posterum diem similem ad casum

Il ordonne de saisir les frères de Litavicus; il apprend qu'ils viennent de s'enfuir vers l'ennemi. Il exhorte ses troupes à ne pas se rebuter des fatigues de la marche dans une circonstance si pressante : elles le suivent avec ardeur. S'étant avancé à la distance d'environ vingt-cinq milles [37], il aperçoit les Éduens, détache sa cavalerie, retarde et empêche leur marche, mais défend de tuer personne. Il ordonne à Eporedorix et à Viridomare, que l'on croyait morts, de se montrer aux premiers rangs et d'appeler leurs compatriotes. A peine sont-ils reconnus et la fraude de Litavicus découverte, que les Éduens tendent les mains, se rendent, jettent leurs armes, implorent leur grâce. Litavicus s'enfuit à Gergovie avec ses cliens, pour qui ce serait un crime, selon les mœurs gauloises, d'abandonner leurs patrons, même dans le dernier péril.

XLI. César envoya chez les Éduens des messages pour leur dire qu'il avait fait grâce à des hommes que le droit de la guerre lui eût permis de tuer, et après avoir donné, la nuit, trois heures de repos à son armée, il retourna vers Gergovie. A moitié chemin, des cavaliers, dépêchés par Fabius, l'instruisent que tout est en péril. Le camp avait été attaqué par une multitude d'ennemis, que des troupes fraîches relevaient sans cesse. Les nôtres étaient épuisés par un travail sans relâche, à cause de la grande étendue du camp, qui obligeait les mêmes hommes de rester continuellement sur le rempart; un grand nombre avaient été blessés par une grêle de flèches et de traits; nos machines avaient été fort utiles pour la défense. A leur départ, Fabius avait fait boucher toutes

parare. His rebus cognitis, Cæsar summo studio militum ante ortum solis in castra pervenit.

XLII. Dum hæc ad Gergoviam geruntur, Ædui, primis nuntiis a Litavico acceptis, nullum sibi ad cognoscendum spatium relinquunt. Impellit alios avaritia, alios iracundia et temeritas, quæ maxime illi hominum generi est innata, ut levem auditionem habeat pro re comperta. Bona civium romanorum diripiunt, cædes faciunt, in servitutem abstrahunt. Adjuvat rem proclinatam Convictolitanis, plebemque ad furorem impellit, ut, facinore admisso, ad sanitatem pudeat reverti. M. Aristium tribunum militum, iter ad legionem facientem, data fide, ex oppido Cabillono educunt: idem facere cogunt eos, qui negotiandi causa ibi constiterant. Hos continuo in itinere adorti, omnibus impedimentis exuunt; repugnantes diem noctemque obsident; multis utrimque interfectis, majorem multitudinem ad arma concitant.

XLIII. Interim nuntio allato, omnes eorum milites in potestate Cæsaris teneri, concurrunt ad Aristium; nihil publico factum consilio demonstrant; quæstionem de bonis direptis decernunt; Litavici fratrumque bona publicant; legatos ad Cæsarem sui purgandi gratia mittunt. Hæc faciunt recuperandorum suorum causa : sed contaminati facinore, et capti compendio ex direptis bonis, quod ea res ad multos pertinebat, et timore pœnæ

les portes du camp, à l'exception de deux ; il avait ajouté
des parapets aux remparts, et s'attendait pour le lendemain à la même attaque. A ces nouvelles, César hâta sa
marche, et, secondé par l'ardeur de ses soldats, arriva
au camp avant le lever du soleil.

XLII. Tandis que ces évènemens se passent à Gergovie, les Éduens, aux premières nouvelles qu'ils reçoivent de Litavicus, ne se donnent pas le temps de la ré-
flexion. La cupidité entraîne les uns, d'autres se laissent
emporter par la colère et la légèreté naturelle à ces peuples
qui prennent le plus léger bruit pour une vérité constante.
Ils pillent les Romains, les massacrent, les traînent en
prison. Convictolitan aide à ces violences, et excite la fureur du peuple, afin que ses excès même lui fassent une
honte de rentrer dans le devoir. M. Aristius, tribun militaire, se rendait à sa légion. Ils le font, sur leur parole, sortir de la place de Cabillon [38] : ils en chassent
aussi ceux que le commerce y avait appelés ; on les attaque en chemin ; on les dépouille de leurs bagages ; ceux
qui résistent sont assaillis nuit et jour ; enfin, après beaucoup de monde tué de part et d'autre, ils attirent aux
armes une troupe plus nombreuse.

XLIII. Mais à peine ont-ils appris que César est maître de leurs troupes, qu'ils recourent à Aristius : ils pro-
testent que rien ne s'est fait avec l'assentiment public ;
ils ordonnent une recherche des biens pillés, confis-
quent ceux de Litavicus et de ses frères, et députent à
César pour se disculper. Leur seul but était de recouvrer
leurs troupes. Mais souillés d'un crime, enrichis par le
pillage auquel un grand nombre d'entre eux avait eu

exterriti, consilia clam de bello inire incipiunt, civita-
tesque reliquas legationibus sollicitant. Quæ tametsi Cæsar intelligebat, tamen, quam mitissime potest, legatos
appellat : « Nihil se propter inscientiam levitatemque
vulgi gravius de civitate judicare, neque de sua in Æduos
benevolentia deminuere. » Ipse, majorem Galliæ motum
exspectans, ne ab omnibus civitatibus circumsisteretur,
consilia inibat, quemadmodum ab Gergovia discederet,
ac rursus omnem exercitum contraheret; ne profectio,
nata ab timore defectionis, similis fugæ videretur.

XLIV. Hæc cogitanti accidere visa est facultas bene
gerendæ rei. Nam quum minora in castra operis perspi-
ciendi causa venisset, animadvertit collem, qui ab hostibus tenebatur, nudatum hominibus, qui superioribus
diebus vix præ multitudine cerni poterat. Admiratus quærit ex perfugis causam, quorum magnus ad eum quotidie numerus confluebat. Constabat inter omnes, quod
jam ipse Cæsar per exploratores cognoverat, dorsum esse
ejus jugi prope æquum, sed silvestre et angustum, qua
esset aditus ad alteram oppidi partem : huic loco vehementer illos timere, nec jam aliter sentire, uno colle ab
Romanis occupato, si alterum amisissent, quin pæne
circumvallati, atque omni exitu et pabulatione interclusi
viderentur : ad hunc muniendum locum omnes a Vercingetorige evocatos.

part, craignant de plus un juste châtiment, ils ne tardent pas à former secrètement des projets de guerre, et à exciter les autres villes par des messages. César, quoique instruit de ces menées, reçut les députés avec toute la douceur possible. Il leur dit que l'imprudence et la légèreté de la populace ne lui donnait pas moins bonne opinion de la nation, et que sa bienveillance pour les Éduens n'était nullement diminuée. Cependant comme il s'attendait à de plus grands mouvemens, et qu'il craignait d'être enveloppé par tous les peuples de la Gaule, il songea aux moyens de s'éloigner de Gergovie, et de réunir toute l'armée, sans que sa retraite, qui n'était causée que par la crainte d'une défection, pût ressembler à une fuite.

XLIV. Au milieu de ces pensées, il se présenta une occasion qui lui parut favorable. S'étant rendu au petit camp [39] pour visiter les travaux, il s'aperçut qu'une colline occupée par l'ennemi, et les jours précédens entièrement couverte de ses troupes, était alors presque abandonnée. Étonné, il en demande la cause aux transfuges, qui chaque jour venaient en foule se rendre à lui. Tous s'accordent à dire, comme ses éclaireurs le lui avaient déjà rapporté, que le sommet de cette colline était presque plat, mais boisé et étroit, de l'autre côté qui conduit à la ville. Les ennemis craignaient beaucoup pour cet endroit; ils sentaient que si, déjà maîtres de l'autre colline, nous venions à prendre celle-ci, ils se trouveraient enveloppés de manière à ne pouvoir sortir, ni aller au fourrage. Afin de le fortifier, Vercingetorix y avait appelé toutes ses troupes.

XLV. Hac re cognita, Cæsar mittit complures equitum turmas eo de media nocte : iis imperat, ut paulo tumultuosius omnibus in locis pervagarentur. Prima luce, magnum numerum impedimentorum ex castris mulorumque produci, eque iis stramenta detrahi, mulionesque cum cassidibus, equitum specie ac simulatione, collibus circumvehi jubet. His paucos addit equites, qui latius ostentationis causa vagarentur. Longo circuitu easdem omnes jubet petere regiones. Hæc procul ex oppido videbantur, ut erat a Gergovia despectus in castra; neque tanto spatio, certi quid esset, explorari poterat. Legionem unam eodem jūgo mittit, et paulum progressam inferiore constituit loco, silvisque occultat. Augetur Gallis suspicio, atque omnes illo ad munitionem copiæ transducuntur. Vacua castra hostium Cæsar conspicatus, tectis insignibus suorum, occultatisque signis militaribus, raros milites, ne ex oppido animadverterentur, ex majoribus castris in minora transducit; legatisque, quos singulis legionibus præfecerat, quid fieri vellet, ostendit : in primis monet, ut contineant milites, ne studio pugnandi aut spe prædæ longius progrediantur : quid iniquitas loci habeat incommodi, proponit : hoc una celeritate posse vitari : occasionis esse rem, non prœlii. His rebus expositis, signum dat, et ab dextera parte alio ascensu eodem tempore Æduos mittit.

XLVI. Oppidi murus ab planitie atque initio ascensus, recta regione, si nullus anfractus intercederet, ᴍᴄᴄ passus aberat. Quidquid huic circuitus ad mollien-

XLV. Sur cet avis, César y envoie vers le milieu de la nuit plusieurs escadrons, et leur ordonne de battre le pays avec grand bruit. Dès le point du jour, il fait sortir du camp les équipages et les mulets, en déchargeant ceux-ci de leur bagage, et mettre des casques aux muletiers pour leur donner l'apparence de cavaliers. Il leur recommande de faire le tour des collines, et met parmi eux quelques cavaliers qui doivent affecter de se répandre au loin. Enfin, il leur assigne à tous un point de réunion par un long circuit. Tous ces mouvemens étaient aperçus de la ville, qui avait vue sur le camp, mais de trop loin pour rien distinguer. César envoie vers la colline une légion, qui d'abord avance un peu, puis fait halte dans un fond et se cache dans les forêts. Le soupçon des Gaulois se confirme; ils portent de ce côté toutes leurs forces. César voyant leur camp dégarni, couvre les insignes [40], cache les drapeaux, et fait passer peu à peu ses troupes du grand camp au petit, de manière qu'elles ne puissent être aperçues de la place; il révèle ses intentions aux lieutenans qu'il avait mis à la tête de chaque légion; il leur recommande d'empêcher que le soldat ne se laisse emporter par l'ardeur du combat ou le désir du pillage; il leur montre que la célérité seule peut compenser le désavantage du lieu; qu'enfin il s'agit d'une surprise et non d'un combat. Toutes ses dispositions prescrites, il donne le signal, et en même temps il fait monter les Éduens sur la droite par un autre chemin.

XLVI. Le mur de la ville, en ligne droite et sans détour, était à douze cents pas de la plaine et du pied de la colline; mais le circuit, pratiqué pour adoucir la

dum clivum accesserat, id spatium itineris augebat. A
medio fere colle in longitudinem, ut natura montis ferebat, ex grandibus saxis sex pedum murum, qui nostrorum impetum tardaret, præduxerant Galli, atque,
inferiore omni spatio vacuo relicto, superiorem partem
collis usque ad murum oppidi densissimis castris compleverant. Milites, dato signo, celeriter ad munitionem
perveniunt, eamque transgressi, trinis castris potiuntur.
Ac tanta fuit in capiendis castris celeritas, ut Teutomatus, rex Nitiobrigum, subito in tabernaculo oppressus,
ut meridie conquieverat, superiore corporis parte nudata, vulnerato equo, vix se ex manibus prædantium
militum eriperet.

XLVII. Consecutus id, quod animo proposuerat, Cæsar receptui cani jussit; legionisque decimæ, qua tum
erat comitatus, signa consistere. At reliquarum milites
legionum, non exaudito tubæ sono, quod satis magna
valles intercedebat, tamen ab tribunis militum legatisque, ut erat a Cæsare præceptum, retinebantur : sed
elati spe celeris victoriæ, et hostium fuga, superiorum-
que temporum secundis prœliis, nihil adeo arduum sibi
existimabant, quod non virtute consequi possent; neque
prius finem sequendi fecerunt, quam muro oppidi por-
tisque appropinquarent. Tum vero ex omnibus urbis partibus orte clamore, qui longius aberant, repentino tumultu perterriti, quum hostem intra portas esse existimarent, sese ex oppido ejecerunt. Matres familiæ de muro
vestem argentumque jactabant, et pectoris fine promi-
nentes, passis manibus obtestabantur Romanos, ut sibi
parcerent, neu, sicut Avarici fecissent, ne mulieribus

pente, augmentait la distance. Vers le milieu du coteau et dans toute sa longueur, autant que le permettait la nature du sol, les Gaulois avaient construit un mur de fortes pierres, haut de six pieds, pour arrêter notre attaque, et laissant vide toute la partie basse, ils avaient entièrement garni de leurs troupes toute la partie supérieure jusqu'au rempart de la place. Au signal donné, nos soldats arrivent promptement à ce mur, le franchissent, et se rendent maîtres de trois camps. L'attaque avait été si vive, que Teutomatus, roi des Nitiobriges, surpris dans sa tente, où il reposait au milieu du jour, s'enfuit à moitié nu, eut son cheval blessé, et n'échappa qu'avec peine aux mains des pillards.

XLVII. César ayant atteint son but, ordónna de sonner la retraite, et fit faire halte à la dixième légion, qui l'accompagnait. Mais les autres, séparées par une assez grande vallée, n'entendirent pas le signal, et bien que les tribuns et les centurions s'efforçassent de les contenir, selon l'ordre de César, bientôt entraînées par l'espérance d'une prompte victoire, par la fuite de l'ennemi, par le souvenir de tant de succès, elles pensèrent que rien ne pouvait résister à leur valeur, et ne cessèrent leur poursuite que près des murs et des portes de la ville. Alors des cris s'élèvent de toutes parts; ceux qui étaient le plus éloignés, effrayés de cette confusion soudaine, croient les Romains maîtres de la place, et se précipitent des murs. Les mères jettent du haut des murailles des étoffes, de l'argent, et le sein découvert, les bras étendus, supplient les Romains de leur laisser la vie, et de ne pas égorger, comme à Avarique, les femmes

quidem atque infantibus abstinerent. Nonnullæ, de muris per manus demissæ, sese militibus tradebant. L. Fabius, centurio legionis VIII, quem inter suos eo die dixisse constabat, excitari se Avaricensibus præmiis, neque commissurum, ut prius quisquam murum ascenderet, tres suos nactus manipulares, atque ab iis sublevatus, murum ascendit. Eos ipse rursus singulos exceptans, in murum extulit.

XLVIII. Interim ii, qui ad alteram partem oppidi, ut supra demonstravimus, munitionis causa convenerant, primo exaudito clamore, inde etiam crebris nuntiis incitati, oppidum a Romanis teneri, præmissis equitibus, magno concursu eo contenderunt. Eorum ut quisque primus venerat, sub muro consistebat, suorumque pugnantium numerum augebat. Quorum quum magna multitudo convenisset, matres familiæ, quæ paulo ante Romanis de muro manus tendebant, suos obtestari, et more Gallico passum capillum ostentare, liberosque in conspectum proferre cœperunt. Erat Romanis nec loco, nec numero, æqua contentio : simul et cursu et spatio pugnæ defatigati, non facile recentes atque integros sustinebant.

XLIX. Cæsar, quum iniquo loco pugnari, hostiumque augeri copias videret, præmetuens suis, ad T. Sextium legatum, quem minoribus castris præsidio reliquerat, mittit, ut cohortes ex castris celeriter educeret, et sub infimo colle ab dextro latere hostium constitueret : ut, si nostros depulsos loco vidisset, quo minus libere hostes insequerentur, terreret. Ipse paulum ex eo loco

et les enfans. Quelques-unes, s'aidant de main en main
à descendre du rempart, allèrent se rendre à nos soldats.
L. Fabius, centurion de la huitième légion, qui, ce jour
même, avait déclaré, qu'excité par les récompenses données dans Avarique, il ne laisserait personne escalader
le mur avant lui, ayant pris trois de ses soldats, se fit
soulever par eux et monta sur le mur; puis leur tendant
la main, les fit monter un à un.

XLVIII. Cependant, ceux des Gaulois qui s'étaient
portés de l'autre côté de la ville pour la fortifier[41], aux
premiers cris qu'ils entendent, et sur les nombreux avis
qu'on leur donne de l'entrée des Romains, envoient la
cavalerie devant, et accourent à la hâte. A mesure qu'ils
arrivaient, ils s'arrêtaient sous la muraille et augmen-
taient le nombre des combattans. Quand ils se furent
réunis en foule; les femmes, qui peu auparavant ten-
daient à nos soldats des mains suppliantes, se tournent
alors vers leurs époux, et leur montrent, à la manière
gauloise, leurs cheveux épars et leurs jeunes enfans. Le
lieu, le nombre, tout rendait le combat inégal; les Romains, fatigués de la marche et d'un long combat, se
soutenaient avec peine contre des troupes toutes fraîches.

XLIX. César voyant le désavantage du lieu, et le nombre des ennemis croître sans cesse, craignit aussitôt pour
les siens. Il fit dire à T. Sextius, qu'il avait laissé à la
garde du petit camp, d'en faire sortir promptement les
cohortes, et de les placer au pied de la colline, sur la
droite des Gaulois, afin que, s'il voyait nos soldats repoussés, il intimidât l'ennemi et rallentît sa poursuite.

cum legione progressus, ubi constiterat, eventum pugnæ
exspectabat.

L. Quum acerrime cominus pugnaretur, hostes loco
et numero, nostri virtute confiderent, subito sunt Ædui
visi, ab latere nostris aperto, quos Cæsar ab dextra
parte alio ascensu, manus distinendæ causa, miserat.
Hi similitudine armorum vehementer nostros perterrue-
runt : ac, tametsi dextris humeris exsertis animadverte-
bantur, quod insigne pacatum esse consuerat, tamen id
ipsum sui fallendi causa milites ab hostibus factum existimabant. Eodem tempore L. Fabius centurio, quique
una murum ascenderant, circumventi atque interfecti
de muro præcipitantur. M. Petreius, ejusdem legionis
centurio, quum portas excidere conatus esset, a multitudine oppressus ac sibi desperans, multis jam vulneribus acceptis, manipularibus suis, qui illum secuti erant,
« Quoniam, inquit, me una vobiscum servare non pos-
sum, vestræ quidem certe vitæ prospiciam, quos cupiditate gloriæ adductus in periculum deduxi. Vos, data facultate, vobis consulite. » Simul in medios hostes irru-
pit, duobusque interfectis, reliquos a porta paulum
submovit. Conantibus auxiliari suis, « Frustra, inquit,
meæ vitæ subvenire conamini, quem jam sanguis vires-
que deficiunt. Proinde hinc abite, dum est facultas,
vosque ad legionem recipite. » Ita pugnans post paulum
concidit, ac suis saluti fuit.

LI. Nostri, quum undique premerentur XLVI centurionibus amissis, dejecti sunt loco : sed intolerantius

Pour lui, il s'avança un peu avec sa légion et attendit l'issue du combat.

L. Tandis qu'on se battait avec acharnement, les ennemis forts de leur position et de leur nombre, et les nôtres de leur valeur, on vit tout à coup paraître, sur le flanc découvert des Romains, les Éduens que César avait envoyés par un chemin différent, sur la droite, pour faire diversion. La ressemblance de leurs armes avec celles des barbares effraya nos soldats; et quoi-qu'ils eussent le bras droit nu, ce qui était un signe de paix, ceux-ci crurent que c'était un artifice employé pour les tromper. En même temps, le centurion L. Fabius et ceux qui étaient montés avec lui sur le rempart sont enve-loppés, massacrés, et précipités du haut de la muraille. M. Petreius, centurion de la même légion, s'efforçait de briser les portes; mais accablé par le nombre, déjà cou-vert de blessures, et désespérant de sa vie, il s'adresse à ses compagnons : « Amis, dit-il, puisque je ne puis me sauver avec vous, je veux du moins pourvoir au salut de ceux que mon amour pour la gloire a conduits dans le péril. Sauvez vos jours, je vous en donnerai le moyen. » Alors il se jette au milieu des ennemis, en tue deux, et écarte un moment les autres. Comme les siens tentaient de le secourir : « En vain, dit-il, vous essaieriez de me sou-lager; mon sang et mes forces s'épuisent. Retirez-vous d'ici pendant que vous le pouvez, et rejoignez votre lé-gion. » Peu après il tomba en combattant, après avoir ainsi sauvé les siens.

LI. Nos soldats, pressés de toutes parts, furent chas-sés de leur poste, après avoir perdu quarante-six centu-

5.

Gallos insequentes legio x tardavit, quæ pro subsidio
paulo æquiore loco constiterat. Hanc rursus xiii legionis cohortes exceperunt, quæ, ex castris minoribus educ-
tæ, cum T. Sextio legato ceperant locum superiorem.
Legiones, ubi primum planitiem attigerunt, infestis contra hostes signis constiterunt. Vercingetorix ab radicibus
collis suos intra munitiones reduxit. Eo die milites sunt
paulo minus dcc desiderati.

LII. Postero die Cæsar, concione advocata, temerita-
tem cupiditatemque militum reprehendit, « Quod sibi
ipsi judicavissent, quo procedendum, aut quid agendum
videretur, neque signo recipiendi dato constitissent, neque a tribunis militum legatisque retineri potuissent :
exposito, quid iniquitas loci posset, quid ipse ad Avaricum sensisset, quum, sine duce et sine equitatu deprehensis hostibus, exploratam victoriam dimisisset, ne
parvum modo detrimentum in contentione propter iniquitatem loci accideret. Quantopere eorum animi magnitudinem admiraretur, quos non castrorum munitiones, non altitudo montis, non murus oppidi tardare
potuisset; tantopere licentiam arrogantiamque repre-
hendere, quod plus se, quam imperatorem, de victoria
atque exitu rerum sentire existimarent : nec minus se in
milite modestiam et continentiam, quam virtutem atque
animi magnitudinem desiderare. »

LIII. Hac habita concione, et ad extremum oratione
confirmatis militibus, « ne ob hanc causam animo per-
moverentur, neu, quod iniquitas loci attulisset, id vir-

rions. La dixième légion arrêta les ennemis trop ardens
à les poursuivre. Elle s'était placée sur un terrain un
peu moins désavantageux, afin d'être prête à porter secours, et fut à son tour soutenue par la treizième légion
que T. Sextius avait menée du petit camp sur une hauteur. Les légions, dès qu'elles eurent gagné la plaine,
firent face à l'ennemi, et Vercingetorix ramena ses troupes du pied de la colline dans ses retranchemens. Cette
journée nous coûta environ sept cents hommes.

LII. Le lendemain César assembla les troupes et ré-
primanda leur imprudence et leur avidité; il les blâma
d'avoir voulu juger elles-mêmes du moment où il con-
viendrait de s'arrêter ou d'agir, sans écouter le signal
de la retraite, sans être retenues par leurs tribuns et par
les lieutenans. Il leur représenta tout le danger d'une
mauvaise position, et ce que lui-même en avait pensé au
siège d'Avarique [42], lorsque, trouvant les ennemis sans
chefs et sans cavalerie, il renonça à une victoire certaine
plutôt que de s'exposer à une perte même légère dans
un lieu désavantageux. Autant il admirait leur courage,
qui n'avait pu être arrêté, ni par les retranchemens
d'un camp, ni par la hauteur des montagnes, ni par les
murs de la ville, autant il blâmait leur désobéissance et
leur présomption, de s'imaginer savoir mieux que leur
général le moment et les moyens de vaincre : il ajouta
qu'il n'aimait pas moins dans un soldat la docilité et la
retenue, que la fermeté et la bravoure.

LIII. César, après avoir, à la fin de son discours, re-
levé le courage des soldats, en leur disant de ne pas se
laisser abattre, et de ne point imputer à la valeur de

tuti hostium tribuerent; » eadem de profectione cogitans,
quæ ante senserat, legiones ex castris eduxit, aciemque
idoneo loco constituit. Quum Vercingetorix nihilo magis
in æquum locum descenderet, levi facto equestri proelio,
atque eo secundo, in castra exercitum reduxit. Quum
hoc idem postero die fecisset, satis ad Gallicam ostenta-
tionem minuendam militumque animos confirmandos
factum existimans, in Æduos castra movit. Ne tum quidem insecutis hostibus, tertio die ad flumen Elaver pontem refecit, atque exercitum transduxit.

LIV. Ibi a Viridomaro atque Eporedorige Æduis appellatus, discit, cum omni equitatu Litavicum ad solli-
citandos Æduos profectum; opus esse et ipsos præcedere
ad confirmandam civitatem. Etsi multis jam rebus perfidiam Æduorum perspectam habebat, atque horum discessu admaturari defectionem civitatis existimabat; tamen retinendos eos non censuit, ne aut inferre injuriam
videretur, aut dare timoris aliquam suspicionem. Discedentibus his breviter sua in Æduos merita exponit :
« Quos et quam humiles accepisset, compulsos in oppida, mulctatos agris, omnibus ereptis copiis, imposito
stipendio, obsidibus summa cum contumelia extortis; et
quam in fortunam, quamque in amplitudinem deduxis-
set, ut non solum in pristinum statum redissent, sed omnium temporum dignitatem et gratiam antecessisse viderentur. His datis mandatis, eos ab se dimisit,

l'ennemi le résultat d'une mauvaise position, persista
dans son projet de retraite, fit sortir ses légions du camp,
et les rangea en bataille dans un poste favorable. Vercingetorix descendit également dans la plaine ; il s'engagea
un léger combat de cavalerie ; César, après quelque avantage, fit rentrer ses troupes. Le lendemain, il renouvela
la même épreuve ; pensant alors en avoir assez fait pour
rabattre la jactance des Gaulois, et raffermir le courage
des soldats, il se dirigea vers les Éduens. L'ennemi n'essaya pas de le suivre. Le troisième jour, César arriva
sur les bords de l'Allier, reconstruisit le pont, et le passa
avec ses troupes.

LIV. Là, il apprend des éduens Viridomare et Eporedorix, que Litavicus est parti avec toute sa cavalerie
pour soulever le pays ; qu'eux-mêmes avaient besoin
de le devancer pour retenir la nation dans le devoir.
Quoique César eût déjà plusieurs preuves de la perfidie de ces Éduens, et qu'il vît bien que leur départ
hâterait la révolte, il ne jugea pas à propos de les retenir, de peur de les offenser, ou de faire croire qu'il
eût la moindre inquiétude. Il leur rappela seulement
à leur départ tout ce qu'il avait fait pour les Éduens ;
qu'il les avait trouvés dans l'abaissement et la faiblesse,
renfermés dans leurs villes ; leurs champs envahis, leurs
troupes détruites, eux - mêmes soumis à de honteux
tributs, et forcés de livrer des otages ; et que de là il
les avait élevés à un tel degré de prospérité, que non-
seulement ils étaient rétablis dans leur premier état,
mais même plus puissans qu'au temps de leur plus bril-
lante fortune. Ces recommandations faites, il les congédia.

LV. Noviodunum erat oppidum Æduorum, ad ripas Ligeris opportuno loco positum : huc Cæsar omnes obsides Galliæ, frumentum, pecuniam publicam, suorum atque exercitus impedimentorum magnam partem contulerat: huc magnum numerum equorum, hujus belli causa in Italia atque Hispania coemptum, miserat. Eo quum Eporedorix Viridomarusque venissent, et de statu civitatis cognovissent, Litavicum Bibracte ab Æduis receptum, quod est oppidum apud eos maximæ auctoritatis, Convictolitanem magistratum magnamque partem senatus ad eum convenisse, legatos ad Vercingetorigem de pace et amicitia concilianda publice missos; non prætermittendum tantum commodum existimaverunt. Itaque, interfectis Novioduni custodibus, quique eo negotiandi aut itineris causa convenerant, pecuniam atque equos inter se partiti sunt; obsides civitatum Bibracte ad magistratum deducendos curaverunt; oppidum, quod ab se teneri non posse judicabant, ne cui esset usui Romanis, incenderunt; frumenti quod subito potuerunt, navibus avexerunt; reliquum flumine atque incendio corruperunt; ipsi ex finitimis regionibus copias cogere, præsidia custodiasque ad ripas Ligeris disponere, equitatumque omnibus locis, injiciendi timoris causa, ostentare cœperunt, si ab re frumentaria Romanos excludere aut adductos inopia ex Provincia excludere possent. Quam ad spem multum eos adjuvabat, quod Liger ex nivibus creverat, ut omnino vado non posse transiri videretur.

LV. Sur les bords de la Loire, dans une position avantageuse, était Noviodun, ville des Éduens. César y avait déposé tous les otages de la Gaule, les subsistances, les deniers publics, une grande partie de ses équipages et de ceux de l'armée; il y avait aussi envoyé, pour les besoins de la guerre, quantité de chevaux achetés en Italie et en Espagne. A leur arrivée dans cette place, Eporedorix et Viridomare prirent connaissance de l'état du pays. Ils surent que Litavicus avait été bien accueilli des Éduens, à Bibracte, leur principale ville; que Convictolitan et une grande partie du sénat s'étaient rendus près de lui; qu'enfin la nation avait député à Vercingetorix pour faire avec lui un traité de paix et d'alliance. L'occasion leur parut trop favorable pour la négliger. Ils massacrent la garde laissée à Noviodun, et tout ce qui s'y trouve de Romains, marchands ou voyageurs; partagent entre eux l'argent et les chevaux, font conduire les otages à Bibracte[43], entre les mains du magistrat; ne se croyant pas en état de garder la ville, ils la brûlent, afin qu'elle ne puisse pas servir aux Romains; ils emportent tout le blé qu'ils peuvent charger sur des bateaux, et jettent le reste dans la rivière ou dans les flammes. Ils lèvent ensuite des troupes dans les pays voisins, placent des garnisons et des postes le long de la Loire, et, pour inspirer la terreur, font paraître en tous lieux leur cavalerie, dans l'espoir de couper les vivres aux Romains et de les forcer par la famine à évacuer le pays. La circonstance les favorisait : la Loire alors grossie par la fonte des neiges ne paraissait guéable en aucun endroit.

LVI. Quibus rebus cognitis, Cæsar maturandum sibi censuit, si esset in perficiendis pontibus periclitandum, ut prius, quam essent majores eo coactæ copiæ, dimicaret. Nam ut, commutato consilio, iter in Provinciam converteret (id ne metu quidem necessario faciendum existimabat), quum infamia atque indignitas rei, et oppositus mons Cevenna, viarumque difficultas impediebat, tum maxime, quod abjuncto Labieno, atque iis legionibus, quas una miserat, vehementer timebat. Itaque, admodum magnis diurnis atque nocturnis itineribus confectis, contra omnium opinionem ad Ligerim pervenit; vadoque per equites invento, pro rei necessitate opportuno, ut brachia modo atque humeri ad sustinenda arma liberi ab aqua esse possent, disposito equitatu, qui vim fluminis refringeret, atque hostibus primo aspectu perturbatis, incolumem exercitum transduxit: frumentumque in agris et copiam pecoris nactus, repleto iis rebus exercitu, iter in Senones facere instituit.

LVII. Dum hæc apud Cæsarem geruntur, Labienus eo supplemento, quod nuper ex Italia venerat, relicto Agendici, ut esset impedimentis præsidio, cum IV legionibus Lutetiam proficiscitur. Id est oppidum Parisiorum, positum in insula fluminis Sequanæ. Cujus adventu ab hostibus cognito, magnæ ex finitimis civitatibus copiæ convenerunt. Summa imperii traditur Camulogeno Aulerco, qui prope confectus ætate, tamen propter singularem scientiam rei militaris ad eum est honorem evocatus. Is quum animadvertisset, perpetuam esse paludem, quæ influeret in Sequanam, atque illum omnem

LVI. César, instruit de ces préparatifs, crut devoir
hâter sa marche, afin que, dans le cas où il aurait des
ponts à réparer, il pût combattre les ennemis avant
qu'ils eussent assemblé de plus grandes forces : car changer de plan et rétrograder sur la Province, chose qu'il
n'eût point voulu faire dans le moment le plus pressant, c'eût été non-seulement se couvrir de honte, mais
s'exposer à de grands périls, à cause des Cévennes et
de la difficulté des chemins. D'ailleurs il craignait vivement pour Labienus, dont il était séparé, et pour les
légions envoyées sous ses ordres [44]. Il marcha donc jour
et nuit, et parvint à la Loire, au moment où l'on s'y attendait le moins. Sa cavalerie ayant trouvé un gué assez
commode, où le soldat pouvait avoir les épaules et les
bras hors de l'eau pour porter ses armes, il la plaça de
manière à rompre le courant, et l'armée passa tout entière sans que l'ennemi ôsât résister. César trouva la
campagne couverte de blé et de troupeaux, en fit une
ample provision, et se dirigea vers les Sénonais.

LVII. Pendant ce temps, Labienus, ayant laissé à
Agendicum [45], pour la garde des bagages, les recrues
récemment arrivées d'Italie, s'était porté avec quatre légions vers Lutèce [46]. Cette ville appartenait aux Parisiens,
et était située dans une île de la Seine. Au bruit de son
arrivée, un grand nombre de troupes ennemies se réunirent des pays voisins. Le commandement fut donné
à l'Aulercien Camulogène, vieillard chargé d'années,
mais jugé digne de cet honneur pour sa rare habileté
dans l'art de la guerre. Ce général, remarquant que la
ville était entourée d'un marais aboutissant à la Seine,

locum magnopere impediret, hic consedit, nostrosque transitu prohibere instituit.

LVIII. Labienus primo vineas agere, cratibus atque aggere paludem explere, atque iter munire conabatur. Postquam id difficilius confieri animadvertit, silentio e castris tertia vigilia egressus, eodem, quo venerat, itinere Melodunum pervenit. Id est oppidum Senonum, in insula Sequanæ positum, ut paulo ante Lutetiam diximus. Deprehensis navibus circiter L, celeriterque conjunctis, atque eo militibus impositis, et rei novitate perterritis oppidanis, quorum magna pars erat ad bellum evocata, sine contentione oppido potitur. Refecto ponte, quem superioribus diebus hostes resciderant, exercitum transducit, et secundo flumine ad Lutetiam iter facere cœpit. Hostes, re cognita ab iis, qui a Meloduno profugerant, Lutetiam incendi, pontesque ejus oppidi rescindi jubent: ipsi profecti a palude, in ripis Sequanæ, e regione Lutetiæ, contra Labieni castra considunt.

LIX. Jam Cæsar a Gergovia discessisse audiebatur: jam de Æduorum defectione et secundo Galliæ motu rumores afferebantur; Gallique in colloquiis, interclusum itinere et Ligeri Cæsarem, inopia frumenti coactum, in Provinciam contendisse confirmabant. Bellovaci autem, defectione Æduorum cognita, qui ante erant per se infideles, manus cogere atque aperte bellum parare cœperunt. Tum Labienus, tanta rerum commutatione, longe aliud sibi capiendum consilium, atque antea senserat, intelligebat: neque jam, ut aliquid acquireret, prœlioque hostes lacesseret; sed ut incolumem

et très-favorable à la défense, y établit ses troupes pour nous disputer le passage.

LVIII. Labienus travailla d'abord à dresser des mantelets, à combler le marais de claies et de fascines, et à s'assurer le passage; mais bientôt il reconnut les difficultés, sortit de son camp en silence à la troisième veille, et arriva à Mélodun [47] par le même chemin qu'il avait tenu. C'était une ville des Sénonais, située, ainsi que Lutèce, dans une île de la Seine. Il se saisit d'une cinquantaine de bateaux, les joignit ensemble, les chargea de soldats, et étonna tellement les habitans, qu'il entra dans la place sans combat : la plupart avaient suivi Camulogène. Il rétablit le pont que les ennemis avaient coupé peu de jours avant, y fit passer ses troupes, et retourna vers Lutèce en suivant le cours du fleuve. L'ennemi, averti par ceux qui s'étaient enfuis de Mélodun, met le feu à Lutèce, coupe les ponts, et, protégé par le marais, vient camper sur le bord de la Seine, vis-à-vis Lutèce, et en face de Labienus.

LIX. Déjà le bruit courait que César avait quitté le siège de Gergovie; déjà se répandait la nouvelle de la défection des Éduens, et de son heureux succès. Les Gaulois répétaient, dans leurs entretiens, que César, trouvant les chemins fermés et ne pouvant passer la Loire, avait été forcé, faute de vivres, de se retirer vers la Province romaine. Les Bellovaques [48], dont la fidélité était déjà douteuse, eurent à peine appris la défection des Éduens, qu'ils se mirent à lever des troupes et à préparer ouvertement la guerre. Au milieu de si grands changemens, Labienus sentit qu'il fallait renoncer à

exercitum Agendicum reduceret, cogitabat. Namque altera ex parte Bellovaci, quæ civitas in Gallia maximam
habet opinionem virtutis, instabant; alteram Camulogenus parato atque instructo exercitu tenebat : tum legiones, a præsidio atque impedimentis interclusas, maximum flumen distinebat. Tantis subito difficultatibus
objectis, ab animi virtute auxilium petendum videbat.

LX. Itaque, sub vesperum concilio convocato, cohortatus, ut ea, quæ imperasset, diligenter industrieque
administrarent, naves, quas a Meloduno deduxerat, singulas equitibus romanis attribuit, et prima confecta vigilia, IV millia passuum secundo flumine progredi silentio, ibique se exspectari jubet. Quinque cohortes, quas
minime firmas ad dimicandum esse existimabat, castris
præsidio relinquit : V ejusdem legionis reliquas de media
nocte cum omnibus impedimentis adverso flumine magno
tumultu proficisci imperat. Conquirit etiam lintres. Has,
magno sonitu remorum incitatas, in eamdem partem mittit. Ipse post paulo, silentio egressus, cum tribus legionibus eum locum petit, quo naves appelli jusserat.

LXI. Eo quum esset ventum, exploratores hostium,
ut omni fluminis parte erant dispositi, inopinantes, quod
magna subito erat coorta tempestas, ab nostris oppri-
muntur : exercitus equitatusque, equitibus romanis ad-
ministrantibus, quos ei negotio præfecerat, celeriter
transmittitur. Uno fere tempore sub lucem hostibus nuntiatur, in castris Romanorum præter consuetudinem tu-

son premier projet, et à faire des conquêtes ni à harceler l'ennemi, mais à ramener l'armée sans perte à
Agendicum; car, d'un côté, il était menacé par les Bellovaques, peuple renommé en Gaule pour sa valeur;
de l'autre, par Camulogène qui avait une armée toute
prête; enfin, ses légions étaient séparées de leur bagage
par un grand fleuve. Il ne voyait contre tant d'embarras
d'autre ressource que son courage.

LX. Il convoqua sur le soir un conseil, et engagea
chacun à exécuter ses ordres avec promptitude et adresse.
Il distribua les bateaux, qu'il avait amenés de Mélodun,
à autant de chevaliers romains, et leur ordonna de descendre la rivière à la fin de la première veille [49]; de
s'avancer en silence l'espace de quatre milles, et de l'y
attendre. Il laisse pour la garde du camp les cinq cohortes qu'il juge les moins propres à combattre, et commande aux cinq autres de la même légion de remonter
le fleuve au milieu de la nuit, avec tous les bagages, en
faisant beaucoup de fracas. Il rassemble aussi des na-
celles, et les envoie dans la même direction à grand
bruit de rames. Lui-même, peu d'instans après, part
en silence avec trois légions, et se rend au lieu où il
avait ordonné de conduire les bateaux.

LXI. Lorsqu'on y fut arrivé, les éclaireurs de l'ennemi,
qui étaient placés sur toute la rive, furent attaqués à
l'improviste pendant un grand orage survenu tout à coup:
les légions et la cavalerie eurent bientôt passé le fleuve
avec le secours des chevaliers romains chargés de cette
opération. Au point du jour, presqu'au même instant,
on annonce à l'ennemi qu'un bruit extraordinaire se fait

multuari, et magnum ire agmen adverso flumine, soni-
tumque remorum in eadem parte exaudiri, et paulo infra milites navibus transportari. Quibus rebus auditis,
quod existimabant, tribus locis transire legiones, atque
omnes, perturbatos defectione Æduorum, fugam parare,
suas quoque copias in tres partes distribuerunt. Nam,
et præsidio e regione castrorum relicto, et parva manu
Metiosedum versus missa, quæ tantum progrederetur,
quantum naves processissent, reliquas copias contra Labi-
entum duxerunt.

LXII. Prima luce, et nostri omnes erant transportati, et
hostium acies cernebatur. Labienus, cohortatus milites, « ut
suæ pristinæ virtutis, et tot secundissimorum præliorum
memoriam retinerent, atque ipsum Cæsarem, cujus ductu
sæpenumero hostes superassent, præsentem adesse existimarent, » dat signum prœlii. Primo concursu ab dextro cornu, ubi septima legio constiterat, hostes pelluntur, atque in fugam conjiciuntur : ab sinistro, quem
locum duodecima legio tenebat, quum primi ordines
hostium transfixi pilis concidissent, tamen acerrime reliqui resistebant, nec dabat suspicionem fugæ quisquam.
Ipse dux hostium Camulogenus suis aderat, atque eos
cohortabatur. At, incerto etiam nunc exitu victoriæ,
quum septimæ legionis tribunis esset nuntiatum, quæ
in sinistro cornu gererentur, post tergum hostium legionem ostenderunt, signaque intulerunt. Ne eo quidem
tempore quisquam loco cessit, sed circumventi omnes
interfectique sunt. Eamdem fortunam tulit Camulogenus.
At ii, qui præsidio contra castra Labieni erant relicti,

entendre dans le camp romain, qu'une troupe considérable remonte le fleuve, que du même côté on entend
un grand bruit de rames, et qu'un peu au dessous, on
a vu des bateaux transporter des soldats. Alors ils ne
doutent plus que l'armée tout entière, effrayée de la défection des Éduens, ne se prépare à la fuite. Persuadés
que les légions passent en trois endroits, ils se partagent aussi en trois corps. Ils en laissent un pour la garde
de leur camp en face du nôtre; le second est envoyé
vers Métiosède [50], avec ordre de s'avancer autant que le
feraient les bateaux; le reste marche contre Labienus.

LXII. Au point du jour toutes nos troupes avaient
passé, et l'armée ennemie parut en bataille. Labienus
exhorte les soldats à se rappeler leur ancienne valeur et
tant de glorieux succès, et à se croire sous les yeux de
César qui si souvent les a menés à la victoire; puis il
donne le signal du combat. Dès le premier choc, la septième légion, placée à l'aile droite, enfonça les ennemis
et les mit en fuite. Mais à l'aile gauche, où était la
douzième légion, quoique les premiers rangs de l'ennemi
eussent été percés de nos traits, les autres se défendaient
vivement, et aucun ne paraissait songer à la fuite. Camulogène, leur général, était avec eux et excitait leur
ardeur. La victoire était encore incertaine, lorsque les
tribuns de la septième légion, apprenant ce qui se passait à l'aile gauche, vinrent avec leur légion prendre
l'ennemi en queue et le chargèrent. Alors même aucun
Gaulois ne quitta son poste; tous furent enveloppés et
tués; Camulogène eut le même sort. Le corps de troupes
qui avait été laissé en face du camp de Labienus, averti

quum prœlium commissum audissent, subsidio suis ie-
runt, collemque ceperunt, neque nostrorum militum
victorum impetum sustinere potuerunt. Sic, cum suis fugientibus permixti, quos non silvæ montesque texerunt,
ab equitatu sunt interfecti. Hoc negotio confecto, Labienus revertitur Agendicum, ubi impedimenta totius exercitus relicta erant. Inde cum omnibus copiis ad Cæsarem pervenit.

LXIII. Defectione Æduorum cognita, bellum augetur.
Legationes in omnes partes circummittuntur : quantum
gratia, auctoritate, pecunia valent, ad sollicitandas civitates nituntur. Nacti obsides, quos Cæsar apud eos deposuerat, horum supplicio dubitantes territant. Petunt
a Vercingetorige Ædui, ad se veniat, rationesque belli
gerendi communicet. Re impetrata contendunt, ut ipsis
summa imperii tradatur : et re in controversiam deducta, totius Galliæ concilium Bibracte indicitur. Eodem
conveniunt undique frequentes. Multitudinis suffragiis res
permittitur : ad unum omnes Vercingetorigem probant
imperatorem. Ab hoc concilio Remi, Lingones, Treviri
abfuerunt : illi, quod amicitiam Romanorum sequeban-
tur; Treviri, quod aberant longius, et ab Germanis premebantur : quæ fuit causa, quare toto abessent bello, et
neutris auxilia mitterent. Magno dolore Ædui ferunt,
se dejectos principatu; queruntur fortunæ commuta-
tionem, et Cæsaris indulgentiam in se requirunt; neque
tamen, suscepto bello, suum consilium ab reliquis se-
parare audent. Inviti, summæ spei adolescentes, Eporedorix et Viridomarus, Vercingetorigi parent.

qu'on en était aux mains, vint au secours des autres Gaulois, et occupa une hauteur, mais ne put soutenir le choc de nos soldats victorieux. Ils s'enfuirent pêle-mêle; tout ce qui ne put se mettre à couvert dans les bois et les montagnes fut taillé en pièces par notre cavalerie. Cette affaire étant terminée, Labienus retourna vers Agendicum, où l'on avait laissé tous les bagages de l'armée; puis il rejoignit César avec toutes les troupes.

LXIII. La nouvelle de la défection des Éduens donna à la guerre plus d'étendue. Des députés sont envoyés sur tous les points; crédit, autorité, argent, les Éduens mettent tout en usage pour soulever les autres états. Maîtres des otages que César leur avait confiés, ils menacent de les faire périr, pour effrayer ceux qui hésitent. Ils prient Vercingetorix de venir conférer avec eux sur les moyens de soutenir la guerre; il y consent. Les Éduens prétendent qu'on leur défère le commandement en chef. Une discussion s'élève; on convoque une assemblée de toute la Gaule à Bibracte : on s'y rend de toutes parts. La question est soumise aux suffrages de la multitude; tous d'une commune voix nomment Vercingetorix. On ne vit point à cette assemblée les Rémois, les Lingons ni les Trévires; les deux premières cités restaient fidèles aux Romains; les Trévires étaient trop éloignés, et d'ailleurs étaient pressés par les Germains; ce qui fut cause qu'ils ne prirent aucune part à la guerre, et gardèrent la neutralité. Les Éduens se voient avec peine dépouillés du commandement; ils déplorent le changement de leur fortune et regrettent les bontés de César; mais la guerre était commencée, et ils n'osent se séparer de la

6.

LXIV. Ille imperat reliquis civitatibus obsides : denique ei rei constituit diem : huc omnes equites, xv millia numero, celeriter convenire jubet; « peditatu, quem ante habuerit, se fore contentum dicit : neque fortunam tentaturum, aut in acie dimicaturum ; sed, quoniam abundet equitatu, perfacile esse factu, frumentationibus pabulationibusque Romanos prohibere : æquo modo animo sua ipsi frumenta corrumpant, ædificiaque incendant, qua rei familiaris jactura perpetuum imperium libertatemque se consequi videant.» His constitutis rebus, Æduis Segusianisque, qui sunt finitimi Provinciæ, x millia peditum imperat : huc addit equites DCCC. His præficit fratrem Eporedorigis, bellumque inferre Allobrogibus jubet. Altera ex parte, Gabalos proximosque pagos Arvernorum in Helvios, item Rutenos Cadurcosque ad fines Volcarum Arecomicorum depopulandos mittit. Nihilominus clandestinis nuntiis legationibusque Allobrogas sollicitat, quorum mentes nondum ab superiore bello resedisse sperabat. Horum principibus pecunias, civitati autem imperium totius Provinciæ pollicetur.

LXV. Ad hos omnes casus provisa erant præsidia cohortium duarum et viginti, quæ ex ipsa coacta provincia ab L. Cæsare legato ad omnes partes opponeban-

cause commune. Eporedorix et Viridomare, jeunes gens
d'une haute espérance, n'obéissent à Vercingetorix qu'à
regret.

LXIV. Cependant il exige des otages des autres nations, et fixe le jour où ils devront lui être remis. Il demande sur-le-champ quinze mille cavaliers : pour l'infanterie, il se contente de ce qu'il a : son dessein, disait-il,
n'était pas de s'exposer aux hasards d'une bataille; avec
une cavalerie nombreuse il lui serait facile de couper les
vivres aux Romains, et de gêner leurs fourrageurs; que
seulement les Gaulois consentent à détruire leurs ré-
coltes et à incendier leurs demeures, et ne voient dans
ces pertes domestiques qu'un sûr moyen d'obtenir à jamais la liberté et l'indépendance. Ces dispositions faites,
il demande aux Éduens et aux Ségusiens [51], voisins de
notre Province, dix mille fantassins; il y ajoute huit
cents chevaux, donne le commandement de ces troupes
au frère d'Eporedorix, et lui dit de porter la guerre chez
les Allobroges [52]. D'un autre côté, il fait marcher les Gabaliens [53] et les plus proches cantons des Arvernes contre
les Helviens [54]; et il envoie les Rhuténiens [55] et les Cadurces [56] ravager le pays des Volques Arécomiciens. En
même temps il sollicite les Allobroges par des messages
secrets, espérant que les ressentimens de la dernière
guerre n'étaient pas éteints dans leur cœur; il promet
de l'argent aux chefs, et à leur nation la souveraineté de
toute la Province.

LXV. Le lieutenant Lucius César [57] n'avait pour résister à toutes ces attaques que vingt-deux cohortes levées dans la Province même. Les Helviens attaquent

tur. Helvii, sua sponte cum finitimis prœlio congressi,
pelluntur, et C. Valerio Donotauro, Caburi filio, principe civitatis, compluribusque aliis interfectis, intra oppida murosque compelluntur. Allobroges, crebris ad
Rhodanum dispositis præsidiis, magna cum cura et diligentia suos fines tuentur. Cæsar, quod hostes equitatu
superiores esse intelligebat, et, interclusis omnibus itineribus, nulla re ex Provincia atque Italia sublevari
poterat, trans Rhenum in Germaniam mittit ad eas civitates, quas superioribus annis pacaverat, equitesque
ab his arcessit et levis armaturæ pedites, qui inter eos
prœliari consueverant. Eorum adventu, quod minus
idoneis equis utebantur, a tribunis militum reliquisque,
sed et equitibus romanis atque evocatis, equos sumit,
Germanisque distribuit.

LXVI. Interea, dum hæc geruntur, hostium copiæ
ex Arvernis, equitesque, qui toti Galliæ erant imperati,
conveniunt. Magno horum coacto numero, quum Cæsar
in Sequanos per extremos Lingonum fines iter faceret,
quo facilius subsidium Provinciæ ferri posset, circiter
millia passuum x ab Romanis, trinis castris Vercingetorix consedit; convocatisque ad concilium præfectis equitum, « venisse tempus victoriæ demonstrat : fugere in
Provinciam Romanos, Galliaque excedere : id sibi ad
præsentem obtinendam libertatem satis esse; ad reliqui
temporis pacem atque otium parum profici : majoribus
enim coactis copiis reversuros, neque finem belli facturos. Proinde agmine impeditos adoriantur : si pedites
suis auxilium ferant, atque in eo morentur, iter con-
fici non posse; si (id quod magis futurum confidat),

spontanément leurs voisins ; ils sont vaincus, perdent C. Valerius Donotaurus, fils de Caburus, chef de leur nation, et plusieurs autres, et sont repoussés dans leurs murs. Les Allobroges établissent près du Rhône des postes nombreux, et se préparent avec zèle à défendre leur territoire. César voyant l'ennemi supérieur en cavalerie, tous les chemins fermés, nul moyen de tirer des secours de l'Italie ni de la Province, envoie au delà du Rhin, en Germanie, vers les peuples qu'il avait soumis les années précédentes, et leur demande des cavaliers et de l'infanterie légère, accoutumée à se mêler [58] avec la cavalerie dans les combats. A leur arrivée, ne trouvant pas leurs chevaux assez bien dressés, il prit ceux des tribuns et des autres officiers, même des chevaliers romains et des vétérans, et les distribua aux Germains.

LXVI. Durant cet intervalle, les Arvernes et la cavalerie rassemblée de tous les états de la Gaule, vinrent joindre les troupes ennemies. Tandis que César se dirigeait vers les Séquanais par l'extrême frontière des Lingons, pour porter à la Province un plus facile secours, Vercingetorix se voyant à la tête de troupes si nombreuses, vint asseoir trois camps à dix milles des Romains; il convoque les chefs de la cavalerie : le moment de vaincre est venu, leur dit-il; les Romains s'enfuient dans leur Province et abandonnent la Gaule : c'est assez pour la liberté du moment, mais trop peu pour la paix et le repos de l'avenir : ils reviendront avec de plus grandes forces, et la guerre sera sans fin. Il faut les attaquer dans l'embarras de leur marche. Si les fantassins s'arrêtent pour soutenir la cavalerie, ils ne pourront achever leur

relictis impedimentis, suæ saluti consulant, et usu rerum
necessariarum et dignitate spoliatum iri : nam de equitibus hostium, quin nemo eorum progredi modo extra
agmen audeat, ne ipsos quidem debere dubitare. Id quo
majore faciant animo, copias se omnes pro castris habiturum, et terrori hostibus futurum. » Conclamant equites,
« sanctissimo jurejurando confirmari oportere, ne tecto
recipiatur, ne ad liberos, ne ad parentes, ne ad uxorem
aditum habeat, qui non bis per hostium agmen pere-
quitarit. »

LXVII. Probata re, atque omnibus ad jusjurandum
adactis, postero die in tres partes distributo equitatu,
duæ se acies ab duobus lateribus ostendunt : una a
primo agmine iter impedire cœpit. Qua re nuntiata,
Cæsar suum quoque equitatum, tripartito divisum, ire
contra hostem jubet. Pugnatur una tunc omnibus in
partibus : consistit agmen : impedimenta inter legiones
recipiuntur. Si qua in parte nostri laborare aut gravius
premi videbantur, eo signa inferri Cæsar aciemque con-
verti jubebat : quæ res et hostes ad insequendum tardabat, et nostros spe auxilii confirmabat. Tandem Germani ab dextro latere, summum jugum nacti, hostes
loco depellunt; fugientes usque ad flumen, ubi Vercingetorix cum pedestribus copiis consederat, persequuun-
tur, compluresque interficiunt. Qua re animadversa, reliqui, ne circumvenirentur, veriti, se fugæ mandant.
Omnibus locis fit cædes : tres nobilissimi Ædui capti ad
Cæsarem perducuntur; Cotus, præfectus equitum, qui
controversiam cum Convictolitane proximis comitiis habuerat; et Cavarillus, qui post defectionem Litavici

route : si, comme il le prévoit, ils abandonnent les bagages pour ne songer qu'à leur sûreté, ils perdront l'honneur et toutes leurs ressources. Point de doute qu'aucun
de leurs cavaliers n'ose seulement s'avancer hors des
lignes. Je rangerai, dit-il, toute l'armée hors du camp :
nos troupes auront plus de confiance, et les ennemis plus
de crainte. Alors tous s'écrient qu'il faut que chacun s'engage par le plus saint des sermens à ne pas entrer dans
sa maison, à ne plus revoir sa femme, ses enfans, sa famille, s'il n'a traversé deux fois les rangs de l'ennemi.

LXVII. Tous s'empressent de prêter ce serment. Le
lendemain Vercingetorix partage sa cavalerie en trois
corps : deux de ces corps se montrent sur nos ailes; le
troisième se présente de front à l'avant-garde, pour lui
fermer le passage. César forme également trois divisions
de sa cavalerie, et l'envoie contre l'ennemi. Le combat
s'engage sur tous les points; l'armée fait halte; les bagages sont placés entre les légions. Partout où les nôtres
fléchissent ou sont trop vivement pressés, César porte
de ce côté les enseignes et y fait marcher les cohortes.
Cette manœuvre ralentissait la poursuite, et ranimait nos
soldats par l'espoir d'un prompt secours. Enfin, les Germains gagnent le haut de la colline qui était à droite,
en chassent les ennemis, les poursuivent jusqu'à la rivière où Vercingetorix s'était placé avec son infanterie,
et en tuent un grand nombre. A la vue de cette déroute,
les autres craignent d'être enveloppés et prennent la fuite.
Ce n'est plus alors que carnage. Trois Éduens de la plus
haute distinction sont pris et amenés à César : Cotus,
chef de cavalerie, qui dans la dernière élection avait dis-

pedestribus copiis præfuerat; et Eporedorix, quo duce
ante adventum Cæsaris Ædui cum Sequanis bello con-
tenderant.

LXVIII. Fugato omni equitatu, Vercingetorix copias
suas, ut pro castris collocaverat, reduxit; protinusque
Alesiam, quod est oppidum Mandubiorum, iter facere
cœpit; celeriterque impedimenta ex castris educi, et se
subsequi jussit. Cæsar, impedimentis in proximum collem deductis, duabusque legionibus præsidio relictis,
secutus, quantum diei tempus est passum, circiter tribus
millibus hostium ex novissimo agmine interfectis, altero
die ad Alesiam castra fecit. Perspecto urbis situ, per-
territisque hostibus, quod equitatu, qua maxime parte
exercitus confidebant, erant pulsi, adhortatus ad laborem milites, Alesiam circumvallare instituit.

LXIX. Ipsum erat oppidum in colle summo, admodum edito loco, ut, nisi obsidione, expugnari non posse
videretur : cujus collis radices duo duabus ex partibus
flumina subluebant. Ante id oppidum planities circiter
millia passuum III in longitudinem patebat : reliquis ex
omnibus partibus colles, mediocri interjecto spatio, pari
altitudinis fastigio, oppidum cingebant. Sub muro, quæ
pars collis ad orientem solem spectabat, hunc omnem
locum copiæ Gallorum compleverant, fossamque et maceriam sex in altitudinem pedum præduxerant. Ejus munitionis, quæ ab Romanis instituebatur, circuitus XI
millium passuum tenebat. Castra opportunis locis erant
posita, ibique castella XXIII facta; quibus in castellis in-

puté la souveraine magistrature à Convictolitan; Cavarillus, qui depuis la défection de Litavicus commandait l'infanterie; et Eporedorix[59] que les Éduens avaient eu pour chef dans leur guerre contre les Séquanais, avant l'arrivée de César.

LXVIII. Vercingetorix, voyant toute sa cavalerie en fuite, fit rentrer les troupes qu'il avait rangées à la tête du camp, et prit aussitôt le chemin d'Alise[60], place des Mandubiens; en même temps, il se fait suivre par ses bagages. César laisse les siens sur un coteau voisin sous la garde de deux légions, poursuit l'ennemi tout le jour, lui tue environ trois mille hommes de l'arrière-garde, et campe le lendemain devant Alise. L'ennemi était tout consterné de la défaite de la cavalerie, qui faisait sa principale force; César reconnut la place, exhorta les soldats au travail, et fit ouvrir les lignes de circonvallation.

LXIX. Cette place, située au sommet d'une montagne, dans une position très-élevée, semblait ne pouvoir être prise que par un siège en règle. De deux côtés deux rivières coulaient au pied de la montagne. Devant la ville s'étendait une plaine d'environ trois milles de longueur : sur tous les autres points, la ville était entourée par des collines peu distantes entre elles et d'une égale hauteur. Au pied des murs, les Gaulois avaient couvert de leurs troupes toute la partie de la montagne qui regardait le levant, et ils avaient ouvert un fossé et élevé une muraille sèche de six pieds. La ligne de circonvallation formée par les Romains avait à peu près onze milles de circuit; notre camp était dans une position avantageuse;

terdiu stationes disponebantur, ne qua subito eruptio
fieret : hæc eadem noctu excubitoribus ac firmis præsidiis
tenebantur.

LXX. Opere instituto, fit equestre prœlium in ea
planitie, quam intermissam collibus III millia passuum
in longitudinem patere, supra demonstravimus. Summa
vi ab utrisque contenditur. Laborantibus nostris Cæsar
Germanos submittit, legionesque pro castris constituit,
ne qua subito irruptio ab hostium peditatu fiat. Præsidio
legionum addito, nostris animus augetur : hostes, in
fugam conjecti, se ipsi multitudine impediunt, atque
angustioribus portis relictis coarctantur. Tum Germani
acrius usque ad munitiones sequuntur : fit magna cædes.
Nonnulli, relictis equis, fossam transire et maceriam
transcendere conantur. Paulum legiones Cæsar, quas
pro vallo constituerat, promoveri jubet. Non minus,
qui intra munitiones erant, Galli perturbantur : veniri
ad se confestim existimantes, ad arma conclamant :
nonnulli perterriti in oppidum irrumpunt. Vercingetorix jubet portas claudi, ne castra nudentur. Multis interfectis, compluribus equis captis, Germani sese recipiunt.

LXXI. Vercingetorix, priusquam munitiones ab Romanis perficiantur, consilium capit, omnem ab se equitatum noctu dimittere. Discedentibus mandat, « ut suam
quisque eorum civitatem adeat, omnesque, qui per ætatem arma ferre possint, ad bellum cogant : sua in illos

on y avait élevé vingt-trois redoutes. Là des postes étaient placés pendant le jour pour empêcher toute attaque subite : de fortes garnisons et des sentinelles veillaient toute la nuit.

LXX. Pendant les travaux, il y eut un combat de cavalerie dans cette plaine de trois milles d'étendue, et entrecoupée de collines, comme nous venons de le dire. L'engagement fut très-vif de part et d'autre. Nos cavaliers commençaient à souffrir, quand César envoya les Germains et mit les légions en bataille hors du camp, pour réprimer toute tentative de l'infanterie ennemie. La vue de ces auxiliaires anima nos cavaliers ; les ennemis prennent la fuite, s'embarrassent par leur nombre et s'entassent aux portes étroites qui leur restent. Les Germains les poursuivent jusqu'à leurs retranchemens ; on en fait un grand carnage. Plusieurs abandonnent leurs chevaux et essaient de traverser le fossé et de franchir le mur. César fait avancer un peu les légions qu'il avait placées à la tête du camp : ceux même d'entre les Gaulois, qui étaient derrière les retranchemens, s'effraient, et croyant qu'on vient à eux, ils crient aux armes ; quelques-uns se jettent tout tremblans dans la ville. Vercingetorix fait fermer les portes de peur que le camp ne soit abandonné. Les Germains se retirèrent après avoir tué beaucoup de monde et pris un grand nombre de chevaux.

LXXI. Vercingetorix résolut de renvoyer de nuit toute sa cavalerie, avant que les Romains eussent achevé leur circonvallation. Il leur recommande à leur départ d'aller chacun dans leur pays, et d'enrôler tout ce qui est en âge de porter les armes ; il leur rappelle les services qu'il

merita proponit; obtestaturque, ut suæ salutis rationem habeant, neu se, de communi libertate optime meritum, in cruciatum hostibus dedant : quod si indiligentiores fuerint, millia hominum delecta LXXX una secum interitura demonstrat : ratione inita, frumentum se exigue dierum XXX habere, sed paulo etiam longius tolerare posse parcendo.» His datis mandatis, qua erat nostrum opus intermissum, secunda vigilia silentio equitatum dimittit : frumentum omne ad se ferri jubet; capitis pœnam iis, qui non paruerint, constituit : pecus, cujus magna erat ab Mandubiis compulsa copia, viritim distribuit; frumentum parce et paulatim metiri instituit; copias omnes, quas pro oppido collocaverat, in oppidum recipit. His rationibus auxilia Galliæ exspectare, et bellum administrare parat.

LXXII. Quibus rebus ex perfugis et captivis cognitis, Cæsar hæc genera munitionis instituit. Fossam pedum XX directis lateribus duxit, ut ejus solum tantumdem pateret, quantum summa labra distabant. Reliquas omnes munitiones ab ea fossa pedes CD reduxit : id hoc consilio (quoniam tantum esset necessario spatium complexus, nec facile totum opus militum corona cingeretur), ne de improviso aut noctu ad munitiones hostium multitudo advolaret, aut interdiu tela in nostros, operi destinatos, conjicere possent. Hoc intermisso spatio, duas fossas, XV pedes latas, eadem altitudine perduxit : quarum interiorem, campestribus ac demissis locis, aqua ex flumine derivata complevit : post eas aggerem ac val-

leur a rendus; il les conjure de veiller à sa sûreté, et
de ne point laisser à la merci de cruels ennemis un homme
qui a bien mérité de la liberté commune; leur négligence entraînerait avec sa perte celle de quatre-vingt
mille hommes d'élite : le calcul a été fait, il n'a de vivres
que pour trente jours : il pourra, en les ménageant,
tenir quelques instans de plus. Après ces instructions, il
fait partir sa cavalerie en silence à la seconde veille, par
l'intervalle que nos lignes laissaient encore. Il se fait
apporter tout le blé qui se trouve dans la ville, et menace de la mort quiconque n'obéira pas. Il distribue
par tête le nombreux bétail dont les Mandubiens s'é-
taient pourvus; il mesure le grain, et n'en donne que
par petite quantité; il fait rentrer toutes les troupes
qui campaient devant la ville. C'est ainsi qu'il se prépare à attendre les secours de la Gaule, et à soutenir la
guerre.

LXXII. César, instruit de ces dispositions par les prisonniers et les transfuges, règle de la manière suivante
son plan de fortifications. Il fait creuser un fossé large
de vingt pieds, dont les côtés sont à pic et la profondeur égale à la largeur. A quatre cents pieds en arrière
de ce fossé, il établit le reste de ses retranchemens. Il
laissait cette distance afin que les ennemis ne pussent
point pendant la nuit attaquer à l'improviste nos ouvrages, ni lancer tous les jours une grèle de traits sur
nos travailleurs : car on avait été obligé d'embrasser une
si grande circonférence que nos troupes n'auraient pu
aisément en garnir tous les points. Dans cet espace César fit faire deux fossés de quinze pieds de large sur au-

lum XII pedum exstruxit. Huic loricam pinnasque adje-
cit, grandibus cervis eminentibus ad commissuras plu-
teorum atque aggeris, qui ascensum hostium tardarent;
et turres toto opere circumdedit, quæ pedes LXXX inter
se distarent.

LXXIII. Erat eodem tempore et materiari, et fru-
mentari, et tantas munitiones fieri necesse, deminutis
nostris copiis, quæ longius ab castris progrediebantur:
ac nonnunquam opera nostra Galli tentare, atque eruptionem ex oppido pluribus portis summa vi facere cona-
bantur. Quare ad hæc rursus opera addendum Cæsar
putavit, quo minore numero militum munitiones defendi
possent. Itaque truncis arborum aut admodum firmis
ramis abscisis, atque horum delibratis atque præacutis
cacuminibus, perpetuæ fossæ, quinos pedes altæ, duce-
bantur. Huc illi stipites demissi, et ab infimo revincti,
ne revelli possent, ab ramis eminebant. Quini erant
ordines, conjuncti inter se atque implicati; quo qui intraverant, se ipsi acutissimis vallis induebant: hos cippos
appellabant. Ante hos, obliquis ordinibus in quincun-
cem dispositis, scrobes trium in altitudinem pedum
fodiebantur, paulatim angustiore ad infimum fastigio.
Huc teretes stipites, feminis crassitudine, ab summo
præacuti et præusti, demittebantur ita, ut non amplius
digitis IV ex terra eminerent : simul, confirmandi et
stabiliendi causa, singuli ab infimo solo pedes terra

tant de profondeur. Celui qui était intérieur, creusé dans la plaine et dans un terrain bas, fut rempli d'eau au moyen de rigoles faites à la rivière. Derrière ces fossés il éleva une terrasse et un rempart de douze pieds de haut; il y ajouta un parapet et des créneaux; et, à la jonction du parapet et du rempart, une palissade de grosses pièces de bois fourchues pour en rendre l'abord difficile. Le tout était flanqué de tours placées à quatre-vingt pieds l'une de l'autre[61].

LXXIII. Il fallait à la fois aller chercher du bois, pourvoir aux vivres, travailler aux fortifications, ce qui diminuait nos forces, en les éloignant du camp. Souvent encore les Gaulois essayaient d'attaquer nos ouvrages, et faisaient de vives sorties par plusieurs portes. César jugea nécessaire d'ajouter quelque chose aux fortifications, pour qu'une force moindre suffît à les défendre. On prit des troncs d'arbres, dont on retrancha les branches; on les dépouilla de leur écorce, et on les aiguisa par le sommet. On creusa une longue tranchée de cinq pieds de profondeur, où ces pieux furent plantés, les branches en haut; ils étaient attachés par le pied de manière à ne pouvoir être arrachés. Il y en avait cinq rangs, liés ensemble et entrelacés : quiconque s'y était engagé s'embarrassait dans leurs pointes aiguës. Les soldats leur donnaient le nom de *ceps*. Au devant étaient des puits de trois pieds de profondeur, disposés obliquement en quinconce, et qui se rétrécissaient peu à peu. On y faisait entrer des pieux ronds de la grosseur de la cuisse, durcis au feu et aiguisés à l'extrêmité; ils ne sortaient de terre que de quatre doigts; on les affermis-

exculcabantur : reliqua pars scrobis ad occultandas insidias viminibus ac virgultis integebatur. Hujus generis
octoni ordines ducti, ternos inter se pedes distabant:
id ex similitudine floris lilium appellabant. Ante hæc
taleæ, pedem longæ, ferreis hamis infixis, totæ in terram
infodiebantur, mediocribusque intermissis spatiis, omnibus locis disserebantur, quos stimulos nominabant.

LXXIV. His rebus perfectis, regiones secutus quam
potuit æquissimas pro loci natura, xiv millia passuum
complexus, pares ejusdem generis munitiones, diversas
ab his, contra exteriorem hostem perfecit, ut ne magna
quidem multitudine, si ita accidat ejus discessu, munitionum præsidia circumfundi possent; neu cum periculo
ex castris egredi cogantur, dierum xxx pabulum frumentumque habere omnes convectum jubet.

LXXV. Dum hæc ad Alesiam geruntur, Galli, concilio principum indicto, non omnes, qui arma ferre
possent, ut censuit Vercingetorix, convocandos statuunt, sed certum numerum cuique civitati imperan-
dum; ne, tanta multitudine confusa, nec moderari, nec
discernere suos, nec frumentandi rationem habere possent. Imperant Æduis, atque eorum clientibus, Segu-
sianis, Ambivaretis, Aulercis Brannovicibus, Branno-
viis, millia xxxv; parem numerum Arvernis, adjunctis
Eleutetis Cadurcis, Gabalis, Velaunis, qui sub imperio Arvernorum esse consuerunt; Senonibus, Sequanis,
Biturigibus, Santonis, Rutenis, Carnutibus, duodena
millia; Bellovacis x; totidem Lemovicibus; octona Pic-

sait au pied, en foulant fortement la terre; le reste était
recouvert de ronces et de broussailles afin de cacher le
piège. Il y avait huit rangs de cette espèce, à trois pieds
de distance l'un de l'autre : on les nommait des *lys* à
cause de leur ressemblance avec cette fleur. En avant encore étaient fichées en terre des chausse-trapes d'un pied
de long, armées de pointes de fer; on en mit partout,
et à de faibles distances : on les appelait des *aiguillons*.

LXXIV. Ce travail fini, César fit tirer dans le terrain le
plus uni qu'il put trouver, et dans un circuit de quatorze
milles, une contrevallation du même genre, mais du côté
opposé, contre les attaques du dehors; afin que si la cavalerie envoyée par Vercingetorix ramenait avec elle de
nombreux secours, la foule même des ennemis ne pût in-
vestir les retranchemens : voulant encore épargner à ses
soldats le danger de sortir du camp, il ordonna que chacun se pourvût de vivres et de fourrages pour trente jours.

LXXV. Pendant que ces choses se passaient devant
Alise, les principaux de la Gaule avaient résolu, dans
une assemblée générale, non, comme le voulait Vercingetorix, d'appeler aux armes tous ceux qui étaient en état
de les porter, mais d'exiger de chaque peuple un certain nombre d'hommes; ils craignaient, dans la confusion d'une si grande multitude, de ne pouvoir aisément la gouverner, ni se reconnaître, ni la nourrir. Les
Éduens avec leurs cliens, les Ségusiens [62], les Ambivarètes [63], les Aulerciens-Brannovices [64], les Branno-
viens, dûrent fournir trente-cinq mille hommes; les Arvernes avec les peuples de leur dépendance, comme les
Eleutètes Cadurciens, les Gabales [65], les Vélauniens [66], un

tonibus, et Turonis, et Parisiis, et Helviis; Suessionibus,
Ambianis, Mediomatricis, Petrocoriis, Nerviis, Morinis,
Nitiobrigibus quina millia; Aulercis Cenomanis totidem;
Atrebatibus iv; Bellocassis, Lexoviis, Aulercis Eburo-
nibus terna; Rauracis et Boiis xxx; universis civitatibus, quæ Oceanum attingunt, quæque eorum consuetudine Armoricæ appellantur, (quo sunt in numero
Curiosolites, Rhedones, Ambibari, Caletes, Osismii,
Lemovices, Veneti, Unelli), sex. Ex his Bellovaci suum
numerum non contulerunt, quod se suo nomine atque
arbitrio cum Romanis bellum gesturos dicerent, neque
cujusquam imperio obtemperaturos : rogati tamen a
Commio, pro ejus hospitio, ii millia miserunt.

LXXVI. Hujus opera Commii, ita ut antea demonstravimus, fideli atque utili superioribus annis erat usus
in Britannia Cæsar : quibus ille pro meritis civitatem
ejus immunem esse jusserat, jura legesque reddiderat,
atque ipsi Morinos attribuerat. Tanta tamen universæ
Galliæ consensio fuit libertatis vindicandæ, et pristinæ
belli laudis recuperandæ, ut neque beneficiis, neque
amicitiæ memoria moverentur; omnesque et animo et
opibus in id bellum incumberent, coactis equitum viii
millibus, et peditum circiter ccxl. Hæc in Æduorum

pareil nombre. Les Sénonais[67], les Séquaniens[68], les Bituriges[69], les Santons[70], les Ruténiens[71], les Carnutes[72],
chacun douze mille; les Bellovaques[73], dix mille; les Lémovices[74], autant; les Pictons[75], les Turons[76], les Parisiens, les Helviens[77], chacun huit mille; les Suessions[78], les Ambianiens[79], les Médiomatriciens[80], les
Pétrocoriens[81], les Nerviens[82], les Morins[83], les Nitiobriges[84], cinq mille chacun; les Aulerciens Cénomans[85],
autant; les Atrébates[86], quatre mille; les Bellocasses[87],
les Lexoviens[88], les Aulerciens Eburovices[89], chacun
trois mille; les Rauraques[90] et les Boïens[91], trente mille;
enfin les pays situés le long de l'Océan, et que les Gaulois appellent Armoriques, parmi lesquels sont les Curiosolites[92], les Rhédons[93], les Ambibares[94], les Calètes[95], les Osismiens[96], les Lémovices[97], les Vénètes[98]
et les Unelliens[99], devaient fournir ensemble six mille
hommes. Les Bellovaques refusèrent leur contingent, et
dirent qu'ils voulaient faire la guerre en leur nom et à
leur gré, sans obéir à personne. Cependant à la prière
de Commius, leur allié, ils envoyèrent deux mille hommes.

LXXVI. C'était ce même Commius qui, peu d'années
auparavant, avait servi utilement César[100] dans la guerre
de Bretagne, et César, en reconnaissance de ses services,
avait affranchi sa nation de tout tribut, lui avait rendu
ses privilèges et ses droits, et même lui avait assujéti le
territoire des Morins. Mais tel fut alors l'empressement
universel des Gaulois pour recouvrer leur liberté et la
gloire antique de leurs armes, que tout sentiment de reconnaissance et d'amitié disparut de leur souvenir. Nul
sacrifice ne coûta à leur zèle : huit mille cavaliers et en-

finibus recensebantur, numerusque inibatur : præfecti
constituebantur : Commio Atrebati, Viridomaro et Epo-
redorigi Æduis, Vergasillauno Arverno, consobrino
Vercingetorigis, summa imperii traditur.' His delecti
ex civitatibus attribuuntur, quorum consilium bellum
administraretur. Omnes alacres et fiduciæ pleni ad Alesiam proficiscuntur : neque erat omnium quisquam, qui
aspectum modo tantæ multitudinis sustineri posse arbitraretur; præsertim ancipiti prœlio, quum ex oppido
eruptione pugnaretur, foris tantæ copiæ equitatus peditatusque cernerentur.

LXXVII. At ii, qui Alesiæ obsidebantur, præterita
die, qua suorum auxilia exspectaverant, consumpto omni
frumento, inscii, quid in Æduis gereretur, concilio
coacto, de exitu fortunarum suarum consultabant. Apud
quos variis dictis sententiis, quarum pars deditionem,
pars, dum vires suppeterent, eruptionem censebant,
non prætereunda videtur oratio Critognati, propter ejus
singularem ac nefariam crudelitatem. Hic, summo in
Arvernis ortus loco, et magnæ habitus auctoritatis:
«Nihil, inquit, de eorum sententia dicturus sum, qui
turpissimam servitutem deditionis nomine appellant;
neque hos habendos civium loco, neque ad concilium
adhibendos censeo. Cum iis mihi res sit, qui eruptionem
probant : quorum in consilio, omnium vestrum consensu,
pristinæ residere virtutis memoria videtur. Animi est
ista mollities, non virtus, inopiam paulisper ferre non

viron deux cent quarante mille fantassins [101] avaient été
rassemblés. Toutes ces troupes furent passées en revue
sur les frontières des Éduens : on en fit le dénombrement,
et l'on nomma des chefs. Le commandement général fut
donné à l'Atrébate Commius, aux Éduens Viridomare et
Eporédorix, et à l'Arvernien Vergasillaune, cousin de
Vercingetorix. On choisit dans chaque état un conseil
pour diriger la guerre. Tous partent vers Alise pleins
d'ardeur et de confiance : aucun ne croyait qu'il fût possible aux Romains de soutenir seulement l'aspect d'une
si grande multitude; surtout dans ce double combat, où
ils seraient pressés de toutes parts, d'un côté par les
sorties des assiégés, de l'autre par une infanterie et une
cavalerie si nombreuse.

LXXVII. Cependant les Gaulois enfermés dans Alise,
voyant que le jour où ils attendaient du secours était
expiré et qu'ils avaient consommé tous leurs vivres, igno-
rant d'ailleurs ce qui se passait chez les Éduens, convo-
quèrent un conseil, pour délibérer sur leur situation. Les
avis furent partagés : les uns parlaient de se rendre ;
d'autres conseillaient de faire une sortie, tandis qu'il leur
restait encore assez de forces. Le discours de Critognat
mérite d'être rapporté à cause de son effrayante et sin-
gulière atrocité. C'était un Arverne, distingué par sa
naissance et par son crédit : « Je ne parlerai point, dit-il,
de l'opinion de ceux qui donnent le nom de capitulation
au plus honteux esclavage; ils ne méritent point d'être
comptés parmi les citoyens, ni admis à ce conseil. Je m'a-
dresse à ceux qui proposent une sortie, et dont l'avis,
comme vous le reconnaissez tous, conserve au moins la

posse. Qui se ultro morti offerant, facilius reperiuntur, quam qui dolorem patienter ferant. Atque ego hanc sententiam probarem (nam apud me tantum dignitas potest), si nullam, praeterquam vitae nostrae, jacturam fieri viderem; sed in consilio capiendo omnem Galliam respiciamus, quam ad nostrum auxilium concitavimus. Quid, hominum millibus lxxx uno loco interfectis, propinquis consanguineisque nostris animi fore existimatis, si paene in ipsis cadaveribus proelio decertare cogentur? Nolite hos vestro auxilio spoliare, qui vestrae salutis causa suum periculum neglexerint; nec stultitia ac temeritate vestra, aut imbecillitate animi, omnem Galliam prosternere et perpetuae servituti addicere. An, quod ad diem non venerunt, de eorum fide constantiaque dubitatis? Quid ergo? Romanos in illis ulterioribus munitionibus animine causa quotidie exerceri putatis? Si illorum nuntiis confirmari non potestis, omni aditu praesepto, iis utimini testibus, appropinquare eorum adventum; cujus rei timore exterriti, diem noctemque in opere versantur. Quid ergo mei consilii est? facere, quod nostri majores, nequaquam pari bello Cimbrorum Teutonumque, fecerunt; qui in oppida compulsi, ac simili inopia subacti, eorum corporibus, qui aetate inutiles ad bellum videbantur, vitam toleraverunt, neque se hostibus tradiderunt. Cujus rei si exemplum non haberemus, tamen libertatis causa institui, et posteris prodi, pulcherrimum judicarem. Nam quid illi simile bello fuit? Depopulata Gallia, Cimbri, magnaque illata calamitate, finibus quidem nostris aliquando excesserunt, atque alias terras petierunt; jura, leges, agros, liberta-

trace de notre ancienne valeur. N'y a-t-il pas plus de
faiblesse que de courage à ne pouvoir supporter quelques
instans de disette? N'est-il pas moins rare d'affronter la
mort, que de savoir endurer la douleur. Et encore je me
rendrais à cet avis, tant l'honneur a d'empire sur moi,
si je n'y voyais de péril que pour nous-mêmes ; mais
dans notre résolution, il faut envisager la Gaule entière,
que nous avons appelée à notre défense. Lorsque quatre-
vingt mille hommes auront péri dans cette plaine, quel
sera, pensez-vous, le courage de nos parens et de nos proches, s'ils sont forcés de combattre presque sur nos
cadavres? Ne privez point de votre secours ceux qui
s'oublient eux-mêmes pour vous sauver la vie; n'allez
point par imprudence, par témérité ou par faiblesse, perdre toute la Gaule et la livrer à une éternelle servitude.
Quoi! parce qu'ils ne sont pas arrivés au jour fixe, vous
douteriez de leur foi et de leur constance! Pensez-vous
donc que ce soit seulement par plaisir que les Romains
travaillent chaque jour à de nouveaux retranchemens?
Si les messages des Gaulois ne peuvent se faire jour
jusqu'à vous, croyez-en, pour témoignage de leur approche, ces travaux assidus des Romains épouvantés. Quel est
donc mon avis? de faire ce que firent nos ancêtres, dans
la guerre bien moins dangereuse des Cimbres et des
Teutons. Renfermés dans leurs places, également pressés
par la disette, ils soutinrent leur existence avec les corps
de ceux que leur âge rendait inutiles à la guerre, et ils ne
se rendirent point. Si cet exemple nous manquait, il nous
faudrait, en faveur de la liberté, le donner et le trans-
mettre à nos descendans. Jamais guerre ressembla-t-elle

tem nobis reliquerunt : Romani vero quid petunt aliud, aut quid volunt, nisi invidia adducti, quos fama nobiles potentesque bello cognoverunt, horum in agris civitatibusque considere, atque his æternam injungere servitutem? neque enim unquam alia conditione bella gesserunt. Quod si ea, quæ in longinquis nationibus geruntur, ignoratis, respicite finitimam Galliam, quæ in Provinciam redacta, jure et legibus commutatis, securibus subjecta, perpetua premitur servitute. »

LXXVIII. Sententiis dictis constituunt, ut, qui valetudine aut ætate inutiles sint bello, oppido excedant; atque omnia prius experiantur, quam ad Critognati sententiam descendant: illo tamen potius utendum consilio, si res cogat atque auxilia morentur, quam aut deditionis aut pacis subeundam conditionem. Mandubii, qui eos oppido receperant, cum liberis atque uxoribus exire coguntur. Hi, quum ad munitiones Romanorum accessissent, flentes omnibus precibus orabant, ut se, in servitutem receptos, cibo juvarent. At Cæsar, dispositis in vallo custodibus, recipi prohibebat.

LXXIX. Interea Commius et reliqui duces, quibus summa imperii permissa erat, cum omnibus copiis ad Alesiam perveniunt, et colle exteriore occupato, non longius m passibus ab nostris munitionibus considunt. Postero die, equitatu ex castris educto, omnem eam pla-

à celle-ci! Les Cimbres au moins, quand ils eurent ra-
vagé la Gaule et désolé notre contrée, s'éloignèrent enfin
de nos frontières et cherchèrent d'autres pays; ils nous
laissèrent nos droits, nos lois, nos champs, notre liberté. Mais les Romains, que demandent-ils, que veu-
lent-ils? Jaloux de tous ceux qui se distinguent par leur
puissance ou par leurs armes, ils ne songent qu'à s'établir dans leurs villes, à leur imposer un joug éternel: ils ne
connaissent point d'autre traité. Si vous ignorez le sort des
nations lointaines, regardez près de vous; voyez cette partie de la Gaule qu'ils ont réduite en Province: elle a perdu
ses lois, ses coutumes; soumise aux haches et aux faisceaux, elle gémit sous une servitude qui ne finira point. »

LXXVIII. Les avis étant recueillis, il fut décidé que
tous ceux que leur faiblesse ou leur âge rendaient inutiles à la défense, sortiraient de la place, et que l'on
tenterait tout avant de suivre l'avis de Critognat; mais
qu'on s'y résoudrait, s'il le fallait, et si les secours tar-
daient trop, plutôt que de se rendre ou d'accepter la
paix. Les Mandubiens [102], qui les avaient reçus dans leurs
murs, sont forcés d'en sortir avec leurs femmes et leurs
enfans : alors, s'approchant de notre camp, ils implo-
raient avec prières et avec larmes l'esclavage et du pain.
César mit des gardes sur le rempart, et défendit qu'on
les reçût.

LXXIX. Cependant Commius et les autres chefs arrivent devant Alise avec toutes leurs troupes, et se postent
sur une colline extérieure, à mille pas de distance de nos
retranchemens. Le lendemain, ils font sortir leur cavalerie, en couvrent cette plaine de trois milles de longueur,

nitiem, quam in longitudinem III millia passuum patere
demonstravimus, complent, pedestresque copias paulum
ab eo loco abditas in locis superioribus constituunt. Erat
ex oppido Alesia despectus in campum. Concurritur,
his auxiliis visis : fit gratulatio inter eos, atque omnium
animi ad lætitiam excitantur. Itaque, productis copiis,
ante oppidum considunt, et proximam fossam cratibus
integunt, atque aggere explent, seque ad eruptionem atque omnes casus comparant.

LXXX. Cæsar, omni exercitu ad utramque partem
munitionum disposito, ut, si usus veniat, suum quisque locum teneat et noverit, equitatum ex castris educi,
et prœlium committi jubet. Erat ex omnibus castris,
quæ summum undique jugum tenebant, despectus; atque omnium militum intenti animi pugnæ proventum
exspectabant. Galli inter equites raros sagittarios expe-
ditosque levis armaturæ interjecerant, qui suis cedentibus auxilio succurrerent, et nostrorum equitum impetum
sustinerent. Ab his complures de improviso vulnerati,
prœlio excedebant. Quum suos pugna superiores esse
Galli confiderent, et nostros premi multitudine viderent, ex omnibus partibus et ii, qui munitionibus
continebantur, et ii, qui ad auxilium convenerant,
clamore et ululatu suorum animos confirmabant. Quod
in conspectu omnium res gerebatur, neque recte ac turpiter factum celari poterat, utrosque et laudis cupiditas,
et timor ignominiæ ad virtutem excitabant. Quum a meridie prope ad solis occasum dubia victoria pugnaretur,
Germani una in parte confertis turmis in hostes impetum fecerunt, eosque propulerunt : quibus in fugam

comme nous l'avons dit plus haut[103], et ils cachent leur
infanterie à peu de distance, sur les hauteurs. Du haut
d'Alise on découvrait la campagne. A la vue de ce secours, on s'empresse, on se félicite, on se livre à la
joie. Les assiégés déploient leurs troupes, se rangent en
avant de la place, comblent le premier fossé de claies et
de fascines; ils se disposent à une sortie et à tous les
hasards.

LXXX. César distribue l'armée entière sur les deux
lignes de retranchemens, afin qu'au besoin chacun con-
nût le poste qu'il devait occuper; il fait sortir sa cavalerie, et ordonne d'engager le combat. Du sommet des
hauteurs où les camps étaient placés, la vue s'étendait
sur la plaine, et chacun, d'un œil inquiet, attendait le
résultat. Les Gaulois avaient mêlé à leur cavalerie un
petit nombre d'archers et de soldats armés à la légère,
pour la soutenir si elle pliait, et arrêter le choc de la
nôtre. Plusieurs de nos cavaliers, surpris par ces fantassins, furent blessés et contraints de quitter la mêlée.
Les Gaulois, nous voyant pressés par le nombre, se crurent vainqueurs; tous au dedans, au dehors, poussent de
grands cris pour encourager leurs combattans. Comme
l'action se passait en présence de tous, nul trait de courage
ou de lâcheté ne pouvait être inconnu; de part et d'autres
chacun était excité par la crainte de la honte et le désir
de la gloire. On avait combattu depuis midi jusqu'au
coucher du soleil, sans que la victoire fût encore dé-
cidée : les Germains se réunissant sur un point en escadrons serrés, coururent sur l'ennemi et le repoussèrent;

conjectis, sagittarii circumventi interfectique sunt. Item ex reliquis partibus nostri, cedentes usque ad castra insecuti, sui colligendi facultatem non dederunt. At ii, qui ab Alesia processerant, mœsti, prope victoria desperata, se in oppidum receperunt.

LXXXI. Uno die intermisso, Galli, atque hoc spatio, magno cratium, scalarum, harpagonum numero effecto, media nocte silentio ex castris egressi, ad campestres munitiones accedunt. Subito clamore sublato, qua significatione, qui in oppido obsidebantur, de suo adventu cognoscere possent, crates projicere, fundis, sagittis, lapidibus nostros de vallo deturbare, reliquaque, quæ ad oppugnationem pertineant, administrare. Eodem tempore, clamore exaudito, dat tuba signum suis Vercingetorix, atque ex oppido educit. Nostri, ut superioribus diebus suus cuique erat locus definitus, ad munitiones accedunt: fundis, librilibus, sudibusque quas in opere disposuerant, ac glandibus Gallos perterrent. Prospectu tenebris adempto, multa utrinque vulnera accipiuntur; complura tormentis tela conjiciuntur. At M. Antonius et C. Trebonius, legati, quibus eæ partes ad defendendum obvenerant, qua ex parte premi nostros intellexerant, iis auxilio ex ulterioribus castellis deductos submittebant.

LXXXII. Dum longius ab munitione aberant Galli, plus multitudine telorum proficiebant: posteaquam propius successerunt, aut se ipsi stimulis inopinantes induebant, aut in scrobes delapsi transfodiebantur, aut

les archers se trouvèrent seuls, furent enveloppés et taillés en pièces. De tous côtés, nos soldats poursuivirent les fuyards, sans leur donner le temps de se rallier. Les assiégés qui étaient sortis d'Alise y rentrèrent, tristes et désespérant presque de la victoire.

LXXXI. Un jour entier se passa ; les Gaulois employèrent ce temps à faire une grande quantité de claies, d'échelles et de harpons. Vers le milieu de la nuit, ils sortirent de leur camp en silence, et s'approchèrent de nos retranchemens extérieurs du côté de la plaine. Puis, poussant des cris, pour avertir les assiégés de leur approche, ils jettent leurs claies, attaquent le rempart à coups de fronde, de flèches et de pierres, enfin disposent tout pour un assaut. En même temps Vercingetorix, entendant les cris du dehors, donne le signal avec la trompette, et fait sortir les siens de la place. Nos soldats prennent sur le rempart les postes qui leur avaient été assignés les jours précédens ; des frondes, des dards, des boulets de plomb avaient été préparés d'avance ; leurs coups redoublés étonnent les ennemis. La nuit empêchait de se voir ; il y eut de part et d'autre beaucoup de blessés : les machines lancèrent une foule de traits. Les lieutenans M. Antoine et Caius Trebonius, à qui la défense de ces quartiers était échue, tirèrent quelques troupes des forts éloignés, pour secourir les points où ils étaient trop vivement pressés.

LXXXII. Tant que les Gaulois ne se battirent que de loin, ils nous incommodèrent par la grande quantité de leurs traits ; mais quand ils s'approchèrent davantage, les uns s'embarrassèrent dans nos chausse-trapes,

ex vallo et turribus trajecti pilis muralibus interibant.
Multis undique vulneribus acceptis, nulla munitione
perrupta, quum lux appeteret, veriti, ne ab latere aperto
ex superioribus castris eruptione circumvenirentur, se
ad suos receperunt. At interiores, dum ea, quæ a Vercingetorige ad eruptionem parata erant, proferunt, priores fossas explent; diutius in iis rebus administrandis
morati, prius suos discessisse cognoverunt, quam munitionibus appropinquarent. Ita, re infecta, in oppidum
reverterunt.

LXXXIII. Bis magno cum detrimento repulsi Galli,
quid agant, consulunt : locorum peritos adhibent : ab
his superiorum castrorum situs munitionesque cognoscunt. Erat a septemtrionibus collis, quem propter magnitudinem circuitus opere circumplecti non potuerant nostri, necessarioque pæne iniquo loco, et leniter declivi,
castra fecerant. Hæc C. Antistius Reginus, et C. Caninius Rebilus, legati, cum duabus legionibus obtinebant.
Cognitis per exploratores regionibus, duces hostium lx
millia ex omni numero deligunt earum civitatum, quæ
maximam virtutis opinionem habebant; quid, quoque
pacto agi placeat, occulte inter se constituunt; adeundi
tempus definiunt, quum meridies esse videatur. Iis copiis Vergasillaunum Arvernum, unum ex quatuor ducibus, propinquum Vercingetorigis, præficiunt. Ille ex
castris prima vigilia egressus, prope confecto sub lucem
itinere, post montem se occultavit, militesque ex nocturno labore sese reficere jussit. Quum jam meridies ap-

les autres se percèrent en tombant dans les fossés, plusieurs étaient écrasés par les traits lancés du rempart
et du haut des tours. Après avoir perdu beaucoup de
monde sans être parvenus à entamer nos retranchemens,
voyant le jour approcher, ils craignirent d'être pris en
flanc par les troupes des hauteurs, et se retirèrent. Cependant ceux de la place mettent en usage tout ce qu'ils
avaient préparé pour l'attaque, et comblent les premiers
fossés. Ce travail les ayant retenus long-temps, ils s'a-
perçurent de la retraite des leurs, avant d'avoir pu s'approcher du retranchement. Ils rentrèrent dans la ville
sans avoir réussi.

LXXXIII. Repoussés deux fois avec grande perte, les
Gaulois délibèrent sur ce qu'ils doivent faire. Ils consul-
tent les gens qui connaissent le pays, et s'informent du
site et du genre de défense de nos forts supérieurs. Au
nord était une colline qu'on n'avait pu renfermer dans
les lignes, à cause de son étendue; on avait été obligé
d'établir le camp sur la pente de la colline, et dans
une position assez désavantageuse. Les lieutenans C. Antistius Reginus et C. Caninius Rebilus y commandaient
avec deux légions. Les chefs ennemis ayant fait reconnaître les lieux par leurs éclaireurs, choisirent soixante
mille hommes parmi les nations les plus renommées par
leur valeur : ils règlent secrètement entre eux le plan et
les moyens d'exécution; ils fixent l'attaque à l'heure de
midi. Vergasillaune, Arverne, l'un des quatre chefs,
et parent de Vercingetorix, est mis à la tête de ces
troupes. Il sortit du camp à la première veille, et arriva presque au point du jour. Il se cacha derrière la

propinquare videretur, ad ea castra, quæ supra demonstravimus, contendit : eodemque tempore equitatus ad campestres munitiones accedere, et reliquæ copiæ sese pro castris ostendere cœperunt.

LXXXIV. Vercingetorix, ex arce Alesiæ suos conspicatus, ex oppido egreditur; a castris longurios, musculos, falces, reliquaque, quæ eruptionis causa paraverat, profert. Pugnatur uno tempore omnibus locis acriter, atque omnia tentantur. Qua minime visa pars firma est, huc concurritur. Romanorum manus tantis munitionibus distinetur, nec facile pluribus locis occurrit. Multum ad terrendos nostros valuit clamor, qui post tergum pugnantibus exstitit, quod suum periculum in aliena vident virtute consistere : omnia enim plerumque, quæ absunt, vehementius hominum mentes perturbant.

LXXXV. Cæsar idoneum locum nactus, quid quaque in parte geratur, cognoscit, laborantibus auxilium submittit. Utrisque ad animum occurrit, unum illud esse tempus, quo maxime contendi conveniat. Galli, nisi perfregerint munitiones, de omni salute desperant : Romani, si rem obtinuerint, finem omnium laborum exspectant. Maxime ad superiores munitiones laboratur, quo Vergasillaunum missum demonstravimus. Exiguum loci ad declivitatem fastigium magnum habet momentum. Alii tela conjiciunt; alii, testudine facta, subeunt; defatigatis invicem integri succedunt. Agger, ab universis in munitionem conjectus, et ascensum dat Gallis,

montagne; ses soldats se reposèrent des fatigues de la
nuit. Vers midi, il se dirigea vers cette partie du camp
dont nous venons de parler; en même temps la cavalerie s'approcha des retranchemens de la plaine, et le
reste des troupes gauloises se montra en bataille à la
tête du camp.

LXXXIV. Du haut de la citadelle d'Alise, Vercingetorix les aperçoit. Il sort de la place et emporte du
camp ses longues perches, ses galeries couvertes, ses
faux, et tout ce qu'il avait préparé pour l'attaque. Un vif
combat s'engage à la fois de toutes parts; partout les forces
se déploient : un endroit paraît-il faible, on s'empresse
d'y porter secours. L'étendue des fortifications empêche
nos troupes de faire face sur tous les points. Les cris
qui s'élevaient derrière elles contribuaient à leur inspirer
des craintes, quand elles songeaient que leur sûreté dépendait de la valeur d'autrui : souvent le danger éloigné
est celui qui effraie le plus.

LXXXV. César, qui avait choisi un poste d'où sa vue
embrassait toute l'action, envoyait des secours où ils
étaient nécessaires. Des deux côtés on comprend que ce
moment seul décidera de tout. Les Gaulois désespèrent
de leur salut s'ils ne forcent nos retranchemens; les Romains voient dans la victoire le terme de leurs travaux.
C'est surtout aux forts supérieurs où commande Vergasillaune, que l'action est le plus vive. L'étroite sommité
qui dominait la pente était d'une grande importance.
Les uns nous lancent des traits; d'autres se couvrent
de leurs boucliers et arrivent au pied du rempart; des
troupes fraîches relèvent sans cesse les soldats fatigués.

et ea, quæ in terram occultaverant Romani, contegit : nec jam arma nostris, nec vires suppetunt.

LXXXVI. His rebus cognitis, Cæsar Labienum cum cohortibus vi subsidio laborantibus mittit : imperat, si sustinere non possit, deductis cohortibus eruptione pugnet; id, nisi necessario, ne faciat. Ipse adit reliquos; cohortatur, ne labori succumbant; omnium superiorum dimicationum fructum in eo die atque hora docet consistere. Interiores, desperatis campestribus locis propter magnitudinem munitionum, loca prærupta ex ascensu tentant : huc ea, quæ paraverant, conferunt : multitudine telorum ex turribus propugnantes deturbant : aggere et cratibus fossas explent, aditus expediunt : falcibus vallum ac loricam rescindunt.

LXXXVII. Cæsar mittit primo Brutum adolescentem cum cohortibus vi, post cum aliis vii C. Fabium legatum : postremo ipse, quum vehementius pugnaretur, integros subsidio adducit. Restituto prœlio ac repulsis hostibus, eo, quo Labienum miserat, contendit; cohortes iv ex proximo castello deducit; equitum se partem sequi, partem circumire exteriores munitiones, et ab tergo hostes adoriri jubet. Labienus, postquam neque aggeres, neque fossæ vim hostium sustinere poterant, coactis undequadraginta cohortibus, quas ex proximis præsidiis deductas sors obtulit, Cæsarem per nuntios facit certiorem, quid faciendum existimet.

La terre qu'ils jettent dans nos retranchemens leur donne la facilité de les franchir, et comble les pièges creusés par les Romains; les armes et les forces commencent à nous manquer.

LXXXVI. César s'en aperçoit: il détache Labienus avec six cohortes, et lui ordonne, s'il ne peut soutenir l'effort de l'ennemi, de retirer les cohortes et de faire une sortie, mais seulement à la dernière extrémité. Il va lui-même encourager les autres; il les exhorte à ne pas succomber à la fatigue; il leur expose que ce jour, cette heure décideront de tout le fruit des combats précédens. Les Gaulois qui étaient dans la place, désespérant de forcer les retranchemens de la plaine, à cause de leur étendue, tentent d'escalader les hauteurs. Ils y transportent tous leurs préparatifs; ils chassent, par une grêle de traits, ceux qui combattaient du haut des tours; ils comblent les fossés de terre et de fascines, se frayent un passage, et avec des faux détruisent le rempart et le parapet.

LXXXVII. César y envoie d'abord le jeune Brutus avec six cohortes, puis le lieutenant C. Fabius avec sept autres; enfin, l'action devenant plus vive, il s'y rend lui-même avec des troupes fraîches. Le combat rétabli et les ennemis repoussés, il se dirige vers l'endroit où il avait envoyé Labienus, tire quatre cohortes du fort le plus voisin, ordonne à une partie de la cavalerie de le suivre, et à l'autre de faire le tour des lignes en dehors, et de prendre l'ennemi à dos. Labienus voyant que ni les fossés, ni les remparts ne peuvent arrêter les Gaulois, rallie trente-neuf cohortes sorties des forts voisins, et que le hasard lui présente, et il fait avertir César de son dessein.

LXXXVIII. Accelerat Cæsar, ut prœlio intersit. Ejus adventu ex colore vestitus cognito (quo insigni in prœliis uti consueverat), turmisque equitum et cohortibus visis, quas se sequi jusserat, ut de locis superioribus hæc declivia et devexa cernebantur, hostes prœlium committunt. Utrinque clamore sublato, excipit rursus ex vallo atque omnibus munitionibus clamor. Nostri, omissis pilis, gladiis rem gerunt. Repente post tergum equitatus cernitur : cohortes aliæ appropinquant : hostes terga vertunt : fugientibus equites occurrunt : fit magna cædes. Sedulius, dux et princeps Lemovicum, occiditur : Vergasillaunus Arvernus vivus in fuga comprehenditur : signa militaria LXXIV ad Cæsarem referuntur : pauci ex tanto numero se incolumes in castra recipiunt. Conspicati ex oppido cædem et fugam suorum, desperata salute, copias a munitionibus reducunt. Fit protinus, hac re audita, ex castris Gallorum fuga. Quod nisi crebris subsidiis ac totius diei labore milites fuissent defessi, omnes hostium copiæ deleri potuissent. De media nocte missus equitatus novissimum agmen consequitur : magnus numerus capitur atque interficitur : reliqui ex fuga in civitates discedunt.

LXXXIX. Postero die Vercingetorix, concilio convocato, « id se bellum suscepisse non suarum necessitatum, sed communis libertatis causa, demonstrat; et, quoniam sit fortunæ cedendum, ad utramque rem se il-

LXXXVIII. César hâte sa marche pour prendre part au combat. On le reconnaît à la couleur du vêtement qu'il avait coutume de porter dans les batailles; et les ennemis, qui de la hauteur le voient sur la pente avec les escadrons et les cohortes dont il s'était fait suivre, viennent commencer l'attaque. Des cris s'élèvent de part et d'autre, et sont répétés sur le rempart et dans les retranchemens. Nos soldats laissent le javelot, et mettent l'épée à la main. Tout à coup notre cavalerie paraît sur les derrières de l'ennemi; d'autres cohortes approchent : les ennemis prennent la fuite; notre cavalerie les rencontre et en fait un grand carnage. Sedulius, général et prince des Lémovices, est tué; l'Arverne Vergasillaune est pris vivant dans la déroute; soixante-quatorze enseignes sont rapportées à César : d'un si grand nombre d'hommes, bien peu rentrèrent au camp sans blessure. Les assiégés, apercevant de leurs murs cette défaite sanglante, désespèrent d'eux-mêmes et font rentrer les troupes qui attaquaient nos retranchemens. A cette nouvelle, les Gaulois renfermés dans le camp s'enfuient en désordre : si nos soldats n'eussent été harassés de si nombreuses attaques et de tous les travaux du jour, l'armée entière eût pu être détruite. Vers le milieu de la nuit, la cavalerie fut envoyée à leur poursuite, et atteignit l'arrière-garde : une grande partie fut prise ou tuée; les autres se réfugièrent dans leurs cités.

LXXXIX. Le lendemain, Vercingetorix convoque l'assemblée. Il déclare qu'il n'a pas entrepris cette guerre pour ses intérêts personnels, mais bien pour la liberté commune. « Puisqu'il faut céder à la fortune, ajoute-t-il,

lis offerre, seu morte sua Romanis satisfacere, seu vivum tradere velint. » Mittuntur de his rebus ad Cæsarem legati. Jubet arma tradi, principes produci. Ipse in munitione pro castris consedit : eo duces producuntur. Vercingetorix deditur, arma projiciuntur. Reservatis Æduis atque Arvernis, si per eos civitates recuperare posset, ex reliquis captivis toto exercitu capita singula, prædæ nomine, distribuit.

XC. His rebus confectis, in Æduos proficiscitur; civitatem recipit. Eo legati ab Arvernis missi, quæ imperaret, se facturos pollicentur. Imperat magnum numerum obsidum. Legiones in hiberna mittit : captivorum circiter xx millia Æduis Arvernisque reddit : T. Labienum cum ii legionibus et equitatu in Sequanos proficisci jubet : huic M. Sempronium Rutilium attribuit : C. Fabium et L. Minucium Basilum cum ii legionibus in Remis collocat, ne quam a finitimis Bellovacis calamitatem accipiant. C. Antistium Reginum in Ambivaretos, T. Sextium in Bituriges, C. Caninium Rebilum in Rutenos, cum singulis legionibus, mittit. Q. Tullium Ciceronem et P. Sulpicium Cabilloni et Matiscone in Æduis ad Ararim, rei frumentariæ causa, collocat. Ipse Bibracte hiemare constituit. His rebus litteris Cæsaris cognitis Romæ, dierum xx supplicatio indicitur.

je m'offre à vous, et vous laisse le choix d'apaiser les
Romains par ma mort, ou de me livrer vivant.» Aussitôt
on députe vers César : il ordonne que les armes et les
chefs lui soient remis. Il s'assied sur son tribunal, à la
tête de son camp : on amène les chefs ennemis; on lui
livre Vercingetorix [104]; les armes sont jetées à ses pieds.
A l'exception des Éduens et des Arvernes, qu'il se réserva
pour essayer de regagner ces peuples, le reste des prisonniers fut distribué par tête à chaque soldat, comme
butin de guerre.

XC. De là il se dirige vers les Éduens, et reçoit leur
soumission. Les Arvernes s'empressent également de se
soumettre. César exige d'eux un grand nombre d'otages.
Il met ses légions en quartier d'hiver : vingt mille captifs environ sont rendus aux Éduens et aux Arvernes.
Il envoie T. Labienus avec deux légions et la cavalerie
chez les Séquaniens [105], et lui adjoint M. Sempronius
Rutilius. Il place C. Fabius et L. Minucius Basilus avec
deux légions chez les Rémois [106], pour les garantir contre
toute attaque des Bellovaques [107], leurs voisins. Il envoie
C. Antistius Reginus chez les Ambivarètes [108], T. Sextius chez les Bituriges [109], C. Caninius Rebilus chez les
Ruténiens [110], chacun avec une légion. Il établit Q. Tullius Cicéron et P. Sulpicius dans les postes de Cabillon [111] et de Matiscon [112], au pays des Éduens, sur la
Saône, pour assurer les vivres. Lui-même résolut de
passer l'hiver à Bibracte [113]. Ces évènemens ayant été
annoncés à Rome par les lettres de César, on y ordonna
des prières publiques pendant vingt jours.

NOTES

---

1. *P. Clodius.* Le même qui fut tué par Milon. *Voyez* le discours de Cicéron *pro Milone.*

2. *Appelait aux armes...* Dans ces levées faites à la hâte, le consul s'écriait : « Que celui qui veut sauver la république me suive. » Alors les citoyens qui avaient répondu à cet appel prêtaient le serment tous ensemble, et non à part, suivant l'usage. On donnait à ces levées tumultueuses le nom de *conjuratio.*

3. *Mort d'Accon. Voyez* liv. IV, ch. 44.

4. *Génabe.* Orléans, selon la plupart des géographes. Malte-Brun pense que c'est plutôt un village près de Gien, aujourd'hui appelé le Vieux-Gien. *Voyez* Annales des Voyages, nos 64, 65.

5. *Cinquante-cinq lieues.*

6. *Gergovie.* Clermont en Auvergne.

7. *Pictons.* Le Poitou.

8. *Cadurciens.* Le Querci.

9. *Turons.* La Touraine.

10. *Aulerciens.* Il y avait plusieurs peuples de ce nom. Aulerci Brannovices (le Briennois), Cenomani (le Maine), Diablintes (la Sarthe), Eburovices (l'Eure).

11. *Lémovices.* Le Limousin.

12. *Les Andes.* L'Anjou.

13. *Qui bordent l'Océan.* Les cités Armoriques. *Voyez* liv. II, 34, et V, 53.

14. *Ruténiens.* Le Rouergue.

15. *Bituriges.* Le Berri.

16. *Troubles de Rome.* Il s'agit probablement des troubles qui suivirent le meurtre de Clodius.

17. *Nitiobriges.* L'Agénois.

18. *Gabaliens.* Le Gévaudan.

19. *Volques-Arécomiciens.* Bas-Languedoc.

20. *Tolosates.* Territoire de Toulouse.

21. *Helviens.* Le Vivarais.

22. *Vienne.* Ville du Dauphiné.

23. *Gergovie des Boyens.* Moulins.

24. *Agendicum.* Sens. *Voyez*, à la fin des notes, la Notice sur Agendicum.

25. *Vellaunodun.* Château-Landon.

26. *Noviodun.* Neuvi-sur-Baranjou.

27. *Avariques.* Bourges.

28. *Voyez* plus haut chap. 3.

29. *Le cliquetis des armes.* C'était aussi la manière des Germains. *Voyez* TACITE, *Mœurs des Germains,* c. 11.

30. *La troisième veille.* A peu près minuit.

31. *Il promet des prix.* Probablement la couronne murale.

32. *Un magistrat.* Le Vergobret, lib. 1, ch. 16.

33. *Decetia.* Décise, dans le Nivernais.

34. *Comme on l'a vu.* *Voyez* plus haut chap. 33.

35. *Trente milles.* Environ dix lieues.

36. *C. Fabius.* Le même que César avait envoyé chez les Morins, avec une légion.

37. *Vingt-cinq milles.* Environ huit lieues.

38. *Cabillon.* Châlons-sur-Saône.

39. *Rendu au petit camp.* *Voyez* plus haut chap. 36.

40. *Couvre les insignes.* Les insignes variaient selon le rang des soldats. Les signifères avaient des casques couverts de peaux d'ours; les triaires portaient une peau de loup.

41. *Pour la fortifier.* *Voyez* chap. 45.

42. *Au siège d'Avarique.* *Voyez* chap. 18 et 19.

43. *Bibracte.* Autun.

44. *Sous ses ordres.* Nous avons vu au chap. 34 comment César partagea son armée.

45. *Agendicum.* Sens. *Voyez* la Notice sur Agendicum à la fin des notes.

46. *Lutèce.* Paris, ou plutôt la partie de cette ville appelée aujourd'hui la Cité.

47. *Mélodun.* Melun.

48. *Bellovaques.* Le Beauvoisis.

49. *Première veille.* Neuf heures du soir.

50. *Metiosède.* Probablement Corbeil.

51. *Ségusiens.* Le-Lyonnais.

52. *Allobroges.* Dauphiné et Savoie.

53. *Gabaliens.* Le Gévaudan.

54. *Helviens.* Le Vivarais.

55. *Ruténiens.* Le Rouergue.

56. *Cadurces.* Le Querci.

57. *Lucius César.* Ce Lucius César suivit plus tard le parti de Pompée.

58. *A se méler....* Voyez liv. 1, chap. 48.

59. *Eporedorix.* On pense que cet Eporedorix était le père ou l'aïeul de celui dont il est question au chap. 54.

60. *Alise.* Bourg de Sainte-Reine, en Auxois, petite contrée de la Bourgogne.

61. *L'une et l'autre.* Voyez, pour les détails des travaux de ce siège, le chevalier Folard, Turpin de Crissé, Guischard, Berlinghieri, de Pécis.

62. *Ségusiens.* Le Lyonnais.

63. *Ambivarètes.* Dans la Bresse.

64. *Aulerciens Brannovices.* Le Briennois.

65. *Gabales.* Le Gévaudan.

66. *Vélauniens.* Velay.

67. *Sénonais.* Territoire de Sens.

68. *Séquaniens.* Franche-Comté.

69. *Bituriges.* Berri.

70. *Santons.* Saintonge.

71. *Ruténiens.* Rouergue.

72. *Carnutes.* Pays Chartrain.

73. *Bellovaques.* Le Beauvoisis.

74. *Lemovices.* Le Limousin.

75. *Pictons.* Le Poitou.

76. *Turons.* La Touraine.

77. *Helviens.* Le Vivarais.

78. *Suessions.* Le Soissonnais.

79. *Ambianiens.* Territoire d'Amiens.

80. *Medio-Matriciens*. Pays Messin.

81. *Pétrocoriens*. Périgord.

82. *Nerviens*. Hainaut et Cambresis.

83. *Morins*. Boulonnais.

84. *Nitiobriges*. Agénois.

85. *Aulerciens-Cénomans*. Maine.

86. *Atrébates*. Artois.

87. *Bellocasses*. Vexin.

88. *Lexoviens*. Lisieux.

89. *Aulerciens Eburovices*. Evreux.

90. *Rauraques*. Territoire de Bâle.

91. *Boïens*. Bourbonnais.

92. *Curiosolites*. Cornouailles.

93. *Rhédons*. Rennes.

94. *Ambibares*. Le diocèse d'Avranches.

95. *Calètes*. Caux en Normandie.

96. *Osismiens*. Peuples de la Basse-Bretagne, selon d'Anville.

97. *Lémovices*. Saint-Pol-de-Léon.

98. *Venètes*. Territoire de Vannes.

99. *Unelliens*. Coutances.

100. *Servi utilement. Voyez* liv. IV, chap. 21.

101. *Deux cent quarante mille fantassins*. J'ai suivi dans le chapitre précédent le calcul de Glaréanus.

102. *Mandubiens*. Peuples de l'Auxois.

103. *Nous l'avons dit plus haut. Voyez* chap. 69.

104. *On lui livre Vercingetorix*. Dion rapporte que ce brave guerrier fut conduit à Rome et mis à mort.

105. *Séquaniens*. Franche-Comté.

106. *Rémois*. Reims.

107. *Bellovaques*. Beauvoisis.

108. *Ambivarètes*. Dans la Bresse.

109. *Bituriges*. Le Berri.

110. *Ruténiens*. Le Rouergue.

111. *Cabillon*. Châlons-sur-Saône.

112. *Matiscon*. Mâcon.

113. *Bibracte*. Autun.

César, dans sa Guerre des Gaules, parle plusieurs fois d'Agendi-cum comme d'une place importante, ou plutôt comme de la place la plus importante des Gaules.

Les anciens traducteurs font d'Agendicum, *Provins*, et les modernes en font Sens. On pourrait citer, et on a cité, pour ou contre ces deux opinions, beaucoup d'autorités; mais la seule considération de notre auteur nous amenera à voir qu'Agendicum est *Provins*, et ne peut être Sens.

Le mot Agendicum se trouve pour la première fois, liv. VI, page 310, et voici à quelle occasion:

« Les Sénonais se révoltent : César marche contre eux; il apaise la sédition; fait mourir Accon qui en avait été le chef, et met six légions sur les frontières des Sénonais à Agendicum (*in Senonum finibus Agendici*). Il part pour l'Italie. » César n'a jamais placé dans aucune ville des Gaules plus de deux légions, et il en met six à Agendicum ! Cet endroit ne serait-il pas un grand camp retranché plutôt qu'une ville ?

« Pendant l'absence de César, Vercingetorix, auvergnat, commence la guerre, prend le titre de roi, et attire à son parti presque toute la Gaule, entre autres les Sénonais. César rentre dans les Gaules, Vercingetorix se prépare à assiéger Gergovia qui dépend des Autunois : César se décide à aller secourir ses alliés, et, laissant à Agendicum deux légions et tous ses bagages, il se dirige sur Gergovia. »

Il n'est dit nulle part que César soit allé à Agendicum, ce qui appuie l'opinion qu'Agendicum était un lieu tout romain, une espèce de camp fortifié comme une ville, qui, étant constamment occupé par des troupes romaines, servait de base à toutes les opérations de César, et alors c'est naturellement son séjour pendant l'hiver.

« César arrive à Vellaunodunum (*ad oppidum Senonum Vellaunodunum*), s'en rend maître, surprend ensuite Genabum Carnutum, passe la Loire et arrive sur les frontières du Berri (*in Biturigum fines*). Il soumet Noviodunum (*oppidum Biturigum*). »

César a-t-il jamais dit *Agendicum Senonum ?* Il dit toujours *Agendicum* : une seule fois il ajoute *Agendicum in finibus Senonum*, et cela pour faire remarquer que les Sénonais, étant révoltés, c'était sur leurs frontières qu'il laissait six légions. Mais il dit expressément : *Gergovia Boiorum*, *oppidum Senonum Vellaunodu-num*, *Genabum Carnutum*, *oppidum Biturigum Noviodunum*, etc. Ces locutions différentes, employées si près l'une de l'autre par le même historien, prouvent qu'il a voulu exprimer des choses différentes.

« César, après avoir terminé les différens des Autunois ses alliés, qui lui fournissent des troupes, partage son armée : il donne à Labienus quatre légions pour mener contre les Sénonais et les Parisiens, et marche lui-même avec six contre Gergovia, en Auvergne (*in Arvernos ad oppidum Gergoviam*). Les troupes des Autunois abandonnent César, et lui-même, quittant le siège de Gergovia, se met à leur poursuite. Il trouve brûlée Noviodunum, ville des Autunois (*Noviodunum erat oppidum Æduorum*), qui lui était toute dévouée. Il avait laissé dans cette ville une grande partie des bagages de son armée. Cependant Labienus, ayant laissé à *Agendicum* ses bagages et les recrues nouvellement arrivées d'Italie, part pour Lutèce avec quatre légions. »

Et Agendicum serait Sens ! Les Romains viennent d'être massacrés à Vellaunodunum, ville amie et dans un pays ami ! et Labienus, qu'un tel évènement n'aurait pas averti, laisserait à Sens, ville ennemie, capitale d'un pays toujours ennemi et actuellement révolté, tous ses bagages sous la garde de recrues !! Non cela ne peut pas être, cela n'est pas ; Agendicum n'est pas Sens.

Joignez à cela qu'Agendicum existe encore tout entier à Provins ; les fossés, les murs, les tours sont peu dégradés, et on voit bien que notre ville haute a été bâtie dans un camp fortifié, et non pas les fortifications autour d'une ville déjà construite. Cette ville, située sur une colline escarpée, cette ville, dis-je, est de niveau, et des constructions souterraines, vastes et indépendantes des maisons, occupent toute son étendue.

De plus, des manuscrits anciens s'accordent à appeler *Agendici* les natifs de Provins, et à dire que la tradition populaire, qui donne encore aujourd'hui à la ville haute de Provins le nom de *Gentico*, est de toute ancienneté : or, ce nom est bien près d'Agendicum.

Ajoutez encore que, dans tous les anciens itinéraires, les distances cadrent fort bien en prenant Provins pour Agendicum, et vous vous empresserez de traduire Agendicum par Provins.

(Note communiquée par M. Lefèvre, de Provins.)

PRÆFATIO HIRTII.

———◦◦◦◦———

Coactus assiduis tuis vocibus, Balbe, quum quotidiana mea recusatio non difficultatis excusationem, sed inertiæ videretur deprecationem habere, difficillimam rem suscepi. Cæsaris nostri Commentarios rerum gestarum Galliæ, non comparandis superioribus atque insequentibus ejus scriptis, contexui, novissimumque imperfectum ab rebus gestis Alexandriæ confeci usque ad exitum, non quidem civilis dissensionis, cujus finem nullum videmus, sed vitæ Cæsaris. Quos utinam qui legent, scire possint, quam invitus susceperim scribendos; quo facilius caream stultitiæ atque arrogantiæ crimine, qui me mediis interposuerim Cæsaris scriptis. Constat enim inter omnes, nihil tam operose ab aliis esse perfectum, quod non horum elegantia Commentariorum superetur : qui sunt editi, ne scientia tantarum rerum scriptoribus deesset, adeoque probantur omnium judicio, ut prærepta, non præbita facultas scriptoribus videatur. Cujus tamen rei major nostra, quam reliquorum, est admiratio : ceteri enim, quam bene atque emendate, nos etiam, quam facile atque celeriter eos perfecerit, scimus. Erat autem in Cæsare quum facultas atque elegantia summa scribendi, tum verissima scientia suorum consiliorum explicandorum. Mihi

PRÉFACE D'HIRTIUS.[1]

Les instances, Balbus[2], et la crainte de voir mes refus imputés à la paresse plutôt qu'à la difficulté de la matière, m'ont engagé dans une entreprise périlleuse. J'ai continué les Mémoires de notre César sur la guerre de la Gaule, sans prétendre toutefois comparer mon ouvrage aux livres précédens[3] ni à ceux qui suivent[4]. J'ai aussi achevé son dernier livre[5], depuis les évènemens d'Alexandrie jusqu'à la fin, non de nos discordes, dont nous ne voyons pas encore le terme, mais de la vie de César[6]. Puissent ceux qui jetteront les yeux sur ce travail être persuadés que je ne l'ai entrepris qu'à regret, et ne point m'accuser d'une vaine présomption pour m'être ainsi mêlé aux écrits de César. C'est une vérité reconnue, que ces mémoires surpassent en élégance les ouvrages composés avec le plus de soin. Ils ne devaient être que d'utiles documens pour l'histoire; telle est leur perfection, qu'ils semblent moins avoir donné que ravi aux autres le moyen d'écrire[7] sur le même sujet. Et encore devons-nous les admirer plus que personne : on en connaît l'élégance et la pureté; nous seuls savons avec quelle facilité et quelle promptitude ils ont été faits. A ce merveilleux talent de diction, César joignait l'avan-

ne illud quidem accidit, ut Alexandrino atque Africano bello interessem : quæ bella quanquam ex parte nobis Cæsaris sermone sunt nota, tamen aliter audimus ea, quæ rerum novitate aut admiratione nos capiunt, aliter, quæ pro testimonio sumus dicturi. Sed ego nimirum, dum omnes excusationis causas colligo, ne cum Cæsare conferar, hoc ipso crimen arrogantiæ subeo, quod me judicio cujusquam existimem posse cum Cæsare comparari. Vale.

tage de raconter avec une parfaite exactitude des faits qu'il avait exécutés. Moi, je n'ai pas même assisté à la guerre d'Alexandrie, ni à celle d'Afrique; et bien que je tienne de la bouche de César une partie des détails, autre chose est d'entendre des faits avec l'étonnement qu'excite la nouveauté, ou d'en avoir été soi-même le témoin. Mais tandis que je m'épuise à rassembler des excuses pour n'être point comparé avec César, je m'expose par cela même au reproche de vanité, en paraissant croire qu'une telle pensée puisse jamais venir à l'esprit. Adieu.

LIBER VIII.

I. Omni Gallia devicta, Cæsar quum superiore æstate nullum bellandi tempus intermisisset, militesque hibernorum quiete reficere a tantis laboribus vellet, complures eodem tempore civitates renovare belli consilia nuntiabantur, conjurationesque facere. Cujus rei verisimilis causa afferebatur, quod Gallis omnibus cognitum esset, neque ulla multitudine, in unum locum coacta, resisti posse Romanis; nec, si diversa bella complures eodem tempore inissent civitates, satis auxilii, aut spatii, aut copiarum habiturum exercitum populi romani ad omnia persequenda : non esse autem alicui civitati sortem incommodi recusandam, si tali mora reliquæ possent se vindicare in libertatem.

II. Quæ ne opinio Gallorum confirmaretur, Cæsar M. Antonium quæstorem suis præfecit hibernis : ipse cum equitatus præsidio pridie kal. januarias ab oppido Bibracte proficiscitur ad legionem XIII, quam non longe a finibus Æduorum collocaverat in finibus Biturigum, eique adjungit legionem XI, quæ proxima fuerat. Binis cohortibus ad impedimenta tuenda relictis, reliquum exercitum in copiosissimos agros Biturigum inducit : qui quum latos fines et complura oppida haberent, unius

LIVRE VIII.

I. CÉSAR, vainqueur de toute la Gaule, désirait que l'armée se délassât dans ses quartiers d'hiver des fatigues d'une guerre non interrompue pendant la campagne précédente, lorsqu'il apprit que plusieurs nations se concertaient pour reprendre en même temps les armes. Le motif qu'on leur supposait était assez naturel : les Gaulois avaient appris que, réunis sur un seul point, ils ne pouvaient résister aux Romains ; si la guerre éclatait à la fois en divers lieux, les Romains n'auraient pas assez de temps ni de troupes pour y faire face. Quelle cité refuserait de supporter quelques maux passagers, si elle pouvait concourir ainsi à l'affranchissement général ?

II. César ne voulut pas leur laisser le temps de s'affermir dans cette idée ; il mit le questeur M. Antoine à la tête de ses quartiers d'hiver, partit de Bibracte avec une escorte de cavalerie la veille des calendes de janvier[8], rejoignit la treizième légion qu'il avait placée sur la frontière des Bituriges, à peu de distance des Éduens, y ajouta la onzième, qui en était la plus proche, et laissant deux cohortes pour la garde des bagages, conduisit le reste de l'armée dans le pays fertile des Bituriges. Ce

legionis hibernis non potuerant contineri, quin bellum pararent, conjurationesque facerent.

III. Repentino adventu Cæsaris accidit, quod imparatis disjectisque accidere fuit necesse, ut sine timore ullo rura colentes prius ab equitatu opprimerentur, quam confugere in oppida possent. Namque etiam illud vulgare incursionis signum hostium, quod incendiis ædificiorum intelligi consuevit, Cæsaris id erat interdicto sublatum : ne aut copia pabuli frumentique, si longius progredi vellet, deficeretur, aut hostes incendiis terrerentur. Multis hominum millibus captis, perterriti Bituriges, qui primum adventum effugere potuerant Romanorum, in finitimas civitates, aut privatis hospitiis confisi, aut societate consiliorum, confugerant. Frustra : nam Cæsar magnis itineribus omnibus locis occurrit; nec dat ulli civitati spatium de aliena potius, quam de domestica salute cogitandi : qua celeritate et fideles amicos retinebat, et dubitantes terrore ad conditiones pacis adducebat. Tali conditione proposita, Bituriges, quum sibi viderent clementia Cæsaris reditum patere in ejus amicitiam, finitimasque civitates sine ulla pœna dedisse obsides, atque in fidem receptas esse, idem fecerunt.

IV. Cæsar militibus, pro tanto labore ac patientia, qui brumalibus diebus, itineribus difficillimis, frigoribus intolerandis, studiosissime permanserant in labore, ducenos sestertios, centurionibus II millia nummum, prædæ nomine, condonanda pollicetur; legionibusque in hiberna

peuple possédait un vaste territoire et un grand nombre de places fortes. La présence d'une seule légion n'avait pu suffire pour empêcher ses apprêts de guerre.

III. L'arrivée soudaine de César produisit son effet nécessaire sur des hommes surpris et dispersés : cultivant leurs champs sans défiance, ils furent écrasés par la cavalerie, avant de pouvoir rentrer dans les villes. Rien ne put les avertir. L'incendie, ce signal ordinaire d'une invasion hostile, avait été sévèrement défendu par César, de peur de les effrayer, ou de manquer de vivres et de fourrages s'il voulait avancer dans le pays. On fit plusieurs milliers de captifs. Ceux des Bituriges qui purent échapper à notre première approche, cherchèrent un asile chez les nations voisines avec lesquelles ils étaient unis par des alliances publiques ou des liens d'hospitalité. Ce fut en vain : César par des marches forcées arrivait sur tous les points, ne permettant à aucun de ces peuples de songer au salut des autres plutôt qu'au sien propre. Cette activité retenait dans le devoir les peuples amis, et ramenait par la terreur ceux qui hésitaient à se soumettre. Ainsi, les Bituriges, voyant que la clémence de César offrait un facile retour à son amitié, et que les villes voisines n'avaient eu à subir d'autre peine que de livrer des otages, imitèrent leur exemple.

IV. Pour récompenser ses soldats de tant de fatigues supportées avec constance au milieu des froids excessifs de l'hiver, par des chemins impraticables, César leur promit deux cents sesterces, et aux centurions deux mille écus; puis, renvoyant les légions dans leurs quar-

remissis, ipse se recipit die XL Bibracte. Ibi quum jus
diceret, Bituriges ad eum legatos mittunt; auxilium pe-
titum contra Carnutes, quos intulisse bellum sibi que-
rebantur. Qua re cognita, quum non amplius X et VIII
dies in hibernis esset commoratus, legiones XIV et VI ex
hibernis ab Arare educit; quas ibi collocatas, explican-
dæ rei frumentariæ causa, superiore commentario demonstratum est. Ita cum duabus legionibus ad persequendos Carnutes proficiscitur.

V. Quum fama exercitus ad hostes esset perlata,
calamitate ceterorum ducti Carnutes, desertis vicis op-
pidisque, quæ tolerandæ hiemis causa, constitutis repente exiguis ad necessitatem ædificiis, incolebant (nuper enim devicti complura oppida dimiserant), dispersi
profugiunt. Cæsar, erumpentes eo maxime tempore acer-
rimas tempestates quum subire milites nollet, in oppido
Carnutum Genabo castra ponit, atque in tecta partim
Gallorum, partim quæ, conjectis celeriter stramentis
tentoriorum integendorum gratia, erant inædificata, milites contegit : equites tamen et auxiliarios pedites in
omnes partes mittit, quascunque petisse dicebantur hostes. Nec frustra : nam plerumque magna præda potiti
nostri revertuntur. Oppressi Carnutes hiemis difficultate, terrore periculi, quum tectis expulsi nullo loco diutius consistere auderent, nec silvarum præsidio tempes-
tatibus durissimis tegi possent, dispersi, magna parte
amissa suorum, dissipantur in finitimas civitates.

tiers, il revint à Bibracte après une absence de quarante jours. Pendant qu'il y rendait la justice, les Bituriges députèrent vers lui pour implorer son secours et se plaindre des Carnutes : ce peuple leur avait déclaré la guerre. Sur cet avis, César, quoiqu'il ne fût que depuis dix-huit jours à Bibracte, tira les quatorzième et sixième légions de leurs quartiers d'hiver, près la Saône, où, comme on l'a dit au livre précédent 9, il les avait placées pour faciliter les vivres. Il partit avec ces deux légions contre les Carnutes [10].

V. Ceux-ci connurent à peine son approche, que, craignant le sort des autres peuples, ils abandonnèrent les villes et les bourgs, où la nécessité leur avait fait dresser de chétives cabanes pour passer l'hiver (presque toutes avaient été détruites dans la dernière campagne), et ils se dispersèrent de côté et d'autre. César ne voulut point exposer ses soldats à toutes les rigueurs de la saison la plus rude : il établit son camp à Génabe, ville des Carnutes, et logea ses soldats, soit dans les habitations gauloises, soit sous des tentes recouvertes à la hâte d'un peu de chaume. Cependant il envoya la cavalerie et l'infanterie auxiliaires partout où l'on disait que l'ennemi s'était retiré. Son espoir ne fut pas trompé ; la plupart revinrent chargés de butin. Les Carnutes, accablés par la rigueur de l'hiver, frappés d'effroi, chassés de leurs demeures sans oser s'arrêter nulle part, ne pouvant même trouver dans leurs forêts un abri contre les plus affreuses tempêtes, se répandirent, après une perte considérable, chez les nations voisines.

VI. Cæsar tempore anni difficillimo quum satis haberet convenientes manus dissipare, ne quod initium belli
nasceretur, quantumque in ratione esset, exploratum
haberet, sub tempus æstivorum nullum summum bellum
posse conflari, C. Trebonium cum II legionibus, quas
secum habebat, in hibernis Genabi collocavit. Ipse, quum
crebris legationibus Remorum certior fieret, Bellovacos,
qui belli gloria Gallos omnes Belgasque præstabant, finitimasque his civitates, duce Correo Bellovaco et Commio Atrebate, exercitus comparare, atque in unum locum cogere, ut omni multitudine in fines Suessionum,
qui Remis erant attributi, facerent impressionem, pertinere autem non tantum ad dignitatem, sed etiam ad
salutem suam judicaret, nullam calamitatem socios optime de republica meritos accipere, legionem ex hibernis evocat rursus XI, litteras autem ad C. Fabium mittit,
ut in fines Suessionum legiones duas, quas habebat, ad-
duceret, alteramque ex duabus ab T. Labieno arcessit.
Ita, quantum hibernorum opportunitas bellique ratio
postulabat, perpetuo suo labore, invicem legionibus ex-
peditionum onus injungebat.

VII. His copiis coactis, ad Bellovacos proficiscitur,
castrisque in eorum finibus positis, equitum turmas dimittit in omnes partes ad aliquos excipiendos, ex quibus
hostium consilia cognosceret. Equites, officio functi, renuntiant, paucos in ædificiis esse inventos, atque hos,
non qui agrorum colendorum causa remansissent (namque esse undique diligenter demigratum), sed qui spe-
culandi gratia essent remissi. A quibus quum quæreret

VI. C'était assez pour César, dans une saison si fâcheuse, d'avoir dissipé les rassemblemens et prévenu la naissance d'une guerre : il pensait d'ailleurs, selon toute apparence, qu'aucune guerre importante ne pouvait éclater avant l'été. Il mit donc C. Trébonius en quartiers d'hiver à Génabe avec les deux légions qui l'avaient suivi. De nombreuses députations des Rémois l'avertissaient que les Bellovaques, dont la gloire militaire surpassait celle des autres Gaulois et des Belges, s'étaient réunis aux nations voisines et levaient des troupes, sous les ordres du Bellovaque Correus et de l'Atrébate Commius, pour fondre en masse sur les terres des Suessioniens, annexés aux Rémois. Persuadé qu'il n'importait pas moins à son intérêt qu'à son honneur de préserver de toute injure des alliés si dévoués à la république, il reprend de nouveau la onzième légion, écrit à C. Fabius d'amener sur les frontières des Suessioniens les deux légions qu'il commandait, et demande à T. Labienus l'une des siennes. C'est ainsi que, sans se reposer jamais lui-même, il répartissait entre les légions le fardeau de la guerre, autant que le permettait la situation des quartiers et le bien du service.

VII. Ces troupes réunies, il marche contre les Bellovaques, campe sur leurs frontières, et envoie de tous côtés la cavalerie pour faire quelques prisonniers qui puissent l'instruire des desseins de l'ennemi. De retour, les cavaliers rapportent qu'ils ont trouvé peu d'habitans dans les demeures ; que ceux-ci même n'étaient point restés pour cultiver la terre (tous s'étaient empressés de fuir), mais bien pour espionner. César, interrogeant les

Cæsar, quo loco multitudo esset Bellovacorum, quodve esset consilium eorum, inveniebat, Bellovacos omnes, qui arma ferre possent, in unum locum convenisse; itemque Ambianos, Aulercos, Caletos, Velocasses, Atrebates locum castris excelsum, in silva circumdata palude, delegisse; omnia impedimenta in ulteriores silvas contulisse; complures esse principes belli auctores, sed multitudinem maxime Correo obtemperare, quod ei summo esse odio nomen populi romani intellexissent; paucis ante diebus ex his castris Atrebatem Commium discessisse, ad auxilia Germanorum adducenda, quorum et vicinitas propinqua, et multitudo esset infinita : constituisse autem Bellovacos, omnium principum consensu, summa plebis cupiditate, si (ut dicebatur) Cæsar cum tribus legionibus veniret, offerre se ad dimicandum, ne miseriore ac duriore postea conditione cum toto exercitu decertare cogerentur : si majores copias ageret, in eo loco permanere, quem delegissent; pabulatione autem, quæ propter anni tempus quum exigua, tum disjecta esset, et frumentatione, et reliquo commeatu ex insidiis prohibere Romanos.

VIII. Quæ Cæsar, consentientibus pluribus quum cognovisset, atque ea, quæ proponerentur, consilia plena prudentiæ, longeque a temeritate barbarorum remota esse judicaret, rebus omnibus inserviendum statuit, quo celerius hostes, contempta suorum paucitate, prodirent in aciem. Singularis enim virtutis veterrimas legiones VII, VIII et IX habebat; summæ spei delectæque juventutis XI, quæ, octavo jam stipendio functa, tamen collatione reli-

captifs sur le lieu où s'étaient portés les ennemis et sur leurs desseins, apprit que tous les Bellovaques en état de porter les armes s'étaient rassemblés sur un même point; avec eux étaient les Ambianiens [11], les Aulerciens [12], les Calètes [13], les Velocasses [14], les Atrébates [15], campés sur une hauteur, dans un bois environné d'un marais : ils avaient porté tout le bagage dans des forêts plus reculées. Plusieurs chefs les excitaient à la guerre; mais le plus puissant était Corréus, à cause de sa haine bien connue pour le nom romain. Depuis quelques jours, l'Atrébate Commius avait quitté le camp pour aller dans les contrées Germaines les plus proches, et en ramener de nombreux secours. Les Bellovaques, de concert avec tous les chefs, et selon le vœu de la multitude, avaient résolu, si César, comme on le disait, n'avait que trois légions, de lui présenter la bataille, de peur d'être ensuite obligés de combattre avec plus de désavantage contre toutes ses troupes; s'il en avait un plus grand nombre, ils se tiendraient dans le camp qu'ils avaient choisi, et se borneraient à ôter aux Romains, par des embuscades, les vivres et les fourrages, que la saison rendait très-rares.

VIII. D'après l'accord qui régnait dans ces rapports, César trouva ce plan rempli de prudence et bien éloigné de la témérité ordinaire aux barbares : il pensa qu'il devait tout faire pour inspirer aux ennemis le mépris de ses forces, afin de les attirer au combat. Il avait près de lui de vieilles légions d'un courage éprouvé, la septième, la huitième et la neuvième; puis la onzième composée d'une jeunesse d'élite et de grande espérance, comptant déjà

quarum nondum eamdem vetustatis ac virtutis ceperat opinionem. Itaque, concilio advocato, rebus iis, quæ ad se essent delatæ, omnibus expositis, animos multitudinis confirmat. Si forte hostes trium legionum numero posset elicere ad dimicandum, agminis ordinem ita constituit, ut legio VII, VIII, IX ante omnia irent impedimenta; deinde omnium impedimentorum agmen (quod tamen erat mediocre, ut in expeditionibus esse consuevit) cogeret undecima, ne majoris multitudinis species accidere hostibus posset, quam ipsi depoposcissent. Hac ratione pæne quadrato agmine instructo, in conspectum hostium, celerius opinione eorum, exercitum adducit.

IX. Quum repente instructas velut in acie certo gradu legiones accedere, Galli viderent, quorum erant ad Cæsarem plena fiduciæ consilia perlata, sive certaminis periculo, sive subito adventu, seu exspectatione nostri consilii, copias instruunt pro castris, nec loco superiore decedunt. Cæsar, etsi dimicare optaverat, tamen, admiratus tantam multitudinem hostium, valle intermissa, magis in altitudinem depressa, quam late patente, castra castris hostium confert. Hæc imperat vallo pedum XII muniri, loriculamque pro ratione ejus altitudinis inædificari; fossam duplicem pedum quinum denum lateribus directis deprimi; turres crebras excitari in altitudinem III tabulatorum, pontibus trajectis constratisque conjungi, quorum frontes viminea loricula munirentur, ut ab hostibus duplici fossa, duplici propugnatorum ordine defenderetur : quorum alter ex pontibus, quo tutior altitudine esset, hoc audacius longiusque tela per-

huit campagnes, mais ne pouvant encore jouir de cette
réputation de valeur acquise par l'ancienneté. Il assembla un conseil, y exposa ce qu'il avait appris, encouragea
ses troupes, et régla sa marche de manière à attirer l'ennemi au combat, en ne lui montrant que trois légions. Les
septième, huitième et neuvième légions devaient marcher
en avant, tandis que les bagages assez peu considérables,
comme il est d'usage dans de simples expéditions, vien-
draient à la suite sous l'escorte de la onzième. Son intention était de ne point paraître aux ennemis plus fort
qu'ils ne le désiraient. Il arriva dans cet ordre, formant
presque un bataillon carré[16], et se trouva en présence
des ennemis plus tôt qu'ils ne s'y attendaient.

IX. Les Gaulois voyant tout à coup les légions s'avancer en bataille et d'un pas assuré, semblèrent perdre cette
confiance dont on avait parlé à César. Craignant le péril,
ou peut-être étonnés de notre arrivée soudaine, incer-
tains et dans l'attente, ils se bornent à ranger leurs
troupes à la tête du camp, et ne quittent point la hauteur. Quoiqu'il désirât combattre, César les voyant si
nombreux et séparés de lui par un vallon plus profond
que large, se décida à placer son camp en face du leur.
Il fait élever un rempart de douze pieds avec un parapet
proportionné à cette hauteur; il ordonne de creuser en
avant deux fossés de quinze pieds, à fond de cuve; il fait
élever un grand nombre de tours à trois étages, jointes
ensemble par des ponts et des galeries, dont le front était
garni de mantelets d'osier; de telle sorte que l'ennemi
fût arrêté par un double fossé et deux rangs de soldats;
le premier rang sur les galeries, d'où il lançait les traits

mitteret; alter, qui propior hostem in ipso vallo collo-
catus esset, ponte ab incidentibus telis tegeretur. Portis
fores altioresque turres imposuit.

X. Hujus munitionis duplex erat consilium. Namque
et operum magnitudinem et timorem suum sperabat fiduciam barbaris allaturum, et, quum pabulatum fru-
mentatumque longius esset proficiscendum, parvis copiis castra munitione ipsa videbat posse defendi. Interim,
crebro paucis utrinque procurrentibus, inter bina castra palude interjecta, contendebatur : quam tamen paludem nonnunquam aut nostra auxilia Gallorum Ger-
manorumque transibant, acriusque hostes insequeban-
tur, aut vicissim hostes, eamdem transgressi, nostros
longius submovebant. Accidebat autem quotidianis pabulationibus (id quod accidere erat necesse, quum raris
disjectisque ex ædificiis pabulum conquireretur), ut impeditis locis dispersi pabulatores circumvenirentur : quæ
res etsi mediocre detrimentum jumentorum ac servorum
nostris afferebat, tamen stultas cogitationes incitabat
barbarorum; atque eo magis, quod Commius, quem
profectum ad auxilia Germanorum arcessenda docui,
cum equitibus venerat : qui, tametsi numero non amplius
erant quingenti, tamen Germanorum adventu barbari
inflabantur.

XI. Cæsar, quum animadverteret, hostem complures dies castris, palude et loci natura munitis, se tenere, neque oppugnari castra eorum sine dimicatione
perniciosa, nec locum munitionibus claudi, nisi a majore exercitu, posse, litteras ad Trebonium mittit, ut,

plus loin et avec moins de péril ; le second sur le rempart et plus près de l'ennemi, où la galerie le protégeait
contre les traits. Il plaça des portes et de plus hautes
tours aux issues du camp.

X. En se retranchant ainsi, César avait un double but.
Ces travaux sembleraient indiquer sa frayeur, et augmen-
teraient la confiance des barbares : d'un autre côté, lorsqu'il faudrait chercher au loin des fourrages et des vivres,
on pourrait à l'abri de ces retranchemens défendre le camp
avec peu de troupes. Cependant il se livrait souvent de petits combats entre les deux camps séparés par un marais.
Tantôt nos auxiliaires Gaulois ou Germains passaient ce
marais, et poursuivaient vivement les ennemis ; tantôt
ceux-ci attaquaient à leur tour et nous repoussaient au
loin. Plusieurs fois nos fourrageurs, obligés chaque jour
de chercher des vivres dans quelques habitations éparses,
furent enveloppés dans des lieux désavantageux ; et bien
que le dommage se réduisît à la perte d'un petit nombre
de valets et de chevaux, ces faibles avantages ne laissaient pas d'enfler la folle présomption des barbares.
D'ailleurs Commius, que nous avons vu partir[17] en Germanie pour y chercher du secours, en était revenu avec
des cavaliers. Ils n'étaient que cinq cents ; leur arrivée
avait suffi pour augmenter encore l'orgueil des barbares.

XI. César voyant les ennemis, défendus par un marais et par leur position, se tenir depuis plusieurs jours
dans leur camp, jugea qu'il ne pouvait ni les attaquer
sans perte, ni les enfermer dans des lignes sans de plus
grandes forces. Il écrivit à Trebonius d'appeler sur-le-

quam celerrime posset, legionem XIII, quæ cum T. Sextio legato in Biturigibus hiemabat, arcesseret, atque ita
cum III legionibus magnis itineribus ad se veniret : ipse
equites invicem Remorum ac Lingonum, reliquarumque
civitatum, quorum magnum numerum evocaverat, præsidio pabulationibus mittit, qui subitas hostium incur-
siones sustinerent.

XII. Quod quum quotidie fieret, ac jam consuetudine diligentia minueretur (quod plerumque accidit diuturnitate), Bellovaci, delecta manu peditum, cognitis
stationibus quotidianis equitum nostrorum, silvestribus
locis insidias disponunt; eodemque equites postero die
mittunt, qui primum elicerent nostros insidiis, deinde
circumventos aggrederentur. Cujus mali sors incidit Remis, quibus ille dies fungendi muneris obvenerat. Namque ii, quum repente hostium equites animadvertissent,
ac numero superiores paucitatem contempsissent, cupidius insecuti, a peditibus undique sunt circumdati. Quo
facto perturbati, celerius, quam consuetudo fert equestris prœlii, se receperunt, amisso Vertisco, principe civitatis, præfecto equitum; qui quum vix equo propter
ætatem posset uti, tamen, consuetudine Gallorum, neque
ætatis excusatione in suscipienda præfectura usus erat,
neque dimicari sine se voluerat. Inflantur atque incitan-
tur hostium animi secundo prœlio, principe et præfecto
Remorum interfecto, nostrique detrimento admonentur,
diligentius exploratis locis stationes disponere, ac mo-
deratius cedentem insequi hostem.

XIII. Non intermittuntur interim quotidiana prœlia
in conspectu utrorumque castrorum, quæ ad vada trans-

champ la treizième légion qui hivernait chez les Bituriges, sous le commandement de T. Sextius, et de venir le
joindre à grandes journées avec trois légions. Il employa
tour à tour les cavaliers des Rémois, des Lingons [18], et
des autres états qui lui en avaient fourni un grand nombre, à protéger les fourrages et à soutenir les attaques
soudaines des ennemis.

XII. Cette manœuvre se renouvelait chaque jour :
l'habitude, comme il arrive souvent, amena la négligence. Les Bellovaques, connaissant les postes habituels
de notre cavalerie, choisirent un corps d'infanterie, et le
mirent en embuscade dans un bois : le lendemain, ils envoyèrent de la cavalerie pour y attirer les nôtres et les
envelopper. Le malheur tomba sur les Rémois, qui, ce
jour là, étaient en tour de service. A la vue des cavaliers ennemis, méprisant leur petit nombre, ils les poursuivirent avec ardeur, et tout à coup ils furent enveloppés
par les fantassins. Étonnés de cette attaque, ils se retirèrent avec plus de vitesse que l'on ne le fait ordinairement
dans un engagement de troupes à cheval. Le chef de leur
nation, Vertiscus, commandant de la cavalerie, périt
dans l'action. Son grand âge lui permettait à peine de se
soutenir à cheval ; mais fidèle aux mœurs gauloises, il
n'avait point voulu que sa vieillesse le dispensât du commandement ni du combat. Ce succès et la mort du prince
des Rémois accrurent la fierté de l'ennemi, mais averti-
rent les nôtres d'examiner soigneusement les lieux avant
d'y placer des postes, et d'être moins ardens à la poursuite.

XIII. Cependant il ne se passait point de jour où il
n'y eût quelque escarmouche à la vue des deux camps,

itusque fiebant paludis. Qua contentione Germani (quos
propterea Cæsar traduxerat Rhenum, ut equitibus interpositi prœliarentur), quum constantius universi paludem transissent, paucisque resistentibus interfectis pertinacius reliquam multitudinem essent insecuti, perterriti non solum ii, qui aut cominus opprimebantur, aut
eminus vulnerabantur, sed etiam, qui longius subsidiari
consueverant, turpiter fugerunt; nec prius finem fugæ
fecerunt, sæpe amissis superioribus locis, quam se aut
in castra suorum reciperent, aut nonnulli, pudore coacti,
longius profugerent. Quorum periculo sic omnes copiæ
sunt perturbatæ, ut vix judicari posset, utrum secundis
parvulis rebus insolentiores, an adversis mediocribus
timidiores essent.

XIV. Compluribus diebus iisdem in castris consumptis, quum propius accessisse legiones et C. Trebonium
legatum cognovissent, duces Bellovacorum, veriti similem obsessionem Alesiæ, noctu dimittunt eos, quos aut
ætate aut viribus inferiores, aut inermes habebant, unaque reliqua impedimenta. Quorum perturbatum et con-
fusum dum explicant agmen (magna enim multitudo
carrorum etiam expeditos sequi Gallos consuevit), oppressi luce, copias armatorum pro suis instruunt castris,
ne prius Romani persequi se inciperent, quam longius
agmen impedimentorum suorum processisset. At Cæsar
neque resistentes aggrediendos, neque cedentes tanto
collis ascensu lacessendos judicabat; neque non usque
eo legiones admovendas, ut discedere ex eo loco sine periculo barbari, militibus instantibus, non possent. Ita,
quum paludem impeditam a castris castra dividere (quæ

vers les endroits guéables du marais. Dans l'un de ces combats, l'infanterie germaine, à qui César avait fait passer le Rhin pour la mêler à la cavalerie, franchit le marais avec audace, tua le petit nombre de ceux qui résistaient, et poursuivit vivement le reste. Tous, non-seulement ceux qui étaient serrés de près ou atteints de loin, mais même les soldats de la réserve, prirent honteusement la fuite, et, chassés de hauteurs en hauteurs, ils ne s'arrêtèrent qu'à leur camp; quelques-uns même, dans leur confusion, se sauvèrent au delà. Le désordre de ces peuples fut tel, qu'on ne saurait dire si le plus léger succès leur donnait plus d'orgueil, que le moindre revers ne leur inspirait de frayeur.

XIV. Après avoir passé plusieurs jours dans leur camp, lorsqu'ils surent que C. Trebonius approchait avec les légions, les chefs Bellovaques, craignant un siège semblable à celui d'Alise, firent partir de nuit avec le bagage ceux que l'âge, les infirmités ou le défaut d'armes rendaient inutiles. Cette multitude, embarrassée et confuse (car les Gaulois dans les moindres expéditions traînent toujours après eux une foule de chariots), s'était à peine mise en mouvement, que le jour la surprit. Des troupes se rangèrent en bataille à la tête du camp, pour donner aux bagages le temps de s'éloigner avant que les Romains pussent les atteindre. César, ne pouvant les attaquer ni de front ni dans la retraite, à cause de l'escarpement de la colline, résolut toutefois de faire assez avancer les légions, pour que les barbares ne pussent se retirer sans péril en leur présence. Comme le marais qui

transeundi difficultas celeritatem insequendi tardare posset), atque id jugum, quod trans paludem pæne ad hostium castra pertineret, mediocri valle a castris eorum
intercisum animadverteret, pontibus palude constrata,
legiones traducit, celeriterque in summam planitiem
jugi pervenit, quæ declivi fastigio duobus ab lateribus
muniebatur. Ibi legionibus instructis, ad ultimum jugum
pervenit, aciemque eo loco constituit, unde tormento
missa tela in hostium cuneos conjici possent.

XV. Barbari, confisi loci natura, quum dimicare non
recusarent, si forte Romani subire collem conarentur,
paulatimque copias distributas dimittere non auderent,
ne dispersi perturbarentur, in acie permanserunt. Quorum pertinacia cognita, Cæsar, viginti cohortibus instructis, castrisque eo loco metatis, muniri jubet castra.
Absolutis operibus, legiones pro vallo instructas collocat : equites frenatis equis in stationibus disponit. Bellovaci, quum Romanos ad insequendum paratos viderent, neque pernoctare, aut diutius permanere sine ci-
bariis eodem loco possent, tale consilium sui recipiendi
inierunt. Fasces, uti consederant, (namque in acie sedere
Gallos consuesse, superioribus commentariis declaratum
est), stramentorum ac virgultorum, quorum summa
erat in castris copia, per manus inter se traditos, ante
aciem collocaverunt, extremoque tempore diei, signo
pronuntiato, uno tempore incenderunt. Ita continens
flamma copias omnes repente a conspectu texit Romanorum. Quod ubi accidit, barbari vehementissimo cursu
fugerunt.

séparait les deux camps pouvait l'arrêter par la difficulté
du passage, et que la hauteur qui était au delà du marais
touchait presqu'au camp ennemi, dont elle n'était sépa-
rée que par un petit vallon, il jeta des ponts de claies
sur le marais, fit passer les légions, et gagna rapidement
la hauteur, dont la pente servait de rempart des deux
côtés. Les légions y montèrent en ordre de bataille, et, par-
venues au sommet, choisirent une position d'où les traits
des machines pouvaient porter sur les rangs ennemis.

XV. Les barbares, se fiant à l'avantage de leur poste,
restaient en bataille, prêts à combattre si les Romains
venaient les attaquer sur la colline, mais n'osant faire
défiler leurs troupes en détail, de peur d'être mis en
désordre s'ils se divisaient. César, voyant leur résolution, laissa vingt cohortes sous les armes, traça le
camp en cet endroit, et ordonna de le retrancher. Les
travaux finis, il rangea les légions à la tête de ses retranchemens, et plaça aux avant-postes les cavaliers
avec leurs chevaux tout bridés. A cette vue, les Bellovaques sentirent qu'ils ne pouvaient ni passer les nuits,
ni rester sans vivres dans leur position : ils imaginèrent
un moyen de retraite. Les Gaulois, ainsi qu'il a été dit
dans les livres précédens [19], ont coutume, quand ils restent en ligne, de s'asseoir sur des fascines. Ils en avaient
une grande quantité; et, sans se déranger, ils se les
passèrent de main en main, et les placèrent à la tête de
leur camp, puis, sur la fin du jour, au signal convenu,
y mirent le feu en même temps. Cette vaste flamme nous
déroba tout à coup la vue de leurs troupes : elles profitèrent de ce moment pour s'enfuir en toute hâte.

XVI. Cæsar, etsi discessum hostium animadvertere non poterat, incendiis oppositis, tamen id consilium quum fugæ causa initum suspicaretur, legiones promovet, turmas mittit ad insequendum : ipse veritus insidias, ne forte in eodem loco subsistere hostis, atque elicere nostros in locum conaretur iniquum, tardius procedit. Equites quum intrare fumum et flammam densissimam timerent, ac, si qui cupidius intraverant, vix suorum ipsi priores partes adverterent equorum, insidias veriti, liberam facultatem sui recipiendi Bellovacis dederunt. Ita fuga, timoris simul calliditatisque plena, sine ullo detrimento millia non amplius x progressi hostes, loco munitissimo castra posuerunt. Inde, quum sæpe in insidiis equites peditesque disponerent, magna detrimenta Romanis in pabulationibus inferebant.

XVII. Quod quum crebrius accideret, ex captivo quodam comperit Cæsar, Correum, Bellovacorum ducem, fortissimorum millia vi peditum delegisse, equitesque ex omni numero mille, quos in insidiis eo loco collocaret, quem in locum, propter copiam frumenti ac pabuli, Romanos pabulatum missuros suspicaretur. Quo cognito consilio, Cæsar legiones plures, quam solebat, educit; equitatumque, quem præsidio semper pabulatoribus mittere consuerat, præmittit. Huic interponit auxilia levis armaturæ : ipse cum legionibus, quam potest maxime, appropinquat.

XVIII. Hostes in insidiis dispositi, quum sibi delegissent campum ad rem gerendam, non amplius patentem in omnes partes passibus ᴍ, silvis undique impeditissi-

XVI. Bien que les flammes empêchassent César d'apercevoir la retraite des ennemis, il soupçonna aisément leur dessein, fit avancer les légions, et envoya des escadrons à leur poursuite : mais de peur de quelqu'embuscade, et craignant que l'ennemi, resté peut-être à la même place, n'ait voulu nous attirer dans une mauvaise position, il ne s'avança lui-même que lentement. Nos cavaliers n'osaient pénétrer à travers la fumée et les flammes; si quelques-uns plus hardis essayaient de le faire, à peine voyaient-ils la tête de leurs chevaux. La crainte d'un piège laissa à l'ennemi tout le temps d'opérer sa retraite. C'est ainsi que par une ruse qui fut le fruit de la peur et de l'adresse, les Bellovaques franchirent sans perte un espace de dix milles, et s'arrêtèrent dans un lieu très-avantageux; de là ils incommodaient nos fourrageurs par de fréquentes embuscades.

XVII. Ces attaques se renouvelaient souvent, lorsque César apprit d'un prisonnier que Correus, chef des Bellovaques, avait choisi six mille fantassins des plus braves, et mille cavaliers, pour placer une embuscade dans un lieu où il soupçonnait que l'abondance de blé et de fourrages attirerait les Romains. Sur cet avis, César fit sortir plus de légions que de coutume, et envoya en avant la cavalerie, qui toujours escortait les fourrageurs; il y mêla l'infanterie légère, et lui-même s'avança le plus près qu'il put avec les légions.

XVIII. L'ennemi s'était mis en embuscade dans une plaine qui, en tous sens, n'avait pas plus de mille pas d'étendue : elle était entourée d'épaisses forêts et d'une

mis aut altissimo flumine munitum, velut indagine hunc insidiis circumdederunt. Nostri, explorato hostium consilio, ad proeliandum animo atque armis parati, quum, subsequentibus legionibus, nullam dimicationem recusarent, turmatim in eum locum devenerunt. Quorum adventu quum sibi Correus oblatam occasionem rei gerendae existimaret, primum cum paucis se ostendit, atque in proximas turmas impetum fecit. Nostri constanter impetum sustinent insidiatorum; neque plures in unum locum conveniunt : quod plerumque equestribus proeliis quum propter aliquem timorem accidit, tum multitudine ipsorum detrimentum accipitur.

XIX. Quum dispositis turmis invicem rari proeliarentur, neque ab lateribus circumveniri suos paterentur, erumpunt ceteri, Correo proeliante, ex silvis. Fit magna contentione diversum proelium. Quod quum diutius pari Marte iniretur, paulatim ex silvis instructa multitudo procedit peditum, quae nostros cogit cedere equites : quibus celeriter subveniunt levis armaturae pedites, quos ante legiones missos docui; turmisque nostrorum interpositi, constanter proeliantur. Pugnatur aliquamdiu pari contentione : deinde, ut ratio postulabat proelii, qui sustinuerant primos impetus insidiarum, hoc ipso fiunt superiores, quod nullum ab insidiantibus imprudentes acceperant detrimentum. Accedunt propius interim legiones, crebrique eodem tempore et nostris et hostibus nuntii afferuntur, imperatorem instructis copiis adesse. Qua re cognita, praesidio cohortium confisi, nostri acerrime proeliantur, ne, si tardius rem gessissent, victoriae gloriam commu-

rivière très-profonde; des pièges nous enveloppaient de toutes parts. Nos cavaliers connaissaient le projet de l'ennemi : également bien disposés de cœur et de main, appuyés d'ailleurs par les légions, ils auraient accepté tout genre de combat; ils arrivèrent en escadrons. Correus crut l'occasion favorable; il se montra d'abord avec peu de monde, et chargea les premières troupes. Les nôtres soutiennent le choc avec fermeté, sans se réunir en masse; manœuvre ordinaire dans les combats de cavalerie, en un moment d'alarme, mais nuisible par la confusion.

XIX. Tandis qu'on se battait par escadrons et en petites troupes, sans se laisser envelopper, le reste des Gaulois, voyant Correus dans la mêlée, sort de la forêt. Un vif combat s'engage sur tous les points. L'avantage était depuis long-temps disputé, lorsque l'infanterie ennemie quitte le bois et s'avance en ordre de bataille : nos cavaliers sont obligés de reculer. Aussitôt ils sont soutenus par l'infanterie légère, que César avait envoyée en avant des légions : elle se mêle aux escadrons et combat avec courage. L'affaire fut encore quelque temps indécise; enfin, comme il devait arriver, ceux qui avaient soutenu le premier choc des gens en embuscade, obtinrent la supériorité, par cela seul que les assaillans n'avaient pu les surprendre. Cependant les légions s'approchent, et de nombreux courriers annoncent l'arrivée de César et de ses troupes. Les nôtres, sûrs de l'appui des cohortes, redoublent leurs efforts, de peur de partager avec les légions l'honneur de la victoire. L'ennemi perd courage,

nicasse cum legionibus viderentur. Hostes concidunt animis, atque itineribus diversis fugam quærunt. Nequidquam : nam quibus difficultatibus locorum Romanos claudere voluerant, iis ipsi tenebantur : victi tamen perculsique, majore parte amissa, quo sors tulerat, consternati profugiunt, partim silvis petitis, partim flumine ; qui tamen in fuga a nostris acriter insequentibus conficiuntur : quum interim nulla calamitate victus Correus excedere prœlio silvasque petere, aut, invitantibus nostris ad deditionem, potuit adduci, quin, fortissime prœliando compluresque vulnerando, cogeret elatos iracundia victores in se tela conjicere.

XX. Tali modo re gesta, recentibus prœlii vestigiis ingressus Cæsar, quum victos tanta calamitate existimaret hostes, nuntio accepto, locum castrorum relicturos, quæ non longius ab ea cæde abesse plus minus octo millibus passuum dicebantur, tametsi flumine impeditum transitum videbat, tamen, exercitu traducto, progreditur. At Bellovaci reliquæque civitates, repente ex fuga paucis, atque his vulneratis, receptis, qui silvarum beneficio casum evitaverant, omnibus adversis, cognita calamitate, interfecto Correo, amisso equitatu et fortissimis peditibus, quum adventare Romanos existimarent, concilio repente cantu tubarum convocato, conclamant, legati obsidesque ad Cæsarem mittantur.

XXI. Hoc omnibus probato consilio, Commius Atrebas ad eos profugit Germanos, a quibus ad id bellum auxilia mutuatus erat. Ceteri e vestigio mittunt ad Cæsarem legatos, petuntque, « ut ea pœna sit contentus

et cherche à s'enfuir par divers chemins. Mais il rencontre les mêmes obstacles que devaient trouver les
Romains. Vaincus, repoussés avec perte, tous fuient en
désordre et au hasard, les uns vers les forêts, d'autres
vers le fleuve; ils sont poursuivis et massacrés. Correus
ne se laissa pas abattre par l'infortune; il ne voulut ni
quitter le combat, ni gagner les forêts, ni entendre de
propositions : il se battit avec courage, et, par ses coups
redoublés, força les vainqueurs irrités à le percer de
leurs traits.

XX. Cette affaire terminée, César, entouré de ses
troupes victorieuses, pensa bien que l'ennemi, consterné
de ce revers, n'en aurait pas plutôt appris la nouvelle,
qu'il abandonnerait son camp, situé à huit milles environ du lieu où s'était livré la bataille. Il n'hésita point
à traverser la rivière, et marcha en avant. Les Bellovaques et les autres états avaient été instruits de la défaite
par le petit nombre de blessés qui s'étaient sauvés à la
faveur des bois. Ils apprennent tout le désastre, la mort
de Correus, la perte de la cavalerie et de l'infanterie la
plus brave, enfin l'approche des Romains. Aussitôt on
convoque une assemblée au son de trompe; l'on s'écrie
qu'il faut envoyer à César des députés et des otages.

XXI. Cet avis étant unanimement adopté, l'Atrébate
Commius s'enfuit chez ces mêmes Germains, auxquels
il avait emprunté des auxiliaires. Les autres envoient
sur-le-champ des députés à César : ils le prient de se

hostium, quam si sine dimicatione inferre integris posset, pro sua clementia atque humanitate nunquam profecto esset illaturus. Afflictas opes equestri prœlio Bellovacorum esse; delectorum peditum multa millia inter-
isse; vix refugisse nuntios cædis. Tamen magnum, ut
in tanta calamitate, Bellovacos eo prœlio commodum
esse consecutos, quod Correüs, auctor belli, concitator
multitudinis, esset interfectus : nunquam enim senatum
tantum in civitate, illo vivo, quantum imperitam plebem, potuisse. »

XXII. Hæc orantibus legatis, commemorat Cæsar,
« eodem tempore superiore anno Bellovacos ceterasque
Galliæ civitates suscepisse bellum : pertinacissime hos ex
omnibus in sententia permansisse, neque ad sanitatem
reliquorum deditione esse perductos : scire atque intelligere se, causam peccati facillime mortuis delegari; neminem vero tantum pollere, ut, invitis principibus, re-
sistente senatu, omnibus bonis repugnantibus, infirma
manu plebis bellum concitare et gerere posset : sed tamen se contentum fore ea pœna, quam sibi ipsi con-
traxissent. »

XXIII. Nocte insequenti legati responsa ad suos referunt, obsides conficiunt. Concurrunt reliquarum civita-
tium legati, quæ Bellovacorum speculabantur eventum.
Obsides dant, imperata faciunt, excepto Commio, quem
timor prohibebat, cujusquam fidei suam committere salutem. Nam superiore anno T. Labienus, Cæsare in
Gallia citeriore jus dicente, quum Commium comperis-
set sollicitare civitates, et conjurationem contra Cæsarem facere, infidelitatem ejus sine ulla perfidia judicavit

contenter d'un châtiment que sa clémence et son humanité ne leur infligeraient certainement pas, s'il avait à les punir avant qu'ils eussent essuyé tant de désastres : leur cavalerie est détruite; plusieurs milliers de fantassins d'élite ont péri; à peine en est-il échappé pour annoncer la défaite. Toutefois, ce malheur n'a pas été inutile; il les a délivrés de ce Correus, qui seul fut l'auteur de la guerre, et qui soulevait la multitude; de son vivant, le sénat avait moins d'autorité qu'une populace ignorante.

XXII. César répondit à cette harangue, que déjà l'année précédente les Bellovaques et les autres peuples de la Gaule s'étaient réunis contre lui; qu'eux seuls avaient persisté dans la révolte, sans se laisser ramener au devoir par l'exemple de la soumission des autres. Il est facile de rejeter ses fautes sur ceux qui ne sont plus. Mais jamais un particulier put-il, avec le seul secours d'une faible populace, exciter et soutenir une guerre malgré les chefs, malgré le sénat, contre le vœu de tous les gens de bien? Toutefois, le mal qu'ils se sont fait lui suffit.

XXIII. La nuit suivante, les députés rapportent cette réponse à leurs concitoyens. Les Bellovaques préparent aussitôt des otages; les autres nations, qui étaient dans l'attente du résultat, s'empressent également, donnent des otages, et se soumettent : Commius seul n'osait se confier à la foi de qui que ce fût. L'année précédente, tandis que César rendait la justice dans la Gaule citérieure, T. Labienus, instruit que Commius cherchait à soulever les peuples contre César, crut pouvoir, sans

comprimi posse. Quem quia non arbitrabatur vocatum
in castra venturum, ne tentando cautiorem faceret,
C. Volusenum Quadratum misit, qui eum per simula-
tionem colloquii curaret interficiendum. Ad eam rem
delectos ei tradit centuriones. Quum in colloquium ventum esset, et, ut convenerat, manum Commii Volusenus arripuisset, et centurio, velut insueta re permotus,
vellet Commium interficere, celeriter a familiaribus pro-
hibitus Commii, conficere hominem non potuit; graviter
tamen primo ictu gladio caput percussit. Quum utrinque gladii districti essent, non tam pugnandi, quam
diffugiendi sunt utrorumque consilium; nostrorum,
quod mortifero vulnere Commium credebant affectum;
Gallorum, quod, insidiis cognitis, plura, quam videbant, extimescebant. Quo facto statuisse Commius dicebatur, nunquam in conspectum cujusquam Romani
venire.

XXIV. Bellicosissimis gentibus devictis, Cæsar, quum
videret, nullam jam esse civitatem, quæ bellum pararet,
quo sibi resisteret, sed nonnullos ex oppidis demigrare,
ex agris diffugere, ad præsens imperium evitandum,
plures in partes exercitum dimittere constituit. M. Antonium quæstorem cum legione XI sibi conjungit; C. Fabium legatum cum cohortibus XXV mittit in diversissi-
mam Galliæ partem; quod ibi quasdam civitates in armis
esse audiebat, neque C. Caninium Rebilum legatum,
qui in illis regionibus præerat, satis firmas II legiones
habere existimabat. T. Labienum ad se evocat; legio-
nemque XII, quæ cum eo fuerat in hibernis, in Togatam
Galliam mittit, ad colonias civium Romanorum tuendas;

perfidie, réprimer cette trahison. Ne voulant pas le mander au camp, de peur que cette invitation ne fût rejetée ou ne l'avertît d'être circonspect, il envoya C. Volusenus Quadratus, sous prétexte d'une entrevue, avec ordre de le tuer. Des centurions capables d'exécuter ce dessein lui furent donnés pour escorte. Lorsqu'on fut en présence, et que, selon le signal convenu, Volusenus eut pris la main de Commius, le centurion, soit qu'il se troublât, ou que les amis de Commius eussent promptement arrêté sa main, ne put achever le Gaulois; cependant il le blessa grièvement à la tête du premier coup. De part et d'autre on tira l'épée, moins pour se battre que pour s'assurer la retraite : les nôtres croyaient Commius mortellement blessé; les Gaulois, reconnaissant le piège, craignaient de plus grands périls. On disait que, depuis ce temps, Commius avait résolu de ne jamais paraître devant un Romain.

XXIV. César, vainqueur des nations les plus belliqueuses, ne voyait plus aucune cité qui pensât à lui faire la guerre et à lui résister; mais, remarquant que plusieurs habitans quittaient les villes et s'enfuyaient des campagnes pour se soustraire à la domination nouvelle, il résolut de distribuer l'armée sur différens points. Il garda près de lui le questeur M. Antoine, avec la onzième légion; il envoya le lieutenant C. Fabius, avec vingt-cinq cohortes, à l'extrémité opposée de la Gaule[20], où l'on disait que plusieurs peuples étaient en armes : le lieutenant C. Caninius Rebilus qui y commandait ne lui paraissait pas assez fort avec ses deux légions. Il rappela T. Labienus, et envoya la douzième légion qu'il

ne quod simile incommodum accideret decursione barbarorum, ac superiore æstate Tergestinis accidisset, qui
repentino latrocinio atque impetu eorum erant oppressi.
Ipse ad vastandos depopulandosque fines Ambiorigis proficiscitur : quem perterritum ac fugientem quum redigi
posse in suam potestatem desperasset, proximum suæ
dignitatis esse ducebat, adeo fines ejus vastare civibus,
ædificiis, pecore, ut odio suorum Ambiorix, si quos fortuna fecisset reliquos, nullum reditum propter tantas
calamitates haberet in civitatem.

XXV. Quum in omnes partes finium Ambiorigis aut
legiones aut auxilia dimisisset, atque omnia cædibus,
incendiis, rapinis vastasset, magno numero hominum
interfecto aut capto, Labienum cum duabus legionibus
in Treviros mittit; quorum civitas, propter Germaniæ
vicinitatem, quotidianis exercitata bellis, cultu et feri-
tate non multum a Germanis differebat, neque imperata unquam, nisi exercitu coacta, faciebat.

XXVI. Interim C. Caninius legatus, quum magnam
multitudinem convenisse hostium in fines Pictonum litteris nuntiisque Duratii cognosceret, (qui perpetuo in
amicitia Romanorum permanserat, quum pars quædam
civitatis ejus defecisset), ad oppidum Lemonum contendit. Quo quum adventaret, atque ex captivis certius
cognosceret, multis hominum millibus a Dumnaco, duce
Andium, Duratium clausum Lemoni oppugnari, neque
infirmas legiones hostibus committere auderet, castra
munito loco posuit. Dumnacus, quum appropinquare
Caninium cognovisset, copiis omnibus ad legiones con-

commandait, protéger les colonies romaines dans la Gaule citérieure; il craignait pour elles quelque désastre semblable à celui des Tergestins [21], qui l'été précédent avaient eu à essuyer une irruption subite de barbares. Pour lui, il alla dévaster le territoire d'Ambiorix. Désespérant de réduire en son pouvoir cet ennemi fugitif et tremblant, il crut devoir à son honneur de détruire si bien dans les états de ce prince, les hommes, les bestiaux, les édifices, qu'en horreur à ceux que le hasard aurait épargnés, Ambiorix ne pût jamais rentrer dans un pays où il aurait attiré tant de désastres.

XXV. Il dispersa donc ses légions et les auxiliaires sur toutes les parties du territoire d'Ambiorix; tout fut détruit par le meurtre, l'incendie, le pillage, et un grand nombre d'hommes furent pris ou tués. Alors il envoya Labienus avec deux légions chez les Trévires, qui, sans cesse en guerre à cause du voisinage des Germains, avaient si bien pris leurs mœurs sauvages, qu'il fallait toujours une armée pour les contraindre à l'obéissance.

XXVI. Le lieutenant C. Caninius, informé par Duratius (toujours fidèle aux Romains, malgré la défection d'une partie de ses états) qu'une foule d'ennemis s'étaient rassemblés sur les frontières des Pictons, se dirigea vers la place de Lemonum [22]. Des prisonniers l'instruisirent, durant cette marche, que Duratius se trouvait assiégé dans Lemonum par plusieurs milliers d'hommes, sous la conduite de Dumnacus, chef des Andes. N'osant combattre avec si peu de légions, il choisit une forte position. Dumnacus, à la nouvelle de notre approche, tourna ses forces contre nos légions et vint

versis, castra Romanorum oppugnare instituit. Quum
complures dies in oppugnatione consumpsisset, et, magno
suorum detrimento, nullam partem munitionum convellere potuisset, rursus ad obsidendum Lemonum redit.

XXVII. Eodem tempore C. Fabius legatus complures
civitates in fidem recipit, obsidibus firmat, litterisque
C. Caninii fit certior, quæ in Pictonibus gerantur. Quibus rebus cognitis, proficiscitur ad auxilium Duratio
ferendum. At Dumnacus, adventu Fabii cognito, desperata salute, si eodem tempore coactus esset et Romanum
externum sustinere hostem, et respicere ac timere oppidanos, repente ex eo loco cum copiis recedit; nec se satis
tutum fore arbitratur, nisi flumen Ligerim, quod erat
ponte propter magnitudinem transeundum, copias tra-
duxisset. Fabius, etsi nondum in conspectum venerat
hostibus, neque se cum Caninio conjunxerat, tamen
doctus ab iis, qui locorum noverant naturam, potissimum credidit, hostes perterritos eum locum, quem pe-
tebat, petituros. Itaque cum copiis ad eumdem pontem
contendit, equitatumque tantum procedere ante agmen
imperat legionum, quantum, quum processisset, sine
defatigatione equorum in eadem se reciperet castra. Con-
sequuntur equites nostri, ut erat præceptum, invadunt-
que Dumnaci agmen, et fugientes perterritosque sub
sarcinis in itinere aggressi, magna præda, multis interfectis, potiuntur. Ita, re bene gesta, se recipiunt in
castra.

XXVIII. Insequenti nocte Fabius equites præmittit,
sic paratos, ut confligerent, atque omne agmen mora-
rentur, dum consequeretur ipse. Cujus præceptis ut res

attaquer notre camp. Mais il perdit beaucoup de temps et de monde à cette attaque, sans avoir pu faire la moindre brèche à nos retranchemens, et retourna au siège de Lemonum.

XXVII. Dans le même temps, le lieutenant C. Fabius, alors occupé à recevoir les soumissions et les otages de plusieurs peuples, apprit par les lettres de C. Caninius ce qui se passait chez les Pictons, et partit aussitôt au secours de Duratius. Dumnacus sut à peine son arrivée, que, désespérant de son propre salut, s'il devait à la fois résister aux ennemis du dehors et contenir les assiégés, il se hâta de retirer ses troupes, et ne se crut point en sûreté qu'il n'eût passé la Loire, ce qu'il ne pouvait faire qu'au moyen d'un pont, à cause de la largeur du fleuve. Quoique Fabius n'eût pas encore paru devant l'ennemi, ni joint Caninius, cependant, sur le rapport de ceux qui connaissaient le pays, il ne douta point que l'ennemi effrayé ne prît la route qui menait à ce pont. Il s'y dirigea avec ses troupes, et ordonna à la cavalerie de devancer ses légions, de manière pourtant à pouvoir sans fatigue se replier sur le camp. Nos cavaliers, conformément à leurs ordres, s'avancent et joignent l'armée de Dumnacus; ils attaquent, dans sa retraite, l'ennemi frappé de terreur au milieu de ses bagages, lui tuent beaucoup de monde, font un riche butin, et rentrent au camp après ce succès.

XXVIII. La nuit suivante, Fabius envoie encore sa cavalerie, avec ordre de harceler l'ennemi et de retarder sa marche, tandis que l'armée la suivrait de près. Dans ce

gereretur, Q. Atius Varus, præfectus equitum, singularis et animi et prudentiæ vir, suos hortatur, agmenque
hostium consecutus, turmas partim idoneis locis disponit, partim equitum prœlium committit. Consistit audacius equitatus hostium, succedentibus sibi peditibus;
qui, toto agmine subsistentes, equitibus suis contra nostros ferunt auxilium. Fit prœlium acri certamine : namque nostri, contemptis pridie superatis hostibus, quum
subsequi legiones meminissent, et pudore cedendi, et
cupiditate per se conficiendi prœlii, fortissime contra
pedites prœliabantur; hostesque, nihil amplius copiarum
accessurum credentes, ut pridie cognoverant, delendi
equitatus nostri nacti occasionem videbantur.

XXIX. Quum aliquandiu summa contentione dimicaretur, Dumnacus instruit aciem, quæ suis esset equitibus invicem præsidio. Tum repente confertæ legiones
in conspectum hostium veniunt. Quibus visis, perculsæ
barbarorum turmæ, ac perterritæ acies hostium, pertur-
bato impedimentorum agmine, magno clamore discur-
suque passim fugæ se mandant. At nostri equites, qui
paulo ante cum resistentibus fortissime conflixerant, lætitia victoriæ elati, magno undique clamore sublato,
cedentibus circumfusi, quantum equorum vires ad persequendum dextræque ad cædendum valent, tantum eo
prœlio interficiunt. Itaque amplius millibus xii aut armatorum, aut eorum, qui timore arma projecerant, interfectis, omnis multitudo capitur impedimentorum.

XXX. Qua ex fuga, quum constaret, Drappeten
Senonem, (qui, ut primum defecerat Gallia, collectis
undique perditis hominibus, servis ad libertatem voca-

dessein, Q. Atius Varus, préfet de la cavalerie, aussi prudent que brave, exhorte sa troupe, atteint l'ennemi, partage ses escadrons, en place une partie dans de bonnes positions, et attaque avec l'autre. La cavalerie ennemie combat avec audace : elle était soutenue par ses fantassins, qui avaient fait halte pour lui porter secours. L'action fut très-vive : les nôtres, méprisant un ennemi vaincu dans le combat précédent, sachant que les légions étaient à peu de distance, se sentaient animés par la honte de reculer et par le désir de recueillir seuls toute la gloire; d'un autre côté, l'ennemi, ne croyant pas avoir à combattre plus de troupes que la veille, pensait avoir trouvé l'occasion de détruire notre cavalerie.

XXIX. Durant cette action opiniâtre, Dumnacus met son infanterie en bataille pour soutenir ses escadrons. Tout à coup les légions paraissent en rangs serrés. A cette vue, les barbares sont frappés de terreur, s'embarrassent dans les bagages, s'enfuient çà et là en jetant de grands cris. Notre cavalerie, dont la valeur venait de triompher en partie de la résistance des ennemis, exaltée par le succès, pousse un cri de joie, se jette sur les fuyards, et en tue autant que les chevaux ont de force pour les poursuivre et le bras pour les frapper. Plus de douze mille hommes périrent dans l'action, soit les armes à la main, soit après les avoir jetées; tout le bagage tomba en notre pouvoir.

XXX. Cinq mille fuyards environ furent recueillis par le Sénonais Drappès, le même qui, à la première révolte des Gaules, avait rassemblé une foule d'hommes perdus,

tis, exsulibus omnium civitatum adscitis, receptis latro-
nibus, impedimenta et commeatus Romanorum inter-
ceperat), non amplius hominum v millibus ex fuga collectis, Provinciam petere, unaque consilium cum eo
Lucterium Cadurcum cepisse, (quem superiore commentario, prima defectione Galliæ, facere in Provinciam
impetum voluisse, cognitum est), Caninius legatus cum
legionibus II ad eos persequendos contendit, ne de timore
aut detrimento Provinciæ magna infamia, perditorum
hominum latrociniis, caperetur.

XXXI. C. Fabius cum reliquo exercitu in Carnutes
ceterasque proficiscitur civitates, quarum eo prœlio,
quod cum Dumnaco fecerat, copias esse accisas sciebat.
Non enim dubitabat, quin recenti calamitate submis-
siores essent futuræ; dato vero spatio ac tempore, eodem
instante Dumnaco, possent concitari. Qua in re summa
felicitas celeritasque in recipiendis civitatibus Fabium
consequitur. Nam Carnutes, qui sæpe vexati nunquam
pacis fecerant mentionem, datis obsidibus, veniunt in
deditionem, ceteræque civitates, positæ in ultimis Galliæ finibus, Oceano conjunctæ, quæ Armoricæ appellantur, auctoritate adductæ Carnutum, adventu Fabii le-
gionumque imperata sine mora faciunt. Dumnacus, suis
finibus expulsus, errans latitansque solus extremas Galliæ regiones petere coactus est.

XXXII. At Drappes, unaque Lucterius, quum legiones
Caniniumque adesse cognoscerent, nec se sine certa per-
nicie, persequente exercitu, putarent Provinciæ fines intrare posse, nec jam liberam vagandi latrociniorumque
faciendorum facultatem haberent, consistunt in agris

d'esclaves à qui il promettait la liberté, de bannis, de
brigands avec lesquels il enlevait nos bagages et nos
convois. Dès qu'on sut qu'il marchait sur la Province,
de concert avec le Cadurcien Lucterius, qui déjà, comme
on l'a vu au livre précédent, avait tenté une invasion
semblable, Caninius se mit à leur poursuite avec deux
légions, pour éviter la honte de voir des brigands causer
à notre Province quelque perte ou quelqu'effroi.

XXXI. C. Fabius marcha avec le reste de l'armée
contre les Carnutes et autres nations dont il venait d'a-
battre les forces dans ce dernier combat. Il ne doutait
point que leur défaite récente ne les rendît plus soumis,
et il prévoyait que, s'il leur laissait le temps de se reconnaître, les instances de Dumnacus pourraient encore les
soulever. Sa promptitude fut suivie d'un heureux succès.
Les Carnutes, qui, souvent battus, n'avaient jamais parlé
de paix, se soumirent et donnèrent des otages. Entraî-
nés par leur exemple, les autres peuples qui habitent à
l'extrémité de la Gaule, près de l'Océan, et qu'on nomme
Armoriques, déposèrent les armes sans délai à l'arrivée
de Fabius et des légions. Dumnacus, chassé de son territoire, errant, réduit à se cacher, fut forcé de se sauver
seul au fond de la Gaule.

XXXII. Drappès et Lucterius, apprenant l'arrivée de
Caninius et des légions, sentirent que, dans cet état, ils
ne pourraient pénétrer sur le territoire de la Province
sans une perte certaine, ni continuer en liberté leurs
brigandages : ils s'arrêtèrent chez les Cadurciens. Luc-

Cadurcorum. Ibi, quum Lucterius apud suos cives, quondam integris rebus, multum potuisset, semperque auctor novorum consiliorum magnam apud barbaros auctoritatem haberet, oppidum Uxellodunum, quod in clientela fuerat ejus, natura loci egregie munitum, occupat suis et Drappetis copiis, oppidanosque sibi conjungit.

XXXIII. Quo quum confestim C. Caninius venisset, animadverteretque, omnes oppidi partes præruptis saxis esse munitas, quo, defendente nullo, tamen armatis ascendere esset difficile, magna autem impedimenta oppidanorum videret, quæ si clandestina fuga subtrahere conarentur, effugere non modo equitatum, sed ne legiones quidem possent, tripartito cohortibus divisis, trina excelsissimo loco castra fecit, a quibus paulatim, quantum copiæ patiebantur, vallum in oppidi circuitum ducere instituit.

XXXIV. Quod quum animadverterent oppidani, miserrimaque Alesiæ memoria solliciti similem casum obsessionis vererentur, maximeque ex omnibus Lucterius, qui fortunæ illius periculum fecerat, moneret, frumenti rationem esse habendam, constituunt omnium consensu, parte ibi relicta copiarum, ipsi cum expeditis ad importandum frumentum proficisci. Eo consilio probato, proxima nocte, duobus millibus armatorum relictis, reliquos ex oppido Drappes et Lucterius educunt : ii, paucos dies morati, ex finibus Cadurcorum, qui partim re frumentaria sublevare eos cupiebant, partim prohibere, quo minus sumerent, non poterant, ma-

terius, qui dans sa prospérité avait toujours eu un grand
crédit parmi ses concitoyens, et que son caractère en-
treprenant faisait aimer des barbares, entra avec ses
troupes et celles de Drappès dans Uxellodun, place
très-forte, autrefois dans sa clientelle. Il en gagna les habitans.

XXXIII. C. Caninius y accourut aussitôt. Il reconnut
que la place était de tous côtés défendue par des rochers
escarpés, dont l'accès eût été difficile à des hommes
armés, même sans avoir d'ennemis à combattre. Sachant
que les bagages des habitans étaient nombreux, et ne
pouvaient sortir en secret sans être atteints par la cavalerie et même par les légions, il partagea ses cohortes en
trois camps, sur des positions très-élevées, et de là il
commença peu à peu, autant que le permit le nombre
des troupes, à tirer une ligne de circonvallation autour
de la place.

XXXIV. A cette vue, les assiégés se rappelèrent les
malheurs d'Alise, et craignirent un sort semblable. Lucterius, qui avait assisté à ce désastre, les avertit de pourvoir surtout aux subsistances. Ils arrêtent, d'un consen-
tement unanime, qu'on laissera une partie des troupes
dans la ville, et que les autres iront chercher des vivres.
Cette résolution prise, ils laissent deux mille hommes;
et la nuit suivante, Drappès et Lucterius sortent de
la place avec le reste. En peu de jours ils eurent rassemblé, de gré ou de force, une grande quantité de blé sur
les terres des Cadurciens. Plusieurs fois nos forts eurent
à essuyer des attaques nocturnes. C'est pourquoi Cani-

gnum numerum frumenti comparant : nonnunquam autem expeditionibus nocturnis castella nostrorum adoriuntur. Quam ob causam C. Caninius toto oppido munitiones circumdare cunctatur, ne aut opus effectum tueri non possit, aut plurimis locis infirma disponat præsidia.

XXXV. Magna copia frumenti comparata, considunt Drappes et Lucterius non longius ab oppido x millibus passuum, unde paulatim frumentum in oppidum supportarent. Ipsi inter se provincias partiuntur : Drappes castris præsidio cum parte copiarum restitit; Lucterius agmen jumentorum ad oppidum adducit. Dispositis ibi præsidiis, hora noctis circiter x, silvestribus angustisque itineribus frumentum importare in oppidum instituit. Quorum strepitum vigiles castrorum quum sensissent, exploratoresque missi, quæ agerentur, renuntiassent, Caninius celeriter cum cohortibus armatis ex proximis castellis in frumentarios sub ipsam lucem impetum fecit. Ii, repentino malo perterriti, diffugiunt ad sua præsidia: quæ nostri ut viderunt, acrius contra armatos incitati, neminem ex eo numero vivum capi patiuntur. Effugit inde cum paucis Lucterius, nec se recipit in castra.

XXXVI. Re bene gesta, Caninius ex captivis comperit, partem copiarum cum Drappete esse in castris a millibus non amplius xii. Qua re ex compluribus cognita, quum intelligeret, fugato duce altero, perterritos reliquos facile opprimi posse, magnæ felicitatis esse arbitrabatur, neminem ex cæde refugisse in castra, qui de accepta calamitate nuntium Drappeti perferret. Sed in experiendo quum periculum nullum videret, equitatum

nius suspendit ses ouvrages de circonvallation, de peur
de ne pouvoir défendre ses lignes, ou de n'y placer que
des postes insuffisans.

XXXV. Cependant Drappès et Lucterius vinrent s'é-
tablir à dix milles de la place, pour y introduire peu à
peu leurs convois. Ils se partagent les rôles : Drappès
reste à la garde du camp ; Lucterius protège les transports. Après avoir disposé des postes, il fait avancer le
convoi, vers la dixième heure [23] de la nuit, à travers les
forêts et par d'étroits chemins. Nos sentinelles entendent
du bruit : des éclaireurs partent et rapportent ce qui se
passe. Aussitôt Caninius tire des forts les plus voisins
les cohortes armées, et tombe au point du jour sur les
fourrageurs : ceux-ci s'effraient et fuient vers leur escorte ; les nôtres, voyant des ennemis en armes, s'irri-
tent et ne veulent faire aucun prisonnier. Lucterius,
échappé avec un petit nombre des siens, ne put regagner
son camp.

XXXVI. Après ce succès, Caninius apprit par des
prisonniers qu'une partie des troupes était restée au camp
avec Drappès, à une distance de douze milles. Cet avis
s'étant confirmé de toutes parts, il pensa que, l'autre chef
étant en fuite, il lui serait aisé d'accabler dans leur effroi
le reste des ennemis. Il regardait comme un grand bon-
heur, qu'aucun de ceux qui avaient échappé au carnage
n'eût pris la route du camp pour en porter la nouvelle à

omnem Germanosque pedites, summæ velocitatis homines, ad castra hostium præmittit : ipse legionem unam
in trina castra distribuit, alteram secum expeditam ducit. Quum propius hostes accessisset, ab exploratoribus,
quos præmiserat, cognoscit, castra eorum, ut barbarorum fert consuetudo, relictis locis superioribus, ad ripas
fluminis esse demissa : at Germanos equitesque impru-
dentibus omnibus de improviso advolasse, et prœlium
commisisse. Qua re cognita, legionem armatam instruc-
tamque adducit. Ita, repente omnibus ex partibus signo
dato, loca superiora capiuntur. Quod ubi accidit, Germani equitesque, signis legionis visis, vehementissime
prœliantur : confestim omnes cohortes undique impetum
faciunt, omnibusque aut interfectis, aut captis, magna
præda potiuntur. Capitur ipse eo prœlio Drappes.

XXXVII. Caninius, felicissime re gesta, sine ullo
pæne militis vulnere, ad obsidendos oppidanos revertitur, externoque hoste deleto, cujus timore antea dividere præsidia et munitione oppidanos circumdare pro-
hibitus erat, opera undique imperat administrari. Venit
eodem cum suis copiis postero die C. Fabius, partemque
oppidi sumit ad obsidendum.

XXXVIII. Cæsar interim M. Antonium quæstorem
cum cohortibus xv in Bellovacis reliquit, ne qua rursus
novorum consiliorum capiendorum Belgis facultas daretur. Ipse reliquas civitates adit, obsides plures imperat,
timentes omnium animos consolatione sanat. Quum in
Carnutes venisset, quorum consilio in civitate superiore commentario Cæsar exposuit initium belli esse

Drappès. Ne trouvant nul danger à faire une tentative, il envoie en avant toute sa cavalerie, avec cette infanterie Germaine composée d'hommes si agiles; il laisse une légion à la garde des trois camps, et prend l'autre avec lui sans bagages. Lorsqu'il fut près des ennemis, ses éclaireurs lui rapportèrent que, selon leur usage, les barbares, négligeant les hauteurs, avaient placé leur camp sur le bord d'une rivière; que les Germains et les cavaliers étaient tombés sur eux à l'improviste, et que déjà l'on combattait. Sur cet avis, il fait avancer sa légion en ordre de bataille, donne partout le signal, et s'empare des hauteurs. A la vue de nos enseignes, les Germains et la cavalerie redoublent leurs efforts, les cohortes chargent avec violence; tout est tué ou pris : le butin est immense; Drappès lui-même est fait prisonnier.

XXXVII. Caninius, ayant terminé cette expédition heureusement et presque sans perte, vint reprendre le siège. Comme il n'avait plus au dehors d'ennemi qui pût l'empêcher de travailler à ses lignes de circonvallation et de partager ses postes, il ordonna de continuer vivement les ouvrages. Le jour suivant, C. Fabius arrive avec ses troupes, et se charge d'assiéger l'un des côtés de la place.

XXXVIII. Cependant César laisse le questeur M. Antoine chez les Bellovaques avec quinze cohortes, pour ôter aux Belges tout moyen de tenter quelque nouvelle entreprise. Il parcourt lui-même les autres états, demande un plus grand nombre d'otages, rassure les esprits par de consolantes paroles. Arrivé chez les Carnutes, qui les premiers, comme on l'a vu au livre pré-

ortum, quod praecipue eos propter conscientiam facti timere animadvertebat, quo celerius civitatem metu liberaret, principem sceleris ipsius et concitatorem belli, Gutruatum, ad supplicium deposcit. Qui, etsi ne civibus quidem suis se committebat, tamen celeriter, omnium cura quaesitus, in castra perducitur. Cogitur in ejus supplicium Caesar contra naturam suam, maximo militum concursu, qui ei omnia pericula et detrimenta belli, a Gutruato accepta, referebant, adeo ut verberibus exanimatum corpus securi feriretur.

XXXIX. Ibi crebris litteris Caninii fit certior, quae de Drappete et Lucterio gesta essent, quoque in consilio permanerent oppidani. Quorum etsi paucitatem contemnebat, tamen pertinaciam magna poena esse afficiendam judicabat; ne universa Gallia, non vires sibi defuisse ad resistendum Romanis, sed constantiam, putaret, neve hoc exemplo ceterae civitates, locorum opportunitate fretae, se vindicarent in libertatem; quum omnibus Gallis notum sciret, reliquam esse unam aestatem suae provinciae; quam si sustinere potuissent, nullum ultra periculum vererentur. Itaque Q. Calenum legatum cum legionibus II reliquit, qui justis itineribus se subsequeretur: ipse cum omni equitatu, quam potest celerrime, ad Caninium contendit.

XL. Quum contra exspectationem omnium Caesar Uxellodunum venisset, oppidumque operibus clausum animadverteret, neque ab oppugnatione recedi videret

cédent, avaient commencé la guerre, il s'aperçut que le souvenir de leur conduite les remplissait des plus vives alarmes. Afin de dissiper sur-le-champ leurs craintes, il désigne pour le supplice Gutruatus, premier moteur de la révolte. Cet homme n'avait confié à personne le lieu de sa retraite; mais tous le cherchent soigneusement, et bientôt on l'amène. César, faisant violence à son naturel, fut obligé de céder aux instances des soldats, qui lui redisaient tous les périls, toutes les pertes qu'ils devaient à Gutruatus. Il fut battu de verges et frappé de la hache.

XXXIX. Là, plusieurs lettres de Caninius lui apprennent le sort de Drappès et de Lucterius, et la ferme résolution des assiégés. Quoique leur petit nombre méritât le mépris, il pensa qu'il fallait punir leur opiniâtreté, de peur que la Gaule entière ne vînt à penser que, pour résister aux Romains, ce n'était pas la force qui avait manqué, mais la constance, et qu'encouragées par cet exemple, les autres villes avantageusement situées ne voulussent recouvrer leur indépendance; elles savaient d'ailleurs que le gouvernement de César ne devait plus durer que pendant une campagne, après laquelle elles n'auraient plus rien à craindre, si elles pouvaient se soutenir jusqu'à ce terme. Il laisse donc deux légions à son lieutenant Q. Calenus, avec ordre de le suivre à grandes journées; lui-même prend la cavalerie, et se hâte de joindre Caninius.

XL. César arriva à Uxellodun sans être attendu de personne. La place était investie, les travaux achevés; on ne pouvait plus lever le siège. Ayant su par les trans-

ulla conditione posse, magna autem copia frumenti abundare oppidanos, ex perfugis cognosset, aqua prohibere hostem tentare coepit. Flumen infimam vallem dividebat, quæ totum pæne montem cingebat, in quo positum erat præruptum undique oppidum Uxellodunum. Hoc flumen averti loci natura prohibebat: sic enim imis radicibus montis ferebatur, ut nullam in partem, depressis fossis, derivari posset. Erat autem oppidanis difficilis et præruptus eo descensus, ut, prohibentibus nostris, sine vulneribus ac periculo vitæ neque adire flumen, neque arduo se recipere possent ascensu. Qua difficultate eorum cognita, Cæsar, sagittariis funditoribusque dispositis, tormentis etiam quibusdam locis contra facillimos descensus collocatis, aqua fluminis prohibebat oppidanos, quorum omnis postea multitudo aquatum unum in locum conveniebat, sub ipsius oppidi murum ubi magnus fons aquæ prorumpebat, ab ea parte, quæ fere pedum ccc intervallo fluminis circuitu vacabat.

XLI. Hoc fonte prohiberi posse oppidanos quum optarent reliqui, Cæsar unus videret, e regione ejus vineas agere adversus montem, et aggeres instruere coepit, magno cum labore et continua dimicatione. Oppidani enim, loco superiore decurrentes, eminus sine periculo prœliabantur, multosque pertinaciter succedentes vulnerabant; ut tamen non deterrerentur milites nostri vineas proferre, atque operibus locorum vincere difficultates. Eodem tempore tectos cuniculos ab vineis agunt ad caput fontis; quod genus operis sine ullo periculo et sine suspicione hostium facere licebat. Exstruitur agger in altitudinem pedum ix; collocatur in eo turris x tabula-

fuges que les assiégés étaient abondamment pourvus de vivres, il essaya de les priver d'eau. Une rivière traversait le vallon qui environnait presque en entier le rocher escarpé où était situé Uxellodun : la nature du lieu ne permettait pas d'en détourner le cours ; elle coulait dans un terrain si bas, qu'il était impossible de creuser des fossés pour l'y faire écouler. Mais les assiégés n'y descendaient qu'avec peine, et si nos troupes s'opposaient à eux, ils ne pouvaient y arriver ni regagner la hauteur sans un grand péril. César s'en étant aperçu, plaça des archers, des frondeurs, disposa des machines de guerre vers les endroits où la descente était le plus facile : par là on interdit aux assiégés l'accès de la rivière ; la foule n'eut plus d'autre ressource qu'une fontaine abondante, sortant du pied même des murs, dans cet espace d'environ trois cents pieds, le seul que la rivière n'entourait pas.

XLI. On désirait vivement ôter cette eau aux assiégés : César seul en vit le moyen. Il dressa des mantelets et éleva une terrasse vis-à-vis la fontaine, contre la montagne : ce ne fut pas sans de grandes peines et de continuels combats. Les habitans, accourant des hauteurs, combattaient de loin sans danger, et blessaient les nôtres à mesure qu'ils avançaient. L'opiniâtreté de nos gens ne se lassa point : ils se couvraient de mantelets, et surmontaient, par leurs efforts, la difficulté du lieu. En même temps ils conduisaient sous terre des galeries couvertes, depuis la terrasse jusqu'à la source de la fontaine. Ce travail se faisait sans péril, et l'ennemi ne pouvait

torum, non quidem quæ mœnibus æqua retur (id enim nullis operibus effici poterat), sed quæ superaret fontis fastigium. Ex ea quum tela tormentis jacerentur ad fontis aditus, nec sine periculo possent adaquari oppidani, non tantum pecora atque jumenta, sed etiam magna hominum multitudo siti consumebatur.

XLII. Quo malo perterriti oppidani cupas sevo, pice, scindulis complent : eas ardentes in opera provolvunt. Eodem tempore acerrime prœliantur, ut ab incendio restinguendo dimicatione et periculo deterreant Romanos. Magna repente in ipsis operibus flamma exstitit. Quæcunque enim per locum præcipitem missa erant, ea, vineis et aggere suppressa, comprehendebant id ipsum, quod morabatur. Milites contra nostri, quanquam periculoso genere prœlii locoque iniquo premebantur, tamen omnia paratissimo sustinebant animo : res enim gerebatur et excelso loco, et in conspectu exercitus nostri; magnusque utrinque clamor oriebatur. Ita quam quisque poterat maxime insignis, quo notior testatiorque virtus ejus esset, telis hostium flammæque se offerebant.

XLIII. Cæsar quum complures suos vulnerari videret, ex omnibus oppidi partibus cohortes montem ascendere, et, simulatione mœnium occupandorum, clamorem undique jubet tollere. Quo facto perterriti oppidani, quum, quid ageretur in locis reliquis, essent ignari, suspensi revocant ab impugnandis operibus armatos, murisque disponunt. Ita nostri, fine prœlii facto, celeriter opera flamma comprehensa partim restinguunt,

s'en douter. La terrasse avait neuf pieds de haut; on y plaça une tour de dix étages, non pour égaler la hauteur des murs, ce qui était impossible, mais de manière à dominer la fontaine. Ainsi les avenues étaient exposées aux traits de nos machines; les assiégés ne pouvaient plus y aborder; les chevaux, les bestiaux, les hommes même mouraient de soif.

XLII. Effrayés de ce triste sort, les habitans remplissent des tonneaux de suif, de poix et de lattes, et les roulent tout enflammés sur nos ouvrages. En même temps ils font une vive attaque, pour que les Romains, occupés de leur propre défense, ne pussent porter remède à l'incendie. Tout à coup nos ouvrages sont en feu. Ces tonneaux qui roulaient sur la pente, arrêtés par les mantelets et la terrasse, embrasaient les matières même qui les retenaient. Nos soldats n'étaient rebutés ni par le péril, ni par le désavantage du lieu; ils déployaient tout leur courage : l'action se passait sur une hauteur, à la vue de notre armée. Des deux côtés on entendait de grands cris; chacun voulait se signaler : ils cherchaient à travers les traits et la flamme de nouveaux titres de gloire.

XLIII. César, voyant qu'il avait déjà beaucoup de blessés, feignit de vouloir escalader les murs : il fait monter de toutes parts ses cohortes, et leur ordonne de pousser de grands cris. Les habitans effrayés, et ne sachant ce qui se passait sur d'autres points, rappellent à la défense des murs ceux qui attaquaient nos ouvrages. Nos soldats, n'ayant plus d'adversaires à combattre, eurent bientôt éteint ou coupé l'incendie. Déjà un grand nombre avaient

partim interscindunt. Quum pertinaciter resisterent oppidani, et, jam magna parte suorum siti amissa, in sententia permanerent, ad postremum cuniculis venæ fontis
intercisæ sunt atque aversæ. Quo facto repente perennis
exaruit fons, tantamque attulit oppidanis salutis desperationem, ut id non hominum consilio, sed deorum
voluntate factum putarent. Itaque, necessitate coacti,
se tradiderunt.

XLIV. Cæsar, quum suam lenitatem cognitam omnibus sciret, neque vereretur, ne quid crudelitate naturæ
videretur asperius fecisse, neque exitum consiliorum
suorum animadverteret, si tali ratione diversis in locis
plures rebellare consilia inissent, exemplo supplicii de-
terrendos reliquos existimavit. Itaque omnibus, qui arma
tulerant, manus præcidit; vitam concessit, quo testatior
esset pœna improborum. Drappes, quem captum esse a
Caninio docui, sive indignitate et dolore vinculorum,
sive timore gravioris supplicii, paucis diebus sese cibo
abstinuit, atque ita interiit. Eodem tempore Lucterius,
quem profugisse ex prœlio scripsi, quum in potestatem
venisset Epasnacti Arverni (crebro enim mutandis locis,
multorum fidei se committebat, quod nusquam diutius
sine periculo commoraturus videbatur, quum sibi con-
scius esset, quam inimicum deberet Cæsarem habere),
hunc Epasnactus Arvernus, amicissimus populi Romani,
sine dubitatione ulla vinctum ad Cæsarem deduxit.

XLV. Labienus interim in Treviris equestre prœlium
secundum facit; compluribusque Treviris interfectis, et
Germanis, qui nulli adversus Romanos auxilia denega-
bant, principes eorum vivos in suam redegit potestatem,

succombé aux horreurs de la soif, et la résistance n'en
était pas moins opiniâtre. Enfin, nos mines souterraines
parvinrent à détourner les veines de la source. Les assiégés, la voyant tout à coup tarie, crurent, dans leur
désespoir, y reconnaître, non l'ouvrage des hommes,
mais un ordre des dieux. Ils cédèrent à la nécessité, et
se rendirent.

XLIV. César, dont la clémence était assez connue,
ne pouvait craindre qu'un acte de rigueur fût imputé à
la cruauté de son caractère. Comme il sentait que ses
efforts n'auraient point de terme, si des révoltes semblables éclataient en divers lieux, il résolut de faire un
exemple qui intimidât les autres. Tous ceux qui avaient
porté les armes eurent les mains coupées : on leur laissa
la vie, pour mieux attester le châtiment réservé aux per-
vers. Drappès, fait prisonnier par Caninius, soit honte
et douleur de sa captivité, soit crainte d'un plus grand
supplice, s'abstint de nourriture pendant plusieurs jours,
et mourut de faim. Vers le même temps, Lucterius, qui
s'était échappé du combat, tomba entre les mains de
l'Arverne Epasnactus : sans cesse obligé de changer de
retraite, il avait dû se confier à beaucoup de gens, et il
savait qu'il devait tout craindre du juste ressentiment de
César. Epasnactus, fidèle à son amitié pour le peuple
Romain, n'hésita pas à le livrer enchaîné à César.

XLV. Cependant Labienus battait les Trévires dans
un combat de cavalerie; il leur tua beaucoup de monde,
ainsi qu'aux Germains, qui jamais ne refusaient leurs
secours contre nous. Il fit leurs chefs prisonniers, et,

atque in iis Surum Æduum, qui et virtutis et generis
summam nobilitatem habebat, solusque ex Æduis ad id
tempus permanserat in armis.

XLVI. Ea re cognita, Cæsar, quum in omnibus partibus Galliæ bene res gestas videret, judicaretque, superioribus æstivis Galliam devictam et subactam esse, Aquita-
niam nunquam ipse adisset, sed per P. Crassum quadam
ex parte devicisset, cum II legionibus in eam partem est
profectus, ut ibi extremum tempus consumeret æstivorum. Quam rem, sicut cetera, celeriter feliciterque confecit. Namque omnes Aquitaniæ civitates legatos ad eum
miserunt, obsidesque ei dederunt. Quibus rebus gestis,
ipse cum equitum præsidio Narbonem profectus est;
exercitum per legatos in hiberna deduxit; IV legiones in
Belgio collocavit cum M. Antonio, et C. Trebonio, et
P. Vatinio, et Q. Tullio, legatis; duas in Æduos misit,
quorum in omni Gallia summam esse auctoritatem
sciebat; duas in Turones ad fines Carnutum posuit, quæ
omnem regionem conjunctam Oceano continerent; duas
reliquas in Lemovicum fines, non longe ab Arvernis,
ne qua pars Galliæ vacua ab exercitu esset. Paucos dies
ipse in Provincia moratus, quum celeriter omnes conventus percucurrisset, publicas controversias cognovisset, bene meritis præmia tribuisset (cognoscendi enim
maximam facultatem habebat, quali quisque animo in
rempublicam fuisset totius Galliæ defectione, quam sus-
tinuerat fidelitate atque auxiliis Provinciæ), his rebus
confectis, ad legiones in Belgium se recipit, hibernatque
Nemetocennæ.

parmi eux, Surus, Éduen également illustre par son mérite et sa haute naissance, le seul de ses compatriotes qui n'eût pas encore déposé les armes.

XLVI. A la nouvelle de ce succès, César voyant qu'il avait réussi sur tous les points de la Gaule, et que ses dernières campagnes avaient achevé de la dompter, résolut de passer dans l'Aquitaine, où il n'était jamais allé en personne, et dont il n'avait soumis une partie que par les armes de P. Crassus : il s'y rendit avec deux légions pour y passer le reste de la saison. Cette expédition fut, comme les autres, prompte et heureuse. Tous les états de l'Aquitaine envoyèrent des députés à César, et lui donnèrent des otages. Il partit ensuite pour Narbonne, avec une escorte de cavalerie, et mit l'armée en quartiers d'hiver, sous les ordres de ses lieutenans. Il plaça quatre légions dans le Belgium, avec M. Antoine, C. Trebonius, P. Vatinius et Q. Tullius; deux chez les Éduens, dont il connaissait le crédit sur la Gaule; deux chez les Turons, sur la frontière des Carnutes, pour contenir toutes les contrées qui touchent l'Océan; deux autres, enfin, chez les Lémovices, non loin des Arvernes, pour ne laisser aucune partie de la Gaule sans troupes. Il s'arrêta quelques jours dans la Province, parcourut rapidement les assemblées, entendit les contestations publiques, distribua des récompenses à ceux qui l'avaient bien servi. Il pouvait aisément reconnaître de quels sentimens chacun avait été animé dans cette révolte de toute la Gaule, à laquelle la fidélité et les secours de la Province l'avaient mis en état de résister : de là il revint dans le Belgium, et hiverna à Némétocenne.

XLVII. Ibi cognoscit, Commium Atrebatem prœlio
cum equitatu suo contendisse. Nam quum Antonius in
hiberna venisset, civitasque Atrebatum in officio mane-
ret, Commius, qui post illam vulnerationem, quam supra commemoravi, semper ad omnes motus paratus suis
civibus esse consuesset, ne consilia belli quærentibus
auctor armorum duxque deesset, parente Romanis civitate, cum suis equitibus se suosque latrociniis alebat,
infestisque itineribus commeatus complures, qui com-
portabantur in hiberna Romanorum, intercipiebat.

XLVIII. Erat attributus Antonio præfectus equitum,
C. Volusenus Quadratus, qui cum eo hiemaret. Hunc
Antonius ad persequendum equitatum hostium mittit.
Volusenus autem ad eam virtutem, quæ singularis in
eo erat, magnum odium Commii adjungebat; quo liben-
tius id faceret, quod imperabatur. Itaque dispositis insidiis, sæpius ejus equites aggressus, secunda prœlia
faciebat. Novissime, quum vehementius contenderetur,
ac Volusenus ipsius intercipiendi Commii cupiditate
pertinacius eum cum paucis insecutus esset, ille autem
fuga vehementi Volusenum longius produxisset, repente
omnium suorum invocat fidem atque auxilium, ne sua
vulnera, perfidia interposita, paterentur inulta, con-
versoque equo, se a ceteris incautius permittit in præfectum. Faciunt idem omnes ejus equites, paucosque
nostros convertunt atque insequuntur. Commius incen-
sum calcaribus equum jungit equo Quadrati, lancea-
que infesta medium femur ejus magnis viribus trajicit.
Præfecto vulnerato, non dubitant nostri resistere, et
conversi hostem pellere. Quod ubi accidit, complures

XLVII. Là il apprend que l'Atrébate Commius s'est battu contre notre cavalerie. Antoine s'était rendu dans ses quartiers d'hiver, et le pays des Atrébates restait dans le devoir; mais Commius, qui, depuis la blessure dont on a parlé, était toujours prêt à seconder tous les mouvemens de ses concitoyens, et à se faire le chef de ceux qui voudraient prendre les armes, tandis que sa nation obéissait aux Romains, se nourrissait de brigandages avec sa cavalerie, infestait les chemins, et enlevait les convois destinés à nos quartiers.

XLVIII. Antoine avait pour préfet de la cavalerie C. Volusenus Quadratus, qui hivernait avec lui. Il l'envoya à la poursuite des cavaliers ennemis. Volusenus, qui joignait à un rare courage une grande haine pour Commius, obéit avec joie. Il lui tendit des embuscades, l'attaqua souvent, et eut toujours l'avantage. Dans un dernier combat, comme on était vivement aux prises, et que Volusenus, emporté par le désir de prendre Commius en personne, le poursuivait ardemment avec une faible escorte, Commius, qui l'avait attiré fort loin par la rapidité de sa course, s'adressant tout à coup à ses compagnons, les prie de le venger de la perfidie des Romains; il tourne bride, se sépare des siens, s'élance contre le préfet avec fureur. Tous ses cavaliers l'imitent, font reculer notre faible troupe, et la poursuivent. Commius presse de l'éperon les flancs de son cheval, joint Quadratus, et lui perce la cuisse de son javelot. A cette vue, nos cavaliers n'hésitent pas à faire face aux ennemis, et les repoussent. Ils en blessent un grand nombre, écrasent les autres dans leur fuite, ou les font prison-

hostium, magno nostrorum impetu pulsi, vulnerantur,
et partim in fuga proteruntur, partim intercipiuntur.
Quod ubi malum dux equi velocitate evitavit; graviter
vulneratus praefectus, ut vitae periculum aditurus videretur, refertur in castra. Commius autem, sive expiato
suo dolore, sive magna parte amissa suorum, legatos
ad Antonium mittit, seque et ibi futurum, ubi prae-
scripserit, et ea facturum, quae imperaverit, obsidibus
datis firmat. Unum illud orat, ut timori suo concedatur,
ne in conspectum veniat cujusquam Romani. Quam pos-
tulationem Antonius, quum judicaret ab justo nasci timore, veniam petenti dedit, obsides accepit.

_____

Scio, Caesarem singulorum annorum singulos commentarios confecisse : quod ego non existimavi mihi esse
faciendum; propterea quod insequens annus, L. Paulo
C. Marcello coss., nullas res Galliae habet magno opere
gestas. Ne quis tamen ignoraret, quibus in locis Caesar
exercitusque eo tempore fuissent, pauca scribenda con-
jungendaque huic commentario statui.

_____

XLIX. Caesar, in Belgio quum hiemaret, unum illud
propositum habebat, continere in amicitia civitates,
nulli spem aut causam dare armorum. Nihil enim minus
volebat, quam sub decessu suo necessitatem sibi aliquam imponi belli gerendi, ne, quum exercitum deduc-
turus esset, bellum aliquod relinqueretur, quod omnis
Gallia libenter sine praesenti periculo susciperet. Itaque,
honorifice civitates appellando, principes maximis prae-

niers. Commius ne dut son salut qu'à la vitesse de son
cheval; Volusenus fut ramené au camp, blessé et presque
mourant. Alors Commius, soit que sa vengeance fût sa-
tisfaite, soit qu'il fût trop affaibli par la perte des siens,
députa vers Antoine, offrit des otages, promit d'aller
où il lui serait prescrit, et de faire ce qu'on lui ordon-
nerait. Il pria seulement qu'on accordât à sa frayeur la
permission de ne jamais paraître devant un Romain.
Antoine, jugeant cette demande fondée sur une crainte
légitime, y consentit et reçut les otages.

Je sais que César a fait un livre pour chacune de ses
campagnes. Je n'ai pas cru devoir adopter cette division,
parce que l'année suivante, qui fut celle du consulat de
L. Paulus et de C. Marcellus, n'offre rien de bien im-
portant dans la Gaule. Cependant, pour ne pas laisser
ignorer où étaient en ce temps César et son armée, je
joins ici quelques faits au mémoire qui précède.

XLIX. César, en hivernant dans le Belgium, n'avait
d'autre but que de maintenir dans notre alliance les peuples Gaulois, et de ne leur donner ni espoir, ni prétexte
de guerre. Étant sur son départ, et près de retirer l'armée, il ne voulait point se mettre dans la nécessité de
combattre, ni laisser derrière lui une guerre que la Gaule
entière entreprendrait volontiers sans péril. Il adressa
aux états des éloges honorables, combla de récompenses

miis afficiendo, nulla onera nova imponendo, defessam tot adversis prœliis Galliam, conditione parendi meliore, facile in pace continuit.

L. Ipse, hibernis peractis, contra consuetudinem in Italiam quam maximis itineribus est profectus, ut municipia et colonias appellaret, quibus M. Antonii, quæstoris sui, commendaret sacerdotii petitionem. Contendebat enim gratia quum libenter pro homine sibi conjunctissimo, quem paulo ante præmiserat ad petitionem, tum acriter contra factionem et potentiam paucorum, qui, M. Antonii repulsa, Cæsaris decedentis convellere gratiam cupiebant. Hunc etsi augurem prius factum, quam Italiam attingeret, in itinere audierat, tamen non minus justam sibi causam municipia et colonias adeundi existimavit, ut iis gratias ageret, quod frequentiam atque officium suum Antonio præstitissent, simulque se et honorem suum in sequentis anni commendaret petitione, propterea quod insolenter adversarii sui gloriarentur, L. Lentulum et C. Marcellum coss. creatos, qui omnem honorem et dignitatem Cæsaris exspoliarent, ereptum Servio Galbæ consulatum, quum is multo plus gratia suffragiisque valuisset, quod sibi conjunctus et familiaritate et necessitudine legationis esset.

LI. Exceptus est Cæsaris adventus ab omnibus municipiis et coloniis incredibili honore atque amore: tum primum enim veniebat ab illo universæ Galliæ bello. Nihil relinquebatur, quod ad ornatum portarum, itinerum, locorum omnium, qua Cæsar iturus erat, excogitari posset. Cum liberis omnis multitudo obviam procedebat; hostiæ omnibus locis immolabantur; tricliniis

les principaux habitans, n'établit point de nouveaux impôts; en rendant l'obéissance plus douce, il lui fut aisé de maintenir en paix la Gaule épuisée par ses revers.

L. L'hiver fini, César, contre son usage [24], partit pour l'Italie en toute hâte, afin de recommander aux villes municipales et aux colonies son questeur M. Antoine, qui briguait le sacerdoce : en l'appuyant de tout son crédit, non-seulement il voulait servir un ami fidèle, qu'il avait lui-même excité à solliciter cette charge, mais il luttait contre une faction qui désirait faire échouer Antoine, pour ébranler le pouvoir de César, dont le gouvernement expirait. Il apprit en route, avant d'arriver en Italie, qu'Antoine venait d'être nommé augure. Cependant il crut devoir parcourir les villes municipales et les colonies, afin de les remercier de leur empressement à servir Antoine. Il voulait aussi se recommander lui-même pour l'année suivante; car ses ennemis se vantaient avec insolence d'avoir nommé au consulat L. Lentulus et C. Marcellus, qui dépouilleraient César de toutes ses charges et de toutes ses dignités; ils ajoutaient que Servius Galba [25], quoiqu'il eût plus de crédit et de suffrages, avait été exclu, parce qu'il était lié avec César et avait été son lieutenant.

LI. César fut accueilli par toutes les villes municipales et par les colonies avec des témoignages incroyables de respect et d'affection : c'était la première fois qu'il y paraissait depuis la guerre générale de la Gaule. On n'oublia rien de ce qui put être imaginé pour orner les portes, les chemins, les places, sur son passage. Femmes, enfans, tous venaient en foule : partout on

stratis fora templaque occupabantur, ut vel exspectatissimi triumphi lætitia præcipi posset. Tanta erat magnificentia apud opulentiores, cupiditas apud humiliores!

LII. Quum omnes regiones Galliæ Togatæ Cæsar percucurrisset, summa cum celeritate ad exercitum Nemetocennam rediit, legionibusque ex omnibus hibernis ad fines Trevirorum evocatis, eo profectus est, ibique exercitum lustravit. T. Labienum Galliæ Togatæ præfecit, quo majore commendatione conciliaretur ad consulatus petitionem. Ipse tantum itinerum faciebat, quantum satis esse ad mutationem locorum, propter salubritatem, existimabat. Ibi quanquam crebro audiebat, Labienum ab inimicis suis sollicitari, certiorque fiebat, id agi paucorum consiliis, ut, interposita senatus auctoritate, aliqua parte exercitus spoliaretur, tamen neque de Labieno credidit quidquam, neque, contra senatus auctoritatem ut aliquid faceret, potuit adduci : judicabat enim, liberis sententiis patrum conscriptorum causam facile obtineri. Nam C. Curio, tribunus plebis, quum Cæsaris causam dignitatemque defendendam suscepisset, sæpe erat senatui pollicitus, si quem timor armorum Cæsaris læderet, et, quoniam Pompeii dominatio atque arma non minimum terrorem foro inferrent, discederet uterque ab armis, exercitusque dimitteret; fore eo facto liberam et sui juris civitatem. Neque hoc tantum pollicitus est; sed etiam per se discessionem facere cœpit (quod ne fieret, consules amicique Pompeii jusserunt), atque ita rem moderando discesserunt.

immolait des victimes; on dressait des tables; la foule remplissait les places publiques et les temples. César goûtait
par avance le charme d'un triomphe vivement désiré.
Les riches étalaient leur magnificence; les pauvres rivalisaient de zèle.

LII. Après avoir ainsi parcouru toutes les contrées
de la Gaule citérieure, César rejoignit promptement
l'armée à Némétocenne; il tira toutes les légions de leurs
quartiers, les envoya chez les Trévires, se rendit dans
ce pays, et y passa l'armée en revue. Il donna à T. Labienus le commandement de la Gaule citérieure, afin de
s'assurer plus de voix pour la demande du consulat. Lui-
même ne se déplaça qu'autant qu'il le fallait pour entretenir la santé du soldat par le changement de lieu. Quoiqu'il entendît souvent dire que ses ennemis excitaient
Labienus contre lui[26], et qu'il sût que quelques-uns travaillaient à lui faire enlever par le sénat une partie de ses
troupes, on ne put ni lui rendre Labienus suspect, ni
l'amener à rien entreprendre contre l'autorité du sénat. Il
savait que si les voix étaient libres, les pères conscrits lui
rendraient justice. Déjà C. Curion, tribun du peuple,
prenant soin des intérêts et de l'honneur de César, avait
dit hautement dans le sénat, que si l'on avait quelque
ombrage des armées de César, aussi bien que du pouvoir
de Pompée, l'un et l'autre devaient désarmer et licencier
leurs troupes; qu'ainsi Rome serait libre et reprendrait
ses droits. Non-seulement il le promit au nom de César,
il demanda qu'on mît aux voix cet avis. Les consuls et
les amis de Pompée s'y opposèrent; les autres adoptèrent
le parti que conseillait l'équité.

LIII. Magnum hoc testimonium senatus erat universi, convenиensque superiori facto. Nam Marcellus proximo anno, quum impugnaret Cæsaris dignitatem, contra legem Pompeii et Crassi retulerat ante tempus ad senatum de Cæsaris provinciis; sententiisque dictis, discessionem faciente Marcello, qui sibi omnem dignitatem ex Cæsaris invidia quærebat, senatus frequens in alia omnia transiit. Quibus non frangebantur animi inimicorum Cæsaris, sed admonebantur, quo majores pararent necessitudines, quibus cogi posset senatus id probare, quod ipsi constituissent.

LIV. Fit deinde S. C. ut ad bellum Parthicum legio una a Cn. Pompeio, altera a C. Cæsare mitteretur : neque obscure hæ duæ legiones uni Cæsari detrahuntur. Nam Cn. Pompeius legionem primam, quam ad Cæsarem miserat, confectam ex delectu provinciæ Cæsaris, eam tanquam ex suo numero dedit. Cæsar tamen, quum de voluntate minime dubium esset adversariorum suorum, Cn. Pompeio legionem remisit, et suo nomine xv, quam in Gallia citeriore habuerat, ex S. C. jubet tradi. In ejus locum xiii legionèm in Italiam mittit, quæ præsidia tueatur, ex quibus præsidiis xv deducebatur. Ipse exercitui distribuit hiberna; C. Trebonium cum legionibus iv in Belgio collocat; C. Fabium cum totidem in Æduos deducit. Sic enim existimabat, tutissimam fore Galliam, si Belgæ, quorum maxima virtus, et Ædui, quorum auctoritas summa esset, exercitibus continerentur. Ipse in Italiam profectus est.

LIII. C'était là une preuve manifeste des sentimens du sénat, qui du reste s'accordait parfaitement avec un autre fait plus ancien. L'année précédente, Marcellus, cherchant à perdre César, avait, contre la loi de Pompée et de Crassus [27], proposé au sénat de le rappeler avant le temps. Marcellus, qui voulait établir son crédit sur les ruines de celui de César, s'efforça en vain de faire goûter cet avis; le sénat entier passa à d'autres affaires. Cet échec, loin de rebuter les ennemis de César, les avertit seulement de former des liaisons plus étroites, pour forcer le sénat d'approuver leurs desseins.

LIV. Bientôt un sénatus-consulte ordonne à Cn. Pompée et à C. César de fournir chacun une légion pour la guerre des Parthes. Il est évident que ces deux légions furent prises sur le seul César; car Cn. Pompée donna pour son contingent la première légion qu'il avait autrefois envoyée [28] à César, et qui tout entière avait été levée dans la province du dernier. Cependant, quoique les intentions de ses ennemis ne fussent point douteuses, César renvoya à Pompée cette légion; et, en vertu du sénatus-consulte, il donna en son nom la quinzième, qu'il avait levée dans la Gaule citérieure. A la place de celle-ci, il fit passer en Italie [29] la treizième légion, pour garnir les postes que quittait la quinzième. Il mit l'armée en quartiers d'hiver, envoya C. Trebonius dans le Belgium avec quatre légions, et C. Fabius, avec le même nombre, chez les Éduens. Il ne doutait point de la tranquillité de la Gaule, si la valeur des Belges et le crédit des Éduens étaient contenus par ces troupes. Il partit lui-même pour l'Italie.

LV. Quo quum venisset, cognoscit per C. Marcellum
consulem, legiones duas, ab se remissas, quæ ex S. C.
deberent ad Parthicum bellum duci, Cn. Pompeio traditas, atque in Italia retentas esse. Hoc facto, quanquam nulli erat dubium, quidnam contra Cæsarem pa-
raretur, tamen Cæsar omnia patienda esse statuit, quoad
sibi spes aliqua relinqueretur, jure potius disceptandi,
quam belli gerundi. Contendit. . . . .
. . . .
. . . .

LV. Là il apprit que les deux légions qu'il avait livrées, et qui, selon le décret du sénat, devaient être menées contre les Parthes, avaient été remises par C. Marcellus à Cn. Pompée, et étaient retenues en Italie. Cette conduite ne laissait plus de doute sur les projets tramés contre César : cependant il résolut de tout souffrir, tant qu'il lui resterait quelqu'espoir de décider le différend par la force de son droit plutôt que par celle des armes. Il demanda [30] au sénat que Pompée abdiquât le pouvoir, et promit de l'imiter; sinon, ajouta-t-il, César ne se manquera point à lui-même, et défendra la patrie.

NOTES

SUR LE HUITIÈME LIVRE.

1. Hirtius passe généralement pour être l'auteur de ce livre; d'autres l'ont attribué à un certain Oppius : leur opinion ne paraît pas très-fondée. *Voyez* H. DODWEL.

2. *Tes instances, Balbus.* Balbus, né à Cadix, devint citoyen Romain, et parvint au consulat. Cicéron fit un discours en sa faveur : *Pro C. Balbo.*

3. *Aux livres précédens.* Les sept livres sur la guerre des Gaules.

4. *Ni à ceux qui suivent.* Les trois livres sur la guerre civile.

5. *Son dernier livre.* Le troisième de la guerre civile.

6. *La vie de César.* Il ne paraît pas qu'Hirtius soit allé jusqu'à cette époque.

7. *Ravir aux autres le moyen d'écrire.* C'est aussi l'avis de Cicéron (*in Bruto*, c. 75) : *ineptis gratum fortasse fecit, qui volent illa calamistris inurere; sanos quidem homines à scribendo deterruit.* « Il a peut-être fait plaisir à de petits esprits, qui seront tentés de charger d'ornemens frivoles ces grâces naturelles; mais pour les gens sensés, il leur a ôté à jamais l'envie d'écrire. » (Trad. de M. Burnouf.)

8. *La veille des calendes de janvier.* Trente-un décembre.

9. *Comme on l'a dit au livre précédent. Voyez* liv. vii, chap. 90.

10. *Carnutes.* Pays Chartrain.

11. *Ambianiens.* Amiens.

12. *Aulerciens.* Le Maine.

13. *Calètes.* Pays de Caux.

14. *Velocasses.* Le Vexin.

15. *Atrébates.* Partie de l'Artois.

16. *Un bataillon carré. Voyez* SCHWEBEL (*ad Veget. de re milit.,* iii, 20).

17. *Que nous avons vu partir. Voyez* plus haut, chap. vii.

18. *Lingons.* Langres.

19. *Dans les livres précédens.* On ne lit rien de semblable dans les Mémoires de César; peut-être est-ce une méprise d'Hirtius.

20. *A l'extrémité opposée de la Gaule.* En Aquitaine.

21. *Tergestins.* Territoire de Trieste.

22. *Lemonum.* Poitiers.

23. *Vers la dixième heure.* Quatre heures du matin.

24. *Contre son usage.* Jusqu'alors César n'était allé en Italie que l'hiver, et reprenait au printemps ses campagnes.

25. *Servius Galba.* Il devint ensuite l'ennemi de César, et fut un des conjurés.

26. *Ses ennemis excitaient Labienus contre lui.* Labienus suivit en effet le parti de Pompée.

27. *Contre la loi de Pompée et de Crassus.* Cette loi avait prorogé pour cinq ans le gouvernement de César.

28. *Qu'il avait autrefois envoyée, etc. Voyez* plus haut, liv. vi, 1.

29. *Il fit passer en Italie.* C'est-à-dire dans la Gaule citérieure ou cisalpine.

30. *Il demanda, etc.* Ce commencement de phrase se trouve dans plusieurs manuscrits; ce qui suppose une légère lacune, facile à suppléer. Nous avons traduit la phrase proposée dans le texte de M. Lemaire, pour remplir cette lacune. La voici : « Contendit, *per litteras senatus missas, ut etiam Pompeius se imperio abdicaret, se que idem facturum promisit;* sin minus *se neque sibi, neque patriæ defuturum.*

MÉMOIRES

DE JULES CÉSAR

SUR

LA GUERRE CIVILE.

C. JULII CÆSARIS

COMMENTARIORUM

DE BELLO CIVILI

LIBER I.

I. LITTERIS a Fabio C. Cæsaris consulibus redditis, ægre
ab iis impetratum est, summa tribunorum plebis contentione, ut in senatu recitarentur; ut vero ex litteris ad
senatum referretur, impetrari non potuit. Referunt consules de republica in civitate. L. Lentulus consul senatu reique publicæ se non defuturum pollicetur, si audacter ac fortiter sententias dicere velint; sin Cæsarem
respiciant, atque ejus gratiam sequantur, ut superioribus fecerint temporibus, se sibi consilium capturum,
neque senatus auctoritati obtemperaturum; habere se
quoque ad Cæsaris gratiam atque amicitiam receptum.
In eamdem sententiam loquitur Scipio; Pompeio esse in
animo, reipublicæ non deesse, si senatus sequatur; sin
cunctetur, atque agat lenius, nequidquam ejus auxilium,
si postea velit, senatum imploraturum.

MÉMOIRES

DE JULES CÉSAR

SUR

LA GUERRE CIVILE.

LIVRE I.

———

I. FABIUS [1] remit les lettres de C. César aux consuls. Ce
ne fut qu'avec beaucoup de peine et sur les vives instances des tribuns [2] du peuple, qu'on obtint d'eux qu'il
en fût fait lecture au sénat; mais on ne put obtenir
qu'on délibérât sur leur contenu. Au lieu de cela, les
consuls [3] parlèrent du danger de la république. Le
consul L. Lentulus s'engage à défendre la république
et le sénat, si l'on opine avec hardiesse et courage;
«mais si l'on ne veut que ménager César et gagner ses
bonnes grâces, comme on a fait jusqu'alors, il prendra
conseil de lui-même, et ne déférera plus à l'autorité du
sénat : l'amitié de César lui offre aussi un asyle.» Scipion [4] parla dans le même sens : «Pompée, dit-il, est
prêt à défendre la république, si le sénat le seconde. Si
l'on hésite, si l'on agit mollement, désormais le sénat
implorera en vain son secours.»

II. Hæc Scipionis oratio, quod senatus in urbe habebatur, Pompeiusque aderat, ex ipsius ore Pompeii
mitti videbatur. Dixerat aliquis leniorem sententiam, ut
primo M. Marcellus, ingressus in eam orationem, non
oportere ante de ea re ad senatum referri, quam delectus tota Italia habiti, et exercitus conscripti essent, quo
præsidio tuto et libere senatus, quæ vellet, decernere
auderet; ut M. Calidius, qui censebat, ut Pompeius in
suas Provincias proficisceretur, ne qua esset armorum
causa; timere Cæsarem, abreptis ab eo II legionibus,
ne ad ejus periculum reservare et retinere eas ad urbem
Pompeius videretur; ut M. Rufus, qui sententiam Calidii,
paucis fere mutatis rebus, sequebatur. Hi omnes, convi-
cio L. Lentuli consulis correpti, exagitabantur. Lentulus
sententiam Calidii pronuntiaturum se omnino negavit.
Marcellus, perterritus conviciis, a sua sententia disces-
sit. Sic vocibus consulis, terrore præsentis exercitus,
minis amicorum Pompeii, plerique compulsi, inviti et
coacti Scipionis sententiam sequuntur, « uti ante certam
diem Cæsar exercitum dimittat : si non faciat, eum adversus rempublicam facturum videri. » Intercedit M. Antonius, Q. Cassius, tribuni plebis. Refertur confestim
de intercessione tribunorum : dicuntur sententiæ graves :
ut quisque acerbissime crudelissimeque dixit, ita quam
maxime ab inimicis Cæsaris collaudatur.

III. Misso ad vesperum senatu, omnes, qui sunt ejus
ordinis, a Pompeio evocantur. Laudat Pompeius, atque
in posterum confirmat; segniores castigat atque incitat.
Multi undique ex veteribus Pompeii exercitibus spe
præmiorum atque ordinum evocantur : multi ex duabus

II. Ce langage de Scipion, à Rome, dans le sénat, tandis que Pompée était aux portes de la ville, semblait sortir de la bouche même de Pompée. Toutefois on avait proposé des avis plus modérés : M. Marcellus [5] voulait qu'on ne fît au sénat aucun rapport sur cette affaire, avant d'avoir levé, dans toute l'Italie, des troupes qui assurassent au sénat l'indépendance de ses décrets; M. Calidius demandait que Pompée se retirât dans les provinces de son gouvernement, pour ôter tout motif de guerre; car César, à qui l'on avait retiré [6] deux légions, ne pouvait voir Pompée les retenir sous les murs de Rome, sans craindre qu'on ne les réservât contre lui. M. Rufus [7] opinait à peu près dans les mêmes termes : mais le consul L. Lentulus les poursuivit de ses reproches : il refusa de mettre aux voix l'avis de Calidius. Marcellus s'effraya, et retira le sien. Alors les clameurs du consul, la présence d'une armée, les menaces des amis de Pompée, entraînèrent la plupart des sénateurs, et les forcèrent, malgré eux, à se ranger à l'avis de Scipion, et à décreter : « Que César licenciât son armée dans le terme prescrit; sinon, qu'il fût déclaré perturbateur du repos public. » M. Antonius et Q. Cassius [8], tribuns du peuple, s'opposent au décret. Aussitôt on fait un rapport sur leur opposition; on ouvre des avis violens : les plus cruels sont le plus applaudis par les ennemis de César.

III. Sur le soir, la séance étant levée, Pompée [9] mande tous les sénateurs; il les encourage par ses éloges, et excite, par des réprimandes, la timidité des autres. Il rappelle un grand nombre de vétérans de ses armées par l'espoir des récompenses et des grades; les soldats des deux

legionibus, quæ sunt traditæ a Cæsare, arcessuntur.
Completur urbs; at jus comitiorum tribunus plebis
C. Curio evocat. Omnes amici consulum, necessarii
Pompeii atque eorum, qui veteres inimicitias cum Cæsare
gerebant, in senatum coguntur : quorum vocibus et concursu terrentur infirmiores, dubii confirmantur, plerisque vero libere decernendi potestas eripitur. Pollicetur
L. Piso censor, sese iturum ad Cæsarem; item L. Roscius prætor, qui de his rebus eum doceant : sex dies ad
eam rem conficiendam spatii postulant. Dicuntur etiam
a nonnullis sententiæ, ut legati ad Cæsarem mittantur,
qui voluntatem senatus ei proponant.

IV. Omnibus his resistitur, omnibusque oratio consulis, Scipionis, Catonis opponitur. Catonem veteres
inimicitiæ Cæsaris incitant, et dolor repulsæ. Lentulus
æris alieni magnitudine, et spe exercitus ac provinciarum, et regum appellandorum largitionibus movetur;
seque alterum fore Syllam inter suos gloriatur, ad quem
summa imperii redeat. Scipionem eadem spes Provinciæ
atque exercituum impellit, quos se pro necessitudine
partiturum cum Pompeio arbitratur; simul judiciorum
metus, adulatio, atque ostentatio sui et potentium, qui
in republica judiciisque tum plurimum pollebant. Ipse
Pompeius, ab inimicis Cæsaris incitatus, et quod neminem secum dignitate exæquari volebat, totum se ab ejus
amicitia averterat, et cum communibus inimicis in gratiam redierat; quorum ipse maximam partem illo affini-
tatis tempore adjunxerat Cæsari. Simul infamia duarum

légions, livrées par César, sont également appelés sous les drapeaux. L'agitation règne partout. Le tribun du peuple, C. Curion, invoque le droit des comices. Pendant ce temps, les amis des consuls, les partisans de Pompée, tous ceux qui avaient d'anciennes inimitiés contre César, se rendent en foule au sénat : leurs cris et leur concours intimident les faibles, rassurent ceux qui hésitent, enlèvent au plus grand nombre toute liberté de décision. Le censeur L. Pison [10] offre d'aller vers César pour lui apprendre ce qui se passe ; le préteur L. Roscius [11] fait la même proposition : ils ne demandent pour cela qu'un délai de six jours. Quelques-uns veulent qu'on envoie à César des députés qui lui exposent la volonté du sénat.

IV. On résiste à tous ces avis ; on leur oppose le discours du consul, de Scipion, de Caton. D'anciennes inimitiés [12] et la honte [13] d'un refus animent Caton contre César. Lentulus, accablé de dettes, espère une armée, des provinces, les largesses des rois avides de notre alliance, et se vante, parmi ses amis, d'être un autre Sylla [14], un maître futur de l'empire. Scipion se flatte du même espoir : uni à Pompée par les liens du sang, il pense partager avec lui le commandement des armées ; d'autres motifs l'animent encore, la crainte [15] d'un jugement, l'intérêt de sa vanité, la faveur des hommes les plus puissans dans la république et dans les tribunaux. Enfin, Pompée, excité par les ennemis de César, et ne voulant point d'égal, s'était entièrement séparé de lui, et s'unissait à leurs ennemis communs, dont la plupart n'avaient été attirés à César que par son alliance

legionum permotus, quas ab itinere Asiæ Syriæque ad suam potentiam dominatumque converterat, rem ad arma deduci studebat.

V. His de causis aguntur omnia raptim atque turbate; nec docendi Cæsaris propinquis ejus spatium datur; nec tribunis plebis sui periculi deprecandi, neque etiam extremi juris intercessione retinendi, quod L. Sylla reliquerat, facultas tribuitur : sed de sua salute septimo die cogitare coguntur; quod illi turbulentissimi superioribus temporibus tribuni plebis octavo denique mense suarum actionum respicere ac timere consuerant. Decurritur ad illud extremum atque ultimum S. C. quo, nisi pæne in ipso urbis incendio atque desperatione omnium salutis, latorum audacia, nunquam ante discessum est: « Dent operam consules, prætores, tribuni plebis, quique consulares sunt ad urbem, ne quid respublica detrimenti capiat. » Hæc S. C. prescribuntur a. d. VII idus januarias. Itaque quinque primis diebus, quibus haberi senatus potuit, qua ex die consulatum iniit Lentulus, biduo excepto comitiali, et de imperio Cæsaris, et de amplissimis viris, tribunis plebis, gravissime acerbissimeque decernitur. Profugiunt statim ex urbe tribuni plebis, seseque ad Cæsarem conferunt. Is eo tempore erat Ravennæ, exspectabatque suis lenissimis postulatis responsa, si qua hominum æquitate res ad otium deduci posset.

VI. Proximis diebus habetur senatus extra urbem. Pompeius eadem illa, quæ per Scipionem ostenderat,

avec Pompée. Son injustice même, la honte d'avoir fait servir à son pouvoir et à sa domination les deux légions destinées pour l'Asie et la Syrie; tout lui faisait désirer la guerre.

V. Par ces motifs, on se décide en tumulte et à la hâte: on ne laisse le temps ni aux parens de César de l'avertir, ni aux tribuns du peuple de détourner le péril qui les menace [16], ou de faire valoir leur dernier privilège, le droit d'opposition, que L. Sylla même avait respecté. Dès le septième jour, ils sont forcés de songer à leur sûreté; et jusqu'alors les tribuns les plus furieux n'avaient pas été inquiétés, avant le huitième mois, sur le compte qu'ils avaient à rendre de leur conduite. On rend ce terrible sénatus-consulte, le plus sévère dont s'armât la rigueur des lois, et qui jamais n'était porté que dans les grands désastres et les extrêmes périls [17]: « Que les consuls, les préteurs, les tribuns du peuple, les consulaires qui sont près de Rome, veillent à ce que la chose publique ne reçoive aucun dommage. » Ce décret fut rendu le sept des ides de janvier. Ainsi, des cinq premiers jours du consulat de Lentulus où le sénat put s'assembler, deux furent employés à la tenue des comices, et le reste à sévir, par des décrets, contre l'autorité de César et l'auguste majesté des tribuns. Les tribuns du peuple s'enfuient aussitôt de la ville, et se rendent près de César. Tranquille à Ravenne [18], il attendait une réponse à ses offres modérées: il espérait que l'équité des hommes permettrait le maintien de la paix.

VI. Les jours suivans, le sénat s'assemble hors de Rome [19]. Pompée y répète ce qu'il a fait dire par Sci-

agit : senatus virtutem constantiamque collaudat; copias suas exponit; legiones habere sese paratas x; præterea cognitum compertumque sibi, alieno esse animo in Cæsarem milites, neque iis posse persuaderi, uti eum defendant aut sequantur. Saltem de reliquis rebus ad senatum refertur: tota Italia delectus habeantur; Faustus Sylla proprætor in Mauritaniam mittatur; pecunia uti ex ærario Pompeio detur. Refertur etiam de rege Juba, ut socius sit atque amicus : Marcellus vero, passurum se in præsentia, negat. De Fausto impedit Philippus, tribunus plebis. De reliquis rebus S. C. perscribuntur, provinciæ privatis decernuntur, duæ consulares, reliquæ prætoriæ. Scipioni obvenit Syria; L. Domitio Gallia. Philippus et Marcellus privato consilio prætereuntur, neque eorum sortes dejiciuntur. In reliquas provincias prætores mittuntur; neque exspectant, quod superioribus annis acciderat, ut de eorum imperio ad populum feratur, paludatique, votis nuncupatis, exeant. Consules, quod ante id tempus acciderat nunquam, ex urbe proficiscuntur, lictoresque habent in urbe et Capitolio privati, contra omnia vetustatis exempla. Tota Italia delectus habentur, arma imperantur, pecuniæ a municipiis exiguntur, e fanis tolluntur, omnia divina humanaque jura permiscentur.

VII. Quibus rebus cognitis, Cæsar apud milites concionatur. Omnium temporum injurias inimicorum in se commemorat, a quibus diductum ac depravatum Pom-

pion : il applaudit au courage et à la fermeté du sénat ;
il énumère ses forces ; il a dix légions prêtes : il a la cer-
titude que les soldats n'aiment point César, et qu'on
ne saurait leur persuader de le suivre et de le défendre. Pour le reste, on en réfère au sénat : on propose
de faire des levées dans toute l'Italie ; d'envoyer en Mauritanie Faustus Sylla[20], en qualité de propréteur ; de
prendre au trésor public de l'argent pour Pompée. On
veut encore déclarer le roi Juba ami et allié du peuple romain. Marcellus dit qu'il ne le souffrira pas en ce
moment ; Philippe, tribun du peuple, s'oppose également
à la mission de Faustus : le reste passe en décret. On
donne des gouvernemens à de simples particuliers :
deux de ces gouvernemens étaient consulaires, les autres
prétoriens. La Syrie écheoit à Scipion ; la Gaule, à
L. Domitius. Philippe et Marcellus sont exclus par des
intrigues ; l'on ne tire pas leurs noms au sort. Les autres
provinces sont assignées à des préteurs. Ils n'attendent
pas, selon l'usage, que le peuple ait ratifié leur élection, et
qu'ils aient revêtu l'habit de guerre après avoir prononcé
les vœux accoutumés. Chose inouie ! les consuls sortent
de la ville ; et de simples particuliers se font précéder de
licteurs à Rome et au Capitole. On fait des levées par
toute l'Italie ; on ordonne de fabriquer des armes ; on
demande de l'argent aux villes municipales ; on en prend
dans les temples : les droits divins et humains sont con-
fondus.

VII. A la nouvelle de ces évènemens, César harangue les troupes : il leur rappelle les injures dont ses ennemis n'ont cessé de l'accabler dans tous les temps : il

peium queritur, invidia atque obtrectatione laudis suæ,
cujus ipse honori et dignitati semper faverit adjutorque
fuerit. Novum in republica introductum exemplum queritur, ut tribunitia intercessio armis notaretur atque
opprimeretur, quæ superioribus annis esset restituta.
Syllam, nudata omnibus rebus tribunitia potestate, tamen intercessionem liberam reliquisse : Pompeium, qui
amissam restituisse videatur, dona etiam, quæ ante habuerit, ademisse. Quotiescunque sit decretum, darent
magistratus operam, ne quid respublica detrimenti caperet (qua voce et quo S. C. populus romanus ad arma
sit vocatus), factum in perniciosis legibus, in vi tribunitia, in secessione populi, templis locisque editioribus
occupatis; atque hæc superioris ætatis exempla expiata
Saturnini atque Gracchorum casibus docet : quarum
rerum illo tempore nihil factum, ne cogitatum quidem;
nulla lex promulgata, non cum populo agi cœptum, nulla
secessio facta. Hortatur, cujus imperatoris ductu novem
annis rempublicam felicissime gesserint, plurimaque
proelia secunda fecerint, omnem Galliam Germaniamque
pacaverint, ut ejus existimationem dignitatemque ab inimicis defendant. Conclamant legionis XIII, quæ aderat,
milites (hanc enim initio tumultus evocaverat, reliquæ
nondum convenerant) « sese paratos esse imperatoris
sui tribunorumque plebis injurias defendere. »

VIII. Cognita militum voluntate, Ariminum cum ea
legione proficiscitur, ibique tribunos plebis, qui ad eum

s'afflige que les efforts d'une malignité envieuse aient égaré Pompée, dont il avait toujours favorisé l'élévation et le crédit. Il se plaint que, par une violence sans exemple dans la république, on ait étouffé par les armes le droit d'opposition tribunitienne, rétabli les années précédentes. Sylla, qui dépouilla les tribuns de tout le reste, leur laissa du moins la liberté d'opposition; Pompée, qui passe pour le restaurateur de leurs droits, leur a même ôté ceux dont ils jouissaient. Et ce décret dont la teneur ordonne aux magistrats de veiller à la sûreté publique, décret qui appelle aux armes tout le peuple romain, on ne le rendit jamais qu'à l'occasion de lois désastreuses, de quelque violence tribunitienne, d'une révolte populaire, d'une invasion hostile de nos temples et de nos forteresses; excès autrefois expiés par la mort de Saturninus et des Gracques. Mais aujourd'hui, rien de semblable : pas le moindre fait, pas le moindre projet; aucune loi n'a été promulguée, aucune proposition faite au peuple, aucune sédition fomentée. Que les soldats se souviennent du général sous lequel ils ont, pendant neuf ans, servi la république avec tant de gloire, gagné tant de batailles, soumis la Gaule entière et la Germanie; qu'ils défendent contre ses ennemis sa dignité et sa gloire. Aussitôt les soldats de la treizième légion, la seule qui fût alors arrivée (César l'avait rappelée dès le commencement des troubles), s'écrient unanimement qu'ils sont prêts à venger les outrages de leur général et des tribuns du peuple.

VIII. Ainsi assuré des dispositions du soldat, César part avec cette légion pour Ariminum[21], et y trouve les

confugerant, convenit; reliquas legiones ex hibernis
evocat, et subsequi jubet. Eo L. Cæsar adolescens venit,
cujus pater Cæsaris erat legatus. Is, reliquo sermone
confecto, cujus rei causa venerat, habere se a Pompeio
ad eum privati officii mandata demonstrat : « velle Pompeium se Cæsari purgatum, ne ea, quæ reipublicæ causa
egerit, in suam contumeliam vertat; semper se reipublicæ commoda privatis necessitatibus habuisse potiora :
Cæsarem quoque pro sua dignitate debere et studium et
iracundiam suam reipublicæ dimittere, neque adeo graviter irasci inimicis, ne, quum illis nocere se speret,
reipublicæ noceat. » Pauca ejusdem generis addit, cum
excusatione Pompeii conjuncta. Eadem fere atque eisdem
de rebus prætor Roscius agit cum Cæsare, sibique Pompeium commemorasse demonstrat.

IX. Quæ res etsi nihil ad levandas injurias pertinere
videbantur, tamen, idoneos nactus homines, per quos
ea, quæ vellet, ad eum perferrentur, petit ab utroque,
quoniam Pompeii mandata ad se detulerint, ne graven-
tur sua quoque ad eum postulata deferre, si parvo labore magnas controversias tollere, atque omnem Italiam
metu liberare possint : « sibi semper reipublicæ primam
fuisse dignitatem, vitaque potiorem; doluisse se, quod
populi romani beneficium sibi per contumeliam ab inimicis extorqueretur, ereptoque semestri imperio, in urbem retraheretur, cujus absentis rationem haberi proximis comitiis populus jussisset; tamen hanc jacturam
honoris sui reipublicæ causa æquo animo tulisse; quum
litteras ad senatum miserit, ut omnes ab exercitibus dis-

tribuns du peuple qui se réfugiaient vers lui. Il donne ordre aux autres légions de quitter leurs quartiers d'hiver et de le suivre. Là, le fils de l'un de ses lieutenans[22], le jeune L. César, se rend près de lui. Après avoir exposé les motifs qui l'amènent, il déclare qu'il a reçu de Pompée une mission particulière; que Pompée désire justifier sa conduite aux yeux de César. «Il voudrait, pour le bien de la république, qu'on ne lui imputât point à crime ce qu'il a fait: toujours il a préféré les intérêts de l'état à ses affections particulières : c'est aussi un devoir pour César de sacrifier ses ressentimens au bien de sa patrie, de peur qu'en voulant frapper ses ennemis, il n'atteigne la république.» Lucius ajoute encore quelques considérations tendant à justifier Pompée. Le préteur Roscius s'exprime dans le même sens, et déclare parler au nom de Pompée.

IX. Ces discours ne pouvaient être pris pour une réparation : cependant César, trouvant une occasion favorable de communiquer avec Pompée, pria les émissaires qui s'étaient chargé de la mission, de vouloir bien aussi se charger de la réponse : ils pouvaient peut-être, par ce message qui leur coûtait si peu, prévenir des démêlés funestes, et affranchir l'Italie de ses craintes. «Lui aussi il aime la gloire de la république plus que la vie; mais il s'indigne que ses ennemis lui arrachent par un affront une faveur[23] du peuple romain; qu'ils lui ôtent six mois de son gouvernement, et le forcent de rentrer dans Rome, tandis que le peuple avait, pour les prochains comices, autorisé son absence. Toutefois, il avait supporté, dans l'intérêt de l'état, ce sacrifice de sa gloire. Il a écrit et demandé au sénat que toutes les armées fussent licen-

cederent, ne id quidem impetravisse; tota Italia delectus haberi, retineri legiones duas, quæ ab se simulatione Parthici belli sint abductæ; civitatem esse in armis. Quonam hæc omnia, nisi ad suam perniciem, pertinere? Sed tamen ad omnia se descendere paratum, atque omnia pati reipublicæ causa. Proficiscatur Pompeius in suas provincias; ipsi exercitus dimittant; discedant in Italia omnes ab armis; metus e civitate tollatur; libera comitia atque omnis respublica senatui populoque romano permittatur. Hæc quo facilius certisque conditionibus fiant, et jurejurando sanciantur, aut ipse propius accedat, aut se patiatur accedere : fore, uti per colloquia omnes controversiæ componantur. »

X. Acceptis mandatis, Roscius cum L. Cæsare Capuam pervenit, ibique consules Pompeiumque invenit. Postulata Cæsaris renuntiat. Illi, deliberata re, respondent, scriptaque ad eum mandata per eos remittunt, quorum hæc erat summa : « Cæsar in Galliam reverteretur, Arimino excederet, exercitus dimitteret : quæ si fecisset, Pompeium in Hispanias iturum. Interea, quoad fides esset data, Cæsarem facturum, quæ polliceretur, non intermissuros consules Pompeiumque delectus. »

XI. Erat iniqua conditio, postulare, ut Cæsar Arimino excederet, atque in provinciam reverteretur, ipsum et provincias et legiones alienas tenere; exercitum Cæsaris velle dimitti, delectus habere; polliceri, se in provinciam iturum, neque, ante quem diem iturus sit, definire; ut, si peracto Cæsaris consulatu Pompeius profectus non esset, nulla tamen mendacii religione obstric-

ciées : il n'a pu l'obtenir. On fait des levées dans toute l'Italie : on retient deux légions, qu'on lui a retirées sous prétexte d'une guerre contre les Parthes ; la ville elle-même est en armes. Ces mouvemens ont-ils d'autre but que sa ruine? Cependant il consent à tout; il est prêt à tout endurer pour le bien de l'état. Que Pompée se rende dans ses gouvernemens ; que tous deux licencient leurs troupes; que l'Italie entière pose les armes; que la crainte soit bannie de Rome; que les comices soient libres, et les affaires publiques remises au sénat et au peuple romain; enfin, pour faciliter le traité et le sceller de la foi du serment, que Pompée s'approche, ou qu'il souffre que César aille le trouver : une entrevue terminera leurs différends.

X. La mission est acceptée : Roscius se rend avec L. César à Capoue, et y trouve les consuls et Pompée. Il expose les propositions de César. Ceux-ci délibèrent, et le renvoient avec une réponse par écrit : elle portait « que César retournât en Gaule, sortît d'Ariminum, et licenciât ses troupes : Pompée alors irait en Espagne. Jusqu'à ce que César eût donné des garanties de la fidélité de ses promesses, les consuls et Pompée ne cesseraient point les levées. »

XI. Il était injuste d'exiger que César sortît d'Ariminum et retournât dans son gouvernement, tandis que Pompée retiendrait des provinces et des légions sur lesquelles il n'avait aucun droit; que César licenciât ses troupes, et qu'on fît des levées; que Pompée promît de se rendre dans son gouvernement, sans fixer le jour : tellement que si, à la fin du consulat de César, Pompée n'était pas parti, il

tus videretur : tempus vero colloquio non dare, neque
accessurum polliceri, magnam pacis desperationem afferebat. Itaque ab Arimino M. Antonium cum cohortibus
quinque Arretium mittit : ipse Arimini cum duabus legionibus subsistit, ibique delectum habere instituit :
Pisaurum, Fanum, Anconam singulis cohortibus occupat.

XII. Interea certior factus, Iguvium Thermum præ-
torem cohortibus quinque tenere, oppidum munire,
omniumque esse Iguvinorum optimam erga se voluntatem, Curionem cum tribus cohortibus, quas Pisauri et
Arimini habebat, mittit. Cujus adventu cognito, diffisus
municipii voluntate Thermus, cohortes ex urbe educit,
et profugit : milites in itinere ab eo discedunt, ac domum revertuntur. Curio omnium summa voluntate Iguvium recipit. Quibus rebus cognitis, confisus municipiorum voluntatibus Cæsar, cohortes legionis XIII ex præsidiis deducit, Auximumque proficiscitur ; quod oppidum
Attius cohortibus introductis tenebat, delectumque toto
Piceno, circummissis senatoribus, habebat.

XIII. Adventu Cæsaris cognito, decuriones Auximi
ad Attium Varum frequentes conveniunt : docent, « sui
judicii rem non esse; neque se, neque reliquos munici-
pes pati posse, C. Cæsarem imperatorem, bene de republica meritum, tantis rebus gestis, oppido mœnibusque prohiberi : proinde habeat rationem posteritatis et
periculi sui. » Quorum oratione permotus Attius Varus,
præsidium, quod introduxerat, ex oppido educit, ac
profugit. Hunc ex primo ordine pauci Cæsaris consecuti

ne paraîtrait point avoir faussé son serment. De plus, ne marquer aucun temps pour l'entrevue, ne pas promettre de se rapprocher de César, c'était ôter tout espoir de paix. César fait partir M. Antoine d'Ariminum, et l'envoie à Arretium [24] avec cinq cohortes; il en garde deux à Ariminum, et y ordonne des levées. Il fait occuper Pisaurum [25], Fanum [26], Ancône [27], et met une cohorte dans chacune de ces trois places.

XII. Informé que le préteur Thermus tenait Iguvium [28] avec cinq cohortes, et s'y fortifiait, mais que l'opinion des habitans était toute en faveur de César, il y envoya Curion avec les trois cohortes de Pisaurum et d'Ariminum. A leur approche, Thermus, se défiant des dispositions des citoyens, retira sa troupe, et s'enfuit. Mais en chemin ses soldats le quittent, et retournent chez eux. Curion est accueilli avec empressement dans Iguvium. Sûr alors de l'opinion des villes municipales, César tire de leurs garnisons les cohortes de la treizième légion, et part pour Auximum [29], où Attius s'était jeté avec quelques cohortes, et d'où il envoyait des sénateurs faire des levées dans tout le Picenum.

XIII. Au bruit de l'arrivée de César, les décurions d'Auximum s'assemblent, et vont trouver Attius Varus. Ils lui disent qu'ils n'ont point à juger la querelle présente, et que ni leurs concitoyens ni eux-mêmes ne peuvent souffrir que C. César, après tant de services et d'exploits, soit exclus de la ville et des murs; qu'ainsi il pourvoie à sa sûreté et songe à l'avenir. Attius, effrayé, retire la garnison qu'il avait amenée, et s'enfuit. Quelques soldats des premiers rangs le poursuivent et le forcent à

milites consistere cogunt : commisso prœlio, deseritur a
suis Varus; nonnulla pars militum domum discedit; reliqui ad Cæsarem perveniunt : atque una cum iis deprehensus L. Pupius, primipili centurio, adducitur, qui
hunc eumdem ordinem in exercitu Cn. Pompeii antea
duxerat. At Cæsar milites Attianos collaudat, Pupium
dimittit, Auximatibus agit gratias, seque eorum facti
memorem fore pollicetur.

XIV. Quibus rebus Romam nuntiatis, tantus repente
terror invasit, ut, quum Lentulus consul ad aperiendum
ærarium venisset, ad pecuniam Pompeio ex S. C. pro-
ferendam, protinus, aperto sanctiore ærario, ex urbe
profugeret : Cæsar enim adventare jam jamque et adesse
ejus equites falso nuntiabantur. Hunc Marcellus collega,
et plerique magistratus consecuti sunt. Cn. Pompeius,
pridie ejus diei ex urbe profectus, iter ad legiones habebat, quas a Cæsare acceptas in Apulia hibernorum causa
disposuerat. Delectus intra urbem intermittuntur : nihil
citra Capuam tutum esse omnibus videtur. Capuæ primum sese confirmant et colligunt, delectumque colono-
rum, qui lege Julia Capuam deducti erant, habere insti-
tuunt; gladiatoresque, quos ibi Cæsar in ludo habebat,
in forum productos Lentulus libertati confirmat, atque
iis equos attribuit, et se sequi jussit : quos postea, mo-
nitus ab suis, quod ea res omnium judicio reprehende-
batur, circum familiares conventus Campaniæ custodiæ
causa distribuit.

XV. Auximo Cæsar progressus, omnem agrum Picenum percurrit. Cunctæ earum regionum præfecturæ
libentissimis animis eum recipiunt, exercitumque ejus

combattre. Varus est abandonné des siens; plusieurs se retirent chez eux; les autres vont joindre César, et amènent prisonnier L. Pupius, premier centurion, qui avait occupé ce même grade dans l'armée de Cn. Pompée. César donne des éloges aux soldats d'Attius, renvoie Pupius, remercie les Auximates, et promet de ne pas oublier leur dévouement.

XIV. Dès que ces nouvelles parvinrent à Rome, la terreur fut si grande, que le consul Lentulus, qui était venu, d'après l'ordre du sénat, ouvrir le trésor pour donner de l'argent à Pompée, s'enfuit tout à coup de la ville, en laissant le trésor ouvert[30] : un faux bruit avait annoncé l'arrivée de César et de sa cavalerie. Marcellus, son collègue, et la plupart des magistrats le suivirent. La veille, Pompée était parti pour se rendre auprès des légions qu'il avait reçues de César et mises en quartier d'hiver dans l'Apulie. On suspendit les levées dans la ville; l'on ne se crut pas en sûreté en deçà de Capoue. A Capoue seulement on commence à se rassurer; on se rassemble; on enrôle les colons établis à Capoue par la loi Julia. César y entretenait une troupe de gladiateurs : Lentulus les réunit sur la place, leur assure la liberté, leur donne des chevaux, avec ordre de le suivre; mais bientôt, averti par ses amis qu'on blâmait généralement cette mesure, il les distribua[31] dans la Campanie pour veiller à la garde des esclaves.

XV. César, partant d'Auximum, parcourut le Picenum tout entier. Toutes les préfectures[32] du pays l'accueillent avec joie, et fournissent à son armée toute

omnibus rebus juvant. Etiam Cingulo, quod oppidum Labienus constituerat, suaque pecunia exædificaverat, ad eum legati veniunt, quæque imperaverit, se cupidissime facturos pollicentur. Milites imperat : mittunt. Interea legio XII Cæsarem consequitur. Cum his duabus Asculum Picenum proficiscitur. Id oppidum Lentulus Spinther X cohortibus tenebat : qui, Cæsaris adventu cognito, profugit ex oppido; cohortesque secum abducere conatus, a magna parte militum deseritur. Relictus in itinere cum paucis, incidit in Vibullium Rufum, missum a Pompeio in agrum Picenum confirmandorum hominum causa : a quo factus Vibullius certior, quæ res in Piceno gererentur, milites ab eo accipit, ipsum dimittit. Item ex finitimis regionibus, quas potest, contrahit cohortes ex delectibus Pompeianis : in iis Camerino fugientem Ulcillem Hirrum, cum sex cohortibus quas ibi in præsidio habuerat, excipit : quibus coactis, XIII efficit. Cum iis ad Domitium Ænobarbum Corfinium magnis itineribus pervenit, Cæsaremque adesse cum legionibus duabus nuntiat. Domitius per se circiter XX cohortes Alba, ex Marsis et Pelignis, et finitimis ab regionibus coegerat.

XVI. Recepto firmo, Asculoque expulso Lentulo, Cæsar conquiri milites, qui ab eo discesserant, delectumque institui jubet : ipse, unum diem ibi rei frumentariæ causa moratus, Corfinium contendit. Eo quum venisset, cohortes V, præmissæ a Domitio ex oppido, pontem fluminis interrumpebant, qui erat ab oppido millia passuum circiter III. Ibi cum antecursoribus Cæsaris prœlio commisso, celeriter Domitiani, a ponte repulsi, se in oppi-

espèce de secours. La ville même de Cingulum [33], que Labienus avait fondée et bâtie à ses frais, envoie des députés, et promet à César le plus grand empressement à remplir ses ordres. Il demande des soldats : on les donne. Cependant la douzième légion le rejoint : avec ces deux légions, il marche sur Asculum. Lentulus Spinther tenait cette place avec dix cohortes : il en sort à la nouvelle de l'approche de César, et s'efforce d'emmener ses troupes; mais le plus grand nombre l'abandonne. Laissé avec une faible escorte, il rencontre en chemin Vibullius Rufus, que Pompée envoyait dans le Picenum pour y rassurer les esprits. Vibullius, apprenant l'état des choses, prend ses soldats et le laisse aller. Il rassemble autant qu'il peut les cohortes levées pour Pompée dans les villes voisines : il rencontre Ulcilles Hirrus, qui fuyait de Camérinum [34] avec six cohortes, qu'il ajoute aux siennes : dès lors il en eut treize, avec lesquelles il se rendit à grandes journées à Corfinium [35], vers Domitius Ænobarbus, et lui apprit que César venait à la tête de deux légions. De son côté, Domitius avait levé environ vingt cohortes à Albe, chez les Marses, les Pelignes et autres peuples voisins.

XVI. Après la prise de Firmum [36] et d'Asculum, d'où Lentulus venait de fuir, César fit rechercher les soldats qui avaient abandonné ce général, et ordonna des levées dans le pays. Il ne s'arrêta qu'un jour, afin de pourvoir aux subsistances, et marcha sur Corfinium. Cinq cohortes envoyées par Domitius travaillaient à rompre un pont qui était environ à trois milles de la ville. Un combat s'engagea avec les éclaireurs de César; les gens de Domi-

dum receperunt. Cæsar, legionibus traductis, ad oppidum constitit, juxtaque murum castra posuit.

XVII. Re cognita, Domitius ad Pompeium in Apuliam peritos regionum, magno proposito præmio, cum litteris mittit, qui petant atque orent, ut sibi subveniat : « Cæsarem duobus exercitibus et locorum angustiis facile intercludi posse, frumentoque prohiberi. Quod nisi fecerit, se cohortesque amplius xxx, magnumque numerum senatorum atque equitum romanorum, in periculum esse venturum. » Interim suos cohortatus, tormenta in muris disponit, certasque cuique partes ad custodiam urbis attribuit : militibus in concione agros ex suis possessionibus pollicetur, quaterna in singulos jugera, et pro rata parte centurionibus evocatisque.

XVIII. Interim Cæsari nuntiatur, Sulmonenses, quod oppidum a Corfinio vii millium intervallo abest, cupere ea facere, quæ vellet; sed a Q. Lucretio senatore, et Attio Peligno prohiberi, qui id oppidum vii cohortium præsidio tenebant. Mittit eo M. Antonium cum legionis octavæ cohortibus quinque. Sulmonenses, simul atque nostra signa viderunt, portas aperuerunt, universique, et oppidani et milites, obviam gratulantes Antonio exierunt : Lucretius et Attius de muro se dejecerunt. Attius, ad Antonium deductus, petiit, ut ad Cæsarem mitteretur. Antonius cum cohortibus et Attio eodem die, quo profectus erat, revertitur. Cæsar eas cohortes cum exercitu suo conjunxit, Attiumque incolumem dimisit. Cæsar tribus primis diebus castra magnis operibus munire, et ex finitimis municipiis frumentum comportare, reliquas-

tius furent bientôt repoussés : ils se réfugièrent dans la place. César fit passer ses légions et campa sous les murailles.

XVII. Alors Domitius envoie en Apulie, vers Pompée, des hommes qui connaissent le pays : il leur offre de grandes récompenses, et les charge de lettres pour implorer son secours : « Avec deux armées, disait-il, il sera aisé d'enfermer César dans ces défilés, et de lui couper les vivres : mais si Pompée ne se hâte, il me laisse moi-même en péril avec plus de trente cohortes, une foule de sénateurs et de chevaliers romains. » En même temps il exhorte ses troupes, dispose les machines sur les murs, assigne à chacun son poste; il promet à chaque soldat quatre arpens de ses propriétés, et une part proportionnée aux centurions et aux vétérans.

XVIII. Cependant on apprend à César que les habitans de Sulmone[37], ville à sept milles de Corfinium, désiraient se soumettre, mais en étaient empêchés par le sénateur Q. Lucretius et par Attius Pelignus, qui la gardaient avec sept cohortes. César y envoie M. Antoine avec cinq cohortes de la huitième légion[38]. Sitôt qu'ils virent nos enseignes, ils ouvrirent leurs portes; tous, citoyens et soldats, vinrent avec joie au devant d'Antoine : Lucretius et Attius se jetèrent du haut des murs. Attius, amené vers Antoine, demanda d'être conduit à César. Antoine revint le même jour avec lui et les cohortes; César joignit ces cohortes aux siennes, et renvoya Attius. Les trois premiers jours, il s'occupa de fortifier son camp, fit venir du blé des villes municipales voisines, et attendit le reste de ses troupes. Pendant ce temps arrivèrent

que copias exspectare instituit. Eo triduo legio VIII ad eum venit, cohortesque ex novis Galliæ delectibus XXII, equitesque ab rege Norico circiter CCC. Quorum adventu altera castra ad alteram oppidi partem ponit. His castris Curionem præfecit : reliquis diebus oppidum vallo castellisque circumvenire instituit. Cujus operis maxima parte effecta, eodem fere tempore missi ad Pompeium revertuntur.

XIX. Litteris perlectis, Domitius dissimulans in concilio pronuntiat, Pompeium celeriter subsidio venturum ; hortaturque eos, ne animo deficiant, quæque usui ad defendendum oppidum sint, parent : ipse arcano cum paucis familiaribus suis colloquitur, consiliumque fugæ capere constituit. Quum vultus Domitii cum oratione non consentiret, atque omnia trepidantius timidiusque ageret, quam superioribus diebus consuesset, multumque cum suis consiliandi causa secreto præter consuetudinem colloqueretur, concilia conventusque hominum fugeret, res diutius tegi dissimularique non potuit. Pompeius enim rescripserat, « sese rem in summum periculum deducturum non esse; neque suo consilio aut voluntate Domitium se in oppidum Corfinium contulisse : proinde, si qua facultas fuisset, ad se cum omnibus copiis veniret. » Id ne fieri posset, obsidione atque oppidi circummunitione fiebat.

XX. Divulgato Domitii consilio, milites, qui erant Corfinii, prima vesperi secessionem faciunt; atque ita inter se per tribunos militum centurionesque atque honestissimos sui generis colloquuntur : «obsideri se a Cæsare; opera munitionesque prope esse perfectas; du-

la huitième légion, vingt-deux cohortes nouvellement
levées dans la Gaule, et environ trois cents cavaliers envoyés par le roi du Norique[39]. Avec ces troupes il forma
un nouveau camp de l'autre côté de la place, et en donna
le commandement à Curion; les jours suivans, il en-
toura la place de retranchemens et de forts. La plus
grande partie de ces ouvrages était achevée, quand les
députés envoyés vers Pompée revinrent dans la ville.

XIX. Domitius ayant lu la lettre[40], en cacha le contenu, et dit dans le conseil que Pompée se hâterait de
les secourir : il les exhorta à ne point perdre courage et
à tout disposer pour la défense. Cependant il confère
secrètement avec quelques amis, et forme le projet de
s'enfuir. Son air démentait son langage; on remarqua
en lui une agitation et un trouble extraordinaires; contre
sa coutume, il tenait des conseils secrets et se dérobait
aux regards : la vérité fut bientôt connue. Pompée avait
répondu qu'il ne risquerait point une chance si périlleuse; que ce n'était ni de son avis, ni par son ordre
que Domitius s'était jeté dans Corfinium; qu'ainsi il
essayât de le joindre avec toutes ses troupes, s'il en
avait la possibilité. Mais déjà le siège et la circonvallation de la place ne le permettaient plus.

XX. Le projet de Domitius étant divulgué, les soldats qui étaient à Corfinium se rassemblent sur le soir,
et s'entretiennent de leur position, avec les tribuns, les
centurions et les principaux d'entre eux. César les as-
siège : ses ouvrages sont presqu'achevés; leur chef Do-

cem suum Domitium, cujus spe atque fiducia permanserint, projectis omnibus, fugæ consilium capere : debere se suæ salutis rationem habere.» Ab his primo Marsi dissentire incipiunt, eamque oppidi partem, quæ munitissima videretur, occupant; tantaque inter eos dissentio exsistit, ut manum conserere atque armis dimicare conentur : post paulo tamen, internuntiis ultro citroque missis, quæ ignorabant, de L. Domitii fuga cognoscunt. Itaque omnes uno consilio Domitium, productum in publicum, circumsistunt et custodiunt, legatosque ex suo numero ad Cæsarem mittunt : « sese paratos esse portas aperire, quæque imperaverit, facere, et L. Domitium vivum in ejus potestatem tradere. »

XXI. Quibus rebus cognitis, Cæsar, etsi magni interesse arbitrabatur, quam primum oppido potiri, cohortesque ad se in castra traducere, ne qua aut largitionibus, aut animi confirmatione, aut falsis nuntiis commutatio fieret voluntatis, quod sæpe in bello parvis momentis magni casus intercederent, tamen veritus, ne militum introitu et nocturni temporis licentia oppidum diriperetur, eos, qui venerant, collaudat, atque in oppidum dimittit; portas murosque asservari jubet. Ipse iis operibus, quæ facere instituerat, milites disponit, non certis spatiis intermissis, ut erat superiorum dierum consuetudo, sed perpetuis vigiliis stationibusque, ut contingant inter se, atque omnem munitionem expleant: tribunos militum et præfectos circummittit, atque hortatur, non solum ab eruptionibus caveant, sed etiam singulorum hominum occultos exitus asservent. Neque eo tam remisso ac languido animo quisquam omnium

mitius, en qui ils avaient mis leur confiance et leur espoir, les trahit tous, et songe à s'enfuir : c'est à eux de
pourvoir à leur sûreté. D'abord les Marses s'y opposent,
et s'emparent de la partie de la ville la plus fortifiée : la
querelle s'échauffe au point qu'ils sont près d'en venir
aux mains. Mais bientôt on s'explique; ils apprennent
que Domitius veut s'échapper : tous alors, d'un commun accord, l'amènent sur la place, l'entourent, s'assu-
rent de sa personne, et font dire à César qu'ils sont prêts
à lui ouvrir les portes, à lui obéir, et à remettre en son
pouvoir L. Domitius.

XXI. César n'ignorait pas qu'il lui importait d'être
au plutôt maître de la ville, et de s'attacher ces cohortes : des largesses, une harangue, de fausses nouvelles pouvaient changer les esprits; et souvent à la
guerre tout dépend d'un moment. Mais il craignait, si
le soldat entrait de nuit, d'exposer la ville à la licence
et au pillage. Il remercia donc les députés, les renvoya
avec éloge, et leur recommanda de s'assurer des portes
et des remparts; en même temps il plaça ses troupes le
long des lignes, non plus à différens intervalles, comme
les jours précédens, mais par une chaîne continue, de
manière à garnir toutes les fortifications. Il fit faire des
rondes par les tribuns et les préfets militaires, et leur
dit de se mettre en garde, non-seulement contre toute
sortie en masse, mais même contre toute évasion d'in-
dividus isolés. Personne n'eut assez de mollesse et de
langueur pour se permettre cette nuit un instant de

fuit, qui ea nocte conquieverit. Tanta erat summa rerum exspectatio, ut alius in aliam partem mente atque animo traheretur, quid ipsis Corfiniensibus, quid Domitio, quid Lentulo, quid reliquis accideret, qui quosque eventus exciperent.

XXII. Quarta circiter vigilia, Lentulus Spinther de muro cum vigiliis custodibusque nostris colloquitur, velle, si sibi fiat potestas, Cæsarem convenire. Facta potestate, ex oppido mittitur, neque ab eo prius Domitiani milites discedunt, quam in conspectum Cæsaris deducatur. Cum eo de salute sua orat atque obsecrat, sibi ut parcat; veteremque amicitiam commemorat; Cæsarisque in se beneficia exponit, quæ erant maxima, quod per eum in collegium pontificum venerat, quod provinciam Hispaniam ex prætura habuerat, quod in petitione consulatus ab eo erat sublevatus. Cujus orationem Cæsar interpellat : « se non maleficii causa ex provincia egressum, sed uti se a contumeliis inimicorum defenderet, ut tribunos plebis ea re ex civitate expulsos in suam dignitatem restitueret, ut se et populum romanum, paucorum factione oppressum, in libertatem vindicaret. » Cujus oratione confirmatus Lentulus, uti in oppidum reverti liceat, petit; quod de sua salute impetraverit, fore etiam reliquis ad suam spem solatio; adeo esse perterritos nonnullos, ut suæ vitæ durius consulere cogantur. Facta potestate, discedit.

XXIII. Cæsar, ubi illuxit, omnes senatores senatorumque liberos, tribunos militum equitesque romanos ad se produci jubet. Erant senatorii ordinis L. Domitius, P. Lentulus Spinther, L. Vibullius Rufus, Sex.

repos. Les esprits étaient en suspens et dans l'attente; on se demandait quelle serait la suite de tant d'évènemens, ce que deviendraient les citoyens de Corfinium, Domitius, Lentulus et les autres ?

XXII. Vers la quatrième veille, Lentulus Spinther annonça, du haut de la muraille, à nos sentinelles et à nos gardes, qu'il désirait parler à César. Il l'obtient, sort de la ville; et les soldats de Domitius ne le quittent pas qu'il ne soit arrivé à notre camp. Là il demande la vie à César; il le prie de l'épargner, lui rappelle leur ancienne amitié, et les bienfaits que César même lui avait prodigués: il l'avait fait admettre dans le collège des pontifes, lui avait fait donner le gouvernement d'Espagne au sortir de la préture, et avait appuyé sa demande pour le consulat. César l'interrompit, et lui dit qu'il n'était point sorti de sa province avec des intentions coupables, mais pour se défendre des outrages de ses ennemis; pour rétablir dans leur rang les tribuns du peuple, que l'on n'avait chassés qu'à cause de lui; pour rendre au peuple romain et à lui-même la liberté qu'une faction opprimait. Lentulus, rassuré par ces paroles, demande la permission de rentrer dans la ville, afin que son exemple donne aux siens l'espoir d'une grâce semblable; car, dans leur frayeur, quelques-uns se croyaient forcés de se donner la mort. Il obtient sa demande, et se retire.

XXIII. Dès que le jour parut, César fit venir devant lui tous les sénateurs, leurs enfans, les tribuns militaires et les chevaliers romains. De l'ordre des sénateurs étaient L. Domitius, P. Lentulus Spinther, L. Vibullius Rufus,

Quintilius Varus, quæstor, L. Rubrius; præterea filius Domitii, aliique complures adolescentes, et magnus numerus equitum romanorum et decurionum, quos ex municipiis Domitius evocaverat. Hos omnes productos a contumeliis militum conviciisque prohibet : pauca apud eos loquitur, «quod sibi a parte eorum gratia relata non sit pro suis in eos maximis beneficiis.» Dimittit omnes incolumes. Sestertium sexagies, quod advexerat Domitius, atque in publicum deposuerat, allatum ad se ab duumviris Corfiniensibus, Domitio reddit, ne continentior in vita hominum, quam in pecunia, fuisse videatur; etsi eam pecuniam publicam esse constabat, datamque a Pompeio in stipendium. Milites Domitianos sacramentum apud se dicere jubet, atque eo die castra movet, justumque iter conficit, vii omnino dies ad Corfinium commoratus, et per fines Marrucinorum, Frentanorum, Larinatium, in Apuliam pervenit.

XXIV. Pompeius, iis rebus cognitis, quæ erant ad Corfinium gestæ, Luceria proficiscitur Canusium, atque inde Brundisium. Copias undique omnes ex novis delectibus ab se cogi jubet; servos, pastores armat, atque his equos attribuit : ex iis circiter ccc equites conficit. L. Manlius prætor Alba cum cohortibus sex profugit; Rutilius Lupus prætor Tarracina cum iii : quæ procul equitatum Cæsaris conspicatæ, cui præerat Bivius Curius, relicto prætore, signa ad Curium transferunt, atque ad eum transeunt. Item reliquis itineribus nonnullæ cohortes in agmen Cæsaris, aliæ in equites incidunt. Reducitur ad eum deprehensus ex itinere Cn. Magius,

Sex. Quintilius Varus, questeur, L. Rubrius; puis le fils de Domitius, une foule d'autres jeunes gens, et un grand nombre de chevaliers romains et de décurions que Domitius avait tirés des villes municipales. César les garantit des insultes et des reproches du soldat, se plaignit en peu de mots de l'ingratitude dont plusieurs d'entre eux payaient ses nombreux bienfaits; puis les renvoya tous sans tirer d'eux aucune vengeance. Les duumvirs de Corfinium lui présentant six millions de sesterces, que Domitius avait apportés et déposés au trésor, il les rendit à Domitius, pour ne point paraître plus clément que désintéressé; et cependant on savait que cet argent provenait des deniers publics, et avait été donné par Pompée pour la solde des troupes. César fit prêter serment aux troupes de Domitius, leva son camp après être resté sept jours devant Corfinium, et se rendit à marches forcées en Apulie, par les frontières des Marruciniens[41], des Frentaniens[42] et des Larinates[43].

XXIV. Pompée, apprenant ce qui s'était passé à Corfinium, va de Luceria[44] à Canusium[45], et de là à Brindes[46]. Il rassemble de toutes parts les troupes nouvellement levées, arme les esclaves et les pâtres, leur donne des chevaux, et en forme à peu près trois cents cavaliers. Le préteur L. Manlius s'enfuit d'Albe[47] avec six cohortes; Rutilius Lupus quitte Terracine[48] avec trois autres : celles-ci, apercevant de loin la cavalerie de César, que commandait Bivius Curius, passent de son côté, en abandonnant le préteur. Plusieurs autres, dans le reste de la marche, rencontrèrent les légions de César ou sa cavalerie. On arrête et l'on amène Cn. Magius de

Cremona, præfectus fabrum Cn. Pompeii; quem Cæsar ad eum remittit cum mandatis : « quoniam ad id tempus facultas colloquendi non fuerit, atque ad se Brundisium sit venturus, interesse reipublicæ et communis salutis, se cum Pompeio colloqui; neque vero idem profici longo itineris spatio, quum per alios conditiones ferantur, ac si coram de omnibus conditionibus disceptetur.»

XXV. His datis mandatis, Brundisium cum legionibus VI pervenit, veteranis III, reliquis, quas ex novo delectu confecerat, atque in itinere compleverat : Domitianas enim cohortes protinus a Corfinio in Siciliam miserat. Reperit, consules Dyrrhachium profectos cum magna parte exercitus, Pompeium remanere Brundisii cum cohortibus viginti (neque certum inveniri poterat, obtinendine Brundisii causa ibi remansisset, quo facilius omne Adriaticum mare, extremis Italiæ partibus regionibusque Græciæ, in potestatem haberet, atque ex utraque parte bellum administrare posset, an inopia navium ibi restitisset); veritusque, ne Italiam ille dimittendam non existimaret, exitus administrationesque Brundisini portus impedire instituit : quorum operum hæc erat ratio. Qua fauces erant angustissimæ portus, moles atque aggerem ab utraque parte litoris jaciebat, quod his locis erat vadosum mare. Longius progressus, quum agger altiore aqua contineri non posset, rates duplices, quoquoversus pedum xxx, e regione molis collocabat : has quaternis ancoris ex quatuor angulis destinabat, ne fluctibus moverentur. His perfectis collocatisque, alias deinceps pari magnitudine rates jungebat : has terra atque aggere integebat, ne aditus atque

Crémone, commandant des ouvriers de Pompée : César le renvoie vers Pompée, avec ordre de lui dire que, n'ayant pu jusqu'alors s'aboucher avec lui, et devant le joindre à Brindes, il importait à la république et au salut commun qu'ils eussent ensemble une entrevue ; qu'il était fort différent de communiquer par des tiers, et à de grandes distances, ou de tout discuter soi-même sur les lieux.

XXV. Après avoir donné ces instructions, il arrive devant Brindes avec six légions, dont trois anciennes ; les autres nouvellement levées, avaient été complétées en chemin : quant aux troupes de Domitius, il les avait aussitôt envoyées de Corfinium en Sicile. Il apprit que les consuls étaient partis pour Dyrrachium [49] avec une grande partie de l'armée, et que Pompée était resté à Brindes avec vingt cohortes : on ne savait si son intention avait été de garder cette place, pour mieux dominer la mer Adriatique par les extrémités de l'Italie et de la Grèce, et diriger ainsi la guerre des deux côtés, ou si le défaut seul de navires l'avait retenu. César craignit que Pompée ne voulût pas quitter l'Italie : il résolut de fermer la sortie du port de Brindes, et de le rendre inutile. Telle fut la disposition de ses travaux : là où l'entrée du port était le plus resserrée, il jeta aux deux côtés du rivage des digues et un parapet ; chose que les bas-fonds rendirent facile. Plus loin, comme les eaux étaient trop profondes pour que la digue pût se soutenir, il plaça à l'extrémité des digues deux radeaux, fixés aux quatre angles par des ancres. Ceux-ci posés et établis, il en joignit d'autres de pareille grandeur ; il les couvrit de terre et de fascines, afin d'en maintenir l'accès libre pour la défense. Sur le front et sur

incursus ad defendendum impediretur : a fronte atque
ab utroque latere cratibus ac pluteis protegebat : in
quarta quaque earum turres binorum tabulatorum exci-
tabat, quo commodius ab impetu navium incendiisque
defenderet.

XXVI. Contra hæc Pompeius naves magnas onerarias, quas in portu Brundisino deprehenderat, adorna-
bat. Ibi turres cum ternis tabulatis erigebat, easque,
multis tormentis et omni genere telorum completas, ad
opera Cæsaris appellebat, ut rates perrumperet, atque
opera disturbaret. Sic quotidie utrinque eminus fundis,
sagittis, reliquisque telis pugnabatur. Atque hæc ita
Cæsar administrabat, ut conditiones pacis dimittendas
non existimaret. Ac tametsi magnopere admirabatur,
Magium, quem ad Pompeium cum mandatis miserat,
ad se non remitti, atque ea res sæpe tentata etsi impetus ejus consiliaque tardabat, tamen omnibus rebus in
eo perseverandum putabat. Itaque Caninium Rebilum
legatum, familiarem necessariumque Scribonii Libonis,
mittit ad eum colloquii causa : mandat, ut Libonem de
concilianda pace hortetur; in primis, ut ipse cum Pompeio colloqueretur, postulat. « Magnopere sese confidere
demonstrat, si ejus rei sit potestas facta, fore, ut æquis
conditionibus ab armis discedatur; cujus rei magnam
partem laudis atque existimationis ad Libonem perven-
turam, si, illo auctore atque agente, ab armis sit discessum. » Libo, a colloquio Caninii digressus, ad Pompeium proficiscitur. Paulo post renuntiat, « quod consules absint, sine illis de compositione agi non posse. »

les côtés, il les garnit de parapets et de claies; de quatre
en quatre de ces radeaux, il éleva des tours à deux étages,
pour les mieux garantir de l'attaque des navires et de
l'incendie.

XXVI. Pompée opposa à ces travaux de grands vaisseaux de transport, qu'il avait trouvés dans le port de
Brindes. Il y éleva des tours à trois étages, les remplit
de machines et de traits de toute espèce, et les poussa
contre les ouvrages de César, pour briser les radeaux et
troubler les travailleurs. Ainsi chaque jour on combattit
de loin avec les frondes, les flèches et les traits. Cependant César ne renonçait pas à un accommodement : quoiqu'il s'étonnât que Magius, envoyé vers Pompée avec
des dépêches, ne revînt point, et que ces tentatives réi-
térées retardassent son activité et ses entreprises, il résolut de persévérer dans son premier dessein. Il envoya
donc Caninius Rebilus, son lieutenant, ami intime de
Scribonius Libon, pour le prier de ménager un entre-
tien. Il demanda surtout à parler lui-même à Pompée :
il ne doutait point qu'une entrevue ne pût rétablir la
paix à des conditions équitables : ce serait une grande
gloire pour Libon, que son entremise eût fait poser les
armes. Libon, en quittant Caninius, alla trouver Pompée; un instant après, il vint répondre que les consuls étant absens : on ne pouvait traiter sans eux d'aucune proposition. Après tant d'efforts inutiles, César
crut devoir enfin y renoncer, et ne plus songer qu'à la
guerre.

Ita sæpius rem frustra tentatam Cæsar aliquando dimittendam sibi judicat, et de bello agendum.

XXVII. Prope dimidia parte operis a Cæsare effecta,
diebusque in ea re consumptis ix, naves, a consulibus
Dyrrachio remissæ, quæ priorem partem exercitus eo
deportaverant, Brundisium revertuntur. Pompeius, sive
operibus Cæsaris permotus, sive etiam quod ab initio
Italia excedere constituerat, adventu navium profectio-
nem parare incipit; et, quo facilius impetum Cæsaris
tardaret, ne sub ipsa profectione milites oppidum ir-
rumperent, portas obstruit, vicos plateasque inædificat,
fossas transversas viis præducit, atque ibi sudes stipi-
tesque præacutos defigit. Hæc levibus cratibus terraque
inæquat : aditus autem atque itinera duo, quæ extra
murum ad portum ferebant, maximis defixis trabibus,
atque eis præacutis, præsepit. His paratis rebus, milites
silentio naves conscendere jubet; expeditos autem ex
evocatis sagittariis funditoribusque raros in muro turribusque disponit. Hos certo signo revocare constituit,
quum omnes milites naves conscendissent; atque iis ex-
pedito loco actuaria navigia relinquit.

XXVIII. Brundisini, Pompeianorum militum injuriis
atque ipsius Pompeii contumeliis permoti, Cæsaris rebus
favebant. Itaque, cognita Pompeii profectione, concur-
santibus illis atque in ea re occupatis, vulgo ex tectis
significabant : per quos re cognita, Cæsar scalas parari
militesque armari jubet, ne quam rei gerendæ facultatem
dimittat. Pompeius sub noctem naves solvit. Qui erant
in muro custodiæ causa collocati, eo signo, quod convenerat, revocantur, notisque itineribus ad naves decur-

XXVII. Neuf jours s'étaient écoulés, et César avait presqu'achevé la moitié de ses travaux, quand les vaisseaux qui avaient transporté les consuls et la première partie de l'armée revinrent de Dyrrachium à Brindes. Pompée, effrayé peut-être des travaux de César, ou résolu dès le commencement de la guerre de quitter l'Italie, prépara aussitôt son départ; mais, pour retarder l'impétuosité de César et de ses troupes, il fit murer les portes, boucher les rues et les places par des constructions, couper les chemins par des fossés où il enfonça des pieux et des bâtons pointus, qu'il recouvrit légèrement de claies et de terre. Les deux issues qui conduisent de la ville au port furent aussi interceptées par de grandes poutres pointues. Tout étant prêt, il ordonna à ses troupes de s'embarquer sans bruit, et disposa sur les murailles et les tours un petit nombre de vétérans, d'archers et de frondeurs. Ceux-ci devaient partir à un signal convenu, dès qu'ils verraient toutes les troupes embarquées; pour cela, il leur laissa, dans un lieu sûr, quelques barques légères.

XXVIII. Les habitans de Brindes, fatigués des outrages de Pompée et de ses soldats, favorisaient les intérêts de César. Sur le premier indice du départ de Pompée, tandis que ses soldats s'agitent et s'empressent, ils en donnent avis du haut de leurs toits. César ne néglige point l'occasion : il ordonne de prendre les armes et de préparer les échelles. Pompée lève l'ancre à l'approche de la nuit. Les gardes placés sur les murailles se retirent au signal convenu, et gagnent leurs vaisseaux par

runt. Milites, positis scalis, muros ascendunt; sed mo-
niti a Brundisinis, ut vallum cæcum fossasque caveant,
subsistunt; et longo itinere ab his circumducti, ad portum perveniunt, duasque naves cum militibus, quæ ad
moles Cæsaris adhæserant, scaphis lintribusque deprehendunt, deprehensas excipiunt.

XXIX. Cæsar, etsi ad spem conficiendi negotii maxime
probabat, coactis navibus mare transire, et Pompeium
sequi, prius quam ille sese transmarinis auxiliis confir-
maret, tamen ejus rei moram temporisque longinquita-
tem timebat, quod, omnibus coactis navibus, Pompeius
præsentem facultatem insequendi sui ademerat. Relinquebatur, ut ex longinquioribus regionibus Galliæ Pice-
nique, et a freto naves essent exspectandæ. Id, propter
anni tempus, longum atque impeditum videbatur. Interea veterem exercitum, duas Hispanias confirmari (quarum altera erat maximis beneficiis Pompeii devincta),
auxilia, equitatum parari, Galliam Italiamque tentari,
se absente, nolebat.

XXX. Itaque in præsentia Pompeii insequendi rationem omittit, in Hispaniam proficisci constituit; duumviris municipiorum omnium imperat, ut naves conqui-
rant, Brundisiumque deducendas curent. Mittit in Sardiniam cum legione una Valerium legatum; in Siciliam
Curionem propprætorem cum legionibus quatuor : eum
dem, quum Siciliam recepisset, protinus in Africam traducere exercitum jubet. Sardiniam obtinebat M. Cotta,
Siciliam M. Cato, Africam sorte Tubero obtinere debe-
bat. Caralitani, simul ad se Valerium mitti audierunt,

des chemins détournés. Nos soldats dressent les échelles et escaladent le mur; mais, avertis par les habitans de prendre garde aux fossés et aux pièges, ils s'arrêtent; puis, par un long détour, arrivent au port, où ils trouvent deux navires chargés de troupes qui avaient échoué sur la digue. Ils s'en rendent maîtres avec des esquifs et des bateaux.

XXIX. César pouvait espérer de terminer promptement cette affaire, s'il assemblait des vaisseaux et poursuivait Pompée, avant qu'il tirât des secours d'outre-mer. Mais il eût fallu un trop long délai : Pompée avait emmené tous les navires, et ôté par là tout moyen d'une prompte poursuite. Il restait à attendre ceux des contrées lointaines de la Gaule, du Picenum, ou du détroit de Sicile; mais la saison et les distances étaient un grand obstacle. Pendant ce temps, il craignait que les vieilles troupes et les deux Espagnes[50], dont l'une devait tout à Pompée, ne s'attachassent à lui davantage, et qu'on pût préparer des auxiliaires, de la cavalerie, et attaquer en son absence la Gaule et l'Italie.

XXX. Il renonce donc pour le moment à poursuivre Pompée, et se décide à passer en Espagne. Il ordonne aux duumvirs de toutes les villes municipales d'assembler des vaisseaux et de les envoyer à Brindes. Il fait partir en Sardaigne son lieutenant Valerius avec une seule légion, et Curion en Sicile avec quatre légions, comme proprételeur; il lui enjoint de passer en Afrique aussitôt que la Sicile sera reconquise. M. Cotta commandait en Sardaigne, M. Caton en Sicile; l'Afrique était échue à Tubéron. Dès que les Caralitains[51] surent qu'on leur envoyait Va-

nondum profecto ex Italia, sua sponte ex oppido Cottam ejiciunt. Ille perterritus, quod omnem provinciam consentire intelligeret, ex Sardinia in Africam profugit. Cato in Sicilia naves longas veteres reficiebat, novas civitatibus imperabat. Hæc magno studio agebat. In Lucanis Bruttiisque per legatos suos civium romanorum delectus habebat, equitum peditumque certum numerum a civitatibus Siciliæ exigebat. Quibus rebus pæne perfectis, adventu Curionis cognito, queritur in concione, « sese projectum ac proditum a Cn. Pompeio, qui, omnibus rebus imparatissimus, non necessarium bellum suscepisset; et ab se reliquisque in senatu interrogatus, omnia sibi esse ad bellum apta ac parata confirmavisset.» Hæc in concione questus, ex provincia fugit.

XXXI. Nacti vacuas ab imperiis Sardiniam Valerius, Curio Siciliam, cum exercitibus eo perveniunt. Tubero, quum in Africam venisset, invenit in provincia cum imperio Attium Varum, qui ad Auximum, ut supra demonstravimus, amissis cohortibus, protinus ex fuga in Africam pervenerat, atque eam sua sponte vacuam occupaverat, delectuque habito, duas legiones effecerat, hominum et locorum notitia et usu ejus provinciæ nactus aditus ad ea conanda, quod paucis ante annis ex prætura eam provinciam obtinuerat. Hic venientem Uticam cum navibus Tuberonem portu atque oppido prohibet, neque affectum valetudine filium exponere in terram patitur; sed sublatis ancoris, excedere eo loco cogit.

lerius, sans même attendre qu'il fût parti d'Italie, ils chassèrent Cotta de leurs murs. Effrayé du soulèvement de toute la province, celui-ci s'enfuit de Sardaigne en Afrique. En Sicile, Caton faisait réparer les vieilles galères, et ordonnait d'en fournir de nouvelles. Son activité était infatigable. Il chargeait ses lieutenans de lever des citoyens romains dans la Lucanie et le Bruttium; il exigeait des peuples de Sicile un nombre déterminé d'hommes et de chevaux. Ces préparatifs étaient presqu'achevés, quand il apprit l'arrivée de Curion : alors il se plaint au peuple d'être abandonné et trahi par Cn. Pompée, qui, sans être prêt en rien, avait entrepris une guerre inutile, après avoir affirmé dans le sénat, devant lui et les autres, qu'il avait pourvu à tout. Il s'enfuit de son gouvernement, après avoir exhalé ces plaintes.

XXXI. Valerius et Curion arrivèrent avec leurs troupes, l'un en Sardaigne, l'autre en Sicile, sans rencontrer la moindre opposition. Tubéron, à son arrivée en Afrique, trouva la province occupée par Attius Varus. On a vu que cet Attius s'était retiré en Afrique après la perte de ses cohortes à Auximum. Cette province étant vacante, il l'avait prise, y avait fait des levées et formé deux légions : déjà, peu d'années auparavant, il l'avait gouvernée au sortir de sa préture. La connaissance des lieux et ses relations avec les habitans lui avaient été d'un grand secours. Il refusa à Tubéron et à sa flotte l'entrée du port d'Utique, ne lui permit pas même de mettre à terre son fils malade, et le força de lever l'ancre et de se retirer.

XXXII. His rebus confectis, Cæsar, ut reliquum tempus a labore intermitteretur, milites in proxima municipia deducit : ipse ad urbem proficiscitur. Coacto senatu, injurias inimicorum commemorat : docet, « se nullum extraordinarium honorem appetisse, sed exspectato legitimo tempore consulatus, eo fuisse contentum, quod omnibus civibus pateret : latum ab decem tribunis plebis, contradicentibus inimicis, Catone vero acerrime repugnante, et, pristina consuetudine, dicendi mora dies extrahente, ut sui ratio absentis haberetur, ipso consule Pompeio : qui si improbasset, cur ferri passus esset? sin probasset, cur se uti populi beneficio prohibuisset? Patientiam proponit suam, quum de exercitibus dimittendis ultro postulavisset : in quo jacturam dignitatis atque honoris ipse facturus esset. Acerbitatem inimicorum docet, qui, quod ab altero postularent, in se recusarent, atque omnia permisceri mallent, quam imperium exercitusque dimittere. Injuriam in eripiendis legionibus prædicat : crudelitatem et insolentiam in circumscribendis tribunis plebis, conditiones a se latas, et expetita colloquia et denegata, commemorat. Pro quibus rebus orat ac postulat, rempublicam suscipiant, atque una secum administrent. Sin timore defugiant, illis se oneri non futurum, et per se rempublicam administraturum. Legatos ad Pompeium de compositione mitti oportere : neque se reformidare, quod in senatu paulo ante Pompeius dixisset, ad quos legati mitterentur, iis auctoritatem attribui, timoremque eorum, qui mitterent, significari : tenuis atque infirmi hæc animi videri :

XXXII. Ces dispositions faites, César, voulant donner du repos à ses troupes, les distribue dans les villes municipales voisines, et part pour Rome. Il assemble le sénat, et rappelle les outrages de ses ennemis. Il n'a demandé aucune dignité contraire aux lois; content des honneurs auxquels tout citoyen peut prétendre, il a attendu le temps prescrit pour solliciter le consulat : malgré ses ennemis et la vive résistance de Caton, qui, selon son usage, perdit le temps en longs discours, les dix tribuns du peuple ordonnèrent qu'on lui rendît justice en son absence. Pompée était alors consul : s'il improuvait le décret, que ne l'a-t-il combattu? s'il l'approuve, pourquoi l'empêche-t-il de jouir du bienfait du peuple romain? César parla de sa modération. Lui-même avait demandé qu'on licenciât les armées, quelque tort que cela dût faire à son crédit et à son honneur. Il fit voir l'acharnement de ses ennemis, qui refusaient de se soumettre à ce qu'ils exigeaient des autres, et aimaient mieux tout livrer au désordre que de quitter le commandement et les troupes; il rappela l'injustice avec laquelle on lui avait ôté deux légions, les dures et insolentes poursuites dirigées contre les tribuns du peuple; tant d'offres faites par lui, tant d'entrevues demandées et refusées. Il prie donc et conjure les sénateurs de veiller sur la république, et de s'unir à lui pour la gouverner. Si la crainte les en détourne, il ne leur sera pas à charge, et en prendra seul le soin. Il faut députer vers Pompée, pour traiter d'un accommodement. Il n'a point ces préventions de Pompée, qui pense que députer vers quelqu'un, c'est reconnaître son autorité ou témoigner de la crainte. Ces sentimens sont

se vero, ut operibus anteire studuerit, sic justitia et
æquitate velle superare. »

XXXIII. Probat rem senatus de mittendis legatis;
sed, qui mitterentur, non reperiebantur, maximeque
timoris causa, pro se quisque id munus legationis recusabat. Pompeius enim discedens ab urbe in senatu dixerat, eodem se habiturum loco, qui Romæ remansissent,
et qui in castris Cæsaris fuissent. Sic triduum disputa-
tionibus excusationibusque extrahitur. Subjicitur etiam
L. Metellus, tribunus plebis, ab inimicis Cæsaris, qui
hanc rem distrahat, reliquasque res, quascunque agere
instituerit, impediat. Cujus cognito consilio, Cæsar,
frustra diebus aliquot consumptis, ne reliquum tempus
omittat, infectis iis, quæ agere destinaverat, ab urbe
proficiscitur, atque in ulteriorem Galliam pervenit.

XXXIV. Quo quum venisset, cognoscit, missum in
Hispaniam a Pompeio Vibullium Rufum, quem paucis
diebus ante Corfinii captum ipse dimiserat : profectum
item Domitium ad occupandam Massiliam navibus ac-
tuariis VII, quas Igilii et in Cosano a privatis coactas,
servis, libertis, colonis suis compleverat : præmissos
etiam legatos Massilienses domum, nobiles adolescentes,
quos ab urbe discedens Pompeius erat adhortatus, ne
nova Cæsaris officia veterum suorum beneficiorum in
eos memoriam expellerent. Quibus mandatis acceptis,
Massilienses portas Cæsari clauserant : Albicos, barbaros homines, qui in eorum fide antiquitus erant, montesque supra Massiliam incolebant, ad se vocaverant :
frumentum ex finitimis regionibus atque ex omnibus

d'une âme petite et faible : s'il a cherché à se distinguer par ses exploits, il veut aussi surpasser les autres en droiture et en équité.

XXXIII. L'envoi d'une députation fut approuvé de tous; mais personne ne voulait en être. Chacun craignait pour soi le danger de cette mission; car Pompée, à son départ, avait dit dans le sénat, qu'il traiterait les citoyens restés dans Rome comme ceux qui seraient au camp de César. Trois jours se passèrent en discussions et en excuses. Les ennemis de César suscitèrent encore L. Metellus, tribun du peuple, pour écarter sa proposition et entraver tous ses desseins. César s'en aperçut : craignant de perdre le temps qui lui restait, il quitta Rome sans avoir rien terminé, et partit pour la Gaule ultérieure.

XXXIV. Là il apprit que Pompée avait envoyé en Espagne Vibullius Rufus, qui peu de jours auparavant avait été fait prisonnier à Corfinium, et relâché par l'ordre de César. Il sut aussi que Domitius était parti pour Marseille avec sept galères prises à des particuliers d'Igilium [52] et de Cosanum, et qu'il avait remplies d'esclaves, d'affranchis, de colons de ses terres; il sut aussi que Pompée, à son départ de Rome, avait fait partir en avant, comme députés, de jeunes Marseillais des plus nobles familles, les priant de ne pas oublier ses anciens bienfaits, pour les services récens de César. Fidèles à ces instructions, les Marseillais avaient fermé leurs ports à César; ils avaient appelé près d'eux les Albices, peuple sauvage, habitant les montagnes au dessus de Marseille, et qui de

castellis in urbem convexerant : armorum officinas in urbe instituerant : muros, classem, portas reficiebant.

XXXV. Evocat ad se Cæsar Massiliensium xv primos : cum his agit, ne initium inferendi belli a Massiliensibus oriatur : « debere eos Italiæ totius auctoritatem sequi potius, quam unius hominis voluntati obtemperare. » Reliqua, quæ ad eorum sanandas mentes pertinere arbitrabatur, commemorat. Cujus orationem domum legati referunt; atque ex auctoritate hæc Cæsari renuntiant : « Intelligere se, divisum esse populum romanum in partes duas; neque sui judicii, neque suarum esse virium, discernere utra pars justiorem habeat causam : principes vero esse earum partium Cn. Pompeium et C. Cæsarem, patronos civitatis; quorum alter agros Volcarum Arecomicorum et Helviorum publice iis concesserit, alter bello victas Gallias attribuerit, vectigaliaque auxerit. Quare paribus eorum beneficiis parem se quoque voluntatem tribuere debere, et neutrum eorum contra alterum juvare, aut urbe aut portibus recipere. »

XXXVI. Hæc dum inter eos aguntur, Domitius navibus Massiliam pervenit; atque ab iis receptus, urbi præficitur. Summa ei belli administrandi permittitur. Ejus imperio classem quoquoversus dimittunt : onerarias naves, quas ubique possunt, deprehendunt, atque in portum deducunt : parum clavis aut materia atque armamentis instructis ad reliquas armandas reficiendasque utuntur : frumenti quod inventum est, in publicum conferunt : reliquas merces commeatusque ad obsidio-

tout temps leur était dévoué; ils avaient fait entrer dans leur ville tout le blé des cantons et des châteaux voisins; ils établissaient des fabriques d'armes, et réparaient leurs murailles, leurs portes, leurs navires.

XXXV. César mande quinze des principaux de la ville : il leur conseille de ne pas être les premiers à commencer la guerre; de se conformer au sentiment de l'Italie entière, plutôt qu'à la volonté d'un seul. Il ajoute tout ce qu'il croit capable de guérir leur témérité. Les députés reportent ces paroles à leurs concitoyens, et reçoivent l'ordre de lui répondre que, voyant le peuple romain divisé en deux partis, ils ne sont ni assez éclairés, ni assez puissans pour décider lequel est le plus juste; que les deux chefs opposés, Cn. Pompée et C. César, étaient protecteurs de leur ville; que l'un leur avait publiquement accordé les terres des Volques Arécomiciens et des Helviens; et l'autre, vainqueur des Gaules, avait augmenté leur territoire et leurs revenus; qu'à des services égaux ils devaient témoigner une égale reconnaissance, ne servir aucun des deux contre l'autre, n'en recevoir aucun dans leur ville et leurs ports.

XXXVI. Pendant ces explications, Domitius arrive à Marseille avec sa flotte; les habitans le reçoivent, lui donnent le commandement de la ville et la conduite de la guerre. Les vaisseaux sont mis à ses ordres. Ils vont chercher partout des bâtimens de transport : ceux qui étaient en mauvais état, leur fournissent le fer, le bois, les agrès, pour radouber et armer le reste; ils mettent en commun le blé qu'ils ont pu recueillir; ils serrent les autres approvisionnemens, en cas de siège. Irrité de

nem urbis, si accidat, reservant. Quibus injuriis permotus, Cæsar legiones tres Massiliam adducit; turres vi-
neasque ad oppugnationem urbis agere, naves longas
Arelate numero XII facere instituit. Quibus effectis ar-
matisque diebus triginta, a qua die materia cæsa est,
adductisque Massiliam, his D. Brutum præficit : C. Trebonium legatum ad oppugnationem Massiliæ relinquit.

XXXVII. Dum hæc parat atque administrat, C. Fabium legatum cum legionibus tribus, quas Narbone
circumque ea loca hiemandi causa disposuerat, in Hispaniam præmittit, celeriterque Pyrenæos saltus occu-
pari jubet, qui eo tempore ab L. Afranio legato præsidiis
tenebantur : reliquas legiones, quæ longius hiemabant,
subsequi jubet. Fabius, ut erat imperatum, adhibita
celeritate, præsidium ex saltu dejecit, magnisque itineribus ad exercitum Afranii contendit.

XXXVIII. Adventu Vibullii Rufi, quem a Pompeio
missum in Hispaniam demonstratum est, Afranius et
Petreius et Varro, legati Pompeii (quorum unus tribus
legionibus Hispaniam citeriorem, alter a saltu Castulo-
nensi ad Anam duabus legionibus, tertius ab Ana Vet-
tonum agrum Lusitaniamque pari numero legionum
obtinebat), officia inter se partiuntur, uti Petreius ex
Lusitania per Vettones cum omnibus copiis ad Afranium
proficiscatur, Varro cum iis, quas habebat, legionibus,
omnem ulteriorem Hispaniam tueatur. His rebus constitutis, equites auxiliaque toti Lusitaniæ a Petreio, Cel-
tiberis, Cantabris, barbarisque omnibus, qui ad Oceanum pertinent, ab Afranio imperantur. Quibus coactis,
celeriter Petreius per Vettones ad Afranium pervenit.

cette injure, César amène trois légions, élève pour l'attaque des tours, des mantelets, fait équiper à Arles douze
galères. En trente jours, à compter de celui où l'on
coupa le bois, elles furent faites et armées; on les mena
à Marseille. César en donne le commandement à D. Brutus, et laisse son lieutenant C. Trebonius pour conduire
le siège.

XXXVII. En même temps il fait partir pour l'Espagne son lieutenant C. Fabius, avec trois légions qu'il
avait placées en quartier d'hiver à Narbonne et aux environs. Il lui ordonne de s'emparer des passages des Py-
rénées, alors gardés par L. Afranius, et le fait suivre
par les autres légions, dont les quartiers étaient plus
éloignés. Fabius exécuta ces ordres avec promptitude,
chassa les troupes qui occupaient ces défilés, et marcha
à grandes journées contre Afranius.

XXXVIII. A l'arrivée de Vibullius Rufus, que nous
avons vu envoyé en Espagne par Pompée, les lieutenans
de Pompée, Afranius, Petreius et Varron[53], se parta-
gèrent le soin de la guerre : l'un commandait avec trois
légions dans l'Espagne citérieure, l'autre avec deux, depuis les défilés de Castulo[54] jusqu'au fleuve Anas[55]; le
troisième, avec pareil nombre, dans le territoire des Vettones[56] et en Lusitanie. Petreius dut partir de la Lusitanie par le pays des Vettones, et joindre Afranius avec
toutes ses troupes, tandis que Varron tiendrait avec ses
légions toute l'Espagne ultérieure. Cela réglé, Petreius
fit des levées d'hommes et de chevaux dans la Lusitanie, et Afranius en ordonna chez les Celtibères[57], les
Cantabres[58], et tous les barbares voisins de l'Océan.

Constituunt communi consilio, bellum ad Ilerdam, propter ipsius loci opportunitatem, gerere.

XXXIX. Erant, ut supra demonstratum est, legiones
Afranii tres, Petreii duæ, præterea scutatæ citerioris
provinciæ, et cetratæ ulterioris Hispaniæ cohortes circiter LXXX, equitum utriusque provinciæ circiter v millia. Cæsar legiones in Hispaniam præmiserat, ad vi millia
auxilia peditum, equitum iii millia, quæ omnibus superioribus bellis habuerat, et parem ex Gallia numerum,
quem ipse paraverat, nominatim ex omnibus civitatibus
nobilissimo et fortissimo quoque evocato. Hinc optimi
generis homines ex Aquitanis montanisque, qui Galliam provinciam attingunt. Audierat, Pompeium per
Mauritaniam cum legionibus iter in Hispaniam facere,
confestimque esse venturum : simul a tribunis militum
centurionibusque mutuas pecunias sumpsit : has exercitui distribuit. Quo facto, duas res consecutus est,
quod pignore animos centurionum devinxit, et largi-
tione redemit militum voluntates.

XL. Fabius finitimarum civitatum animos litteris nuntiisque tentabat. In Sicore flumine pontes effecerat duos,
inter se distantes millia passuum iv. His pontibus pabulatum mittebat; quod ea, quæ citra flumen fuerant,
superioribus diebus consumpserat. Hoc idem fere, atque
eadem de causa, Pompeiani exercitus duces faciebant;
crebroque inter se equestribus prœliis contendebant. Huc
quum quotidiana consuetudine congressæ pabulatoribus
præsidio proprio legiones Fabianæ duæ flumen transissent, impedimentaque et omnis equitatus sequeretur,

Petreius court aussitôt joindre Afranius : ils se décident, d'un commun accord, à soutenir la guerre près d'Ilerda, à cause de l'avantage de ce poste.

XXXIX. Ainsi Afranius commandait trois légions, et Petreius en avait deux, sans compter environ quatre-vingts cohortes levées dans les deux Espagnes, et près de cinq mille chevaux. César y avait envoyé en avant des légions, avec six mille auxiliaires et trois mille chevaux qui l'avaient servi dans toutes les guerres précédentes, et pareil nombre de troupes gauloises, que lui-même avait rassemblées en appelant de chaque ville ce qu'il y avait de plus illustre et de plus brave, principalement en Aquitaine et dans les montagnes qui touchent à la province romaine. A la nouvelle que Pompée arrivait en Espagne par la Mauritanie avec ses légions, il emprunta de l'argent aux tribuns des soldats et aux centurions, et le distribua aux troupes :. par ce gage, il s'assurait de la fidélité des centurions, comme il gagnait les soldats par ses largesses.

XL. Fabius essayait, par ses lettres et ses messages, de soulever les villes voisines. Il avait jeté deux ponts sur la Sègre, à quatre milles l'un de l'autre, et s'en servait pour envoyer au fourrage, tout ce qui était en deçà du fleuve ayant été consommé les jours précédens. Les chefs de l'armée de Pompée faisaient à peu près de même, et pour le même motif : de là résultaient de fréquentes escarmouches entre la cavalerie. Deux légions de Fabius, qui, selon leur usage, escortaient les fourrageurs, ayant passé le fleuve, suivies de la cavalerie et du ba-

subito vi ventorum et aquæ magnitudine pons est interruptus, et reliqua multitudo equitum interclusa. Quo
cognito a Petreio et Afranio ex aggere atque cratibus,
quæ flumine ferebantur, celeriter suo ponte Afranius,
quem oppido castrisque conjunctum habebat, legiones iv
equitatumque omnem trajecit, duabusque Fabianis occurrit legionibus. Cujus adventu nuntiato, L. Plancus,
qui legionibus præerat, necessaria re coactus, locum
capit superiorem; diversamque aciem in duas partes
constituit, ne ab equitatu circumveniri posset. Ita, con-
gressus impari numero, magnos impetus legionum equitatusque sustinet. Commisso ab equitibus prœlio, signa
duarum legionum procul ab utrisque conspiciuntur,
quas C. Fabius ulteriore ponte subsidio nostris miserat,
suspicatus fore id, quod accidit, ut duces adversariorum
occasione et beneficio fortunæ ad nostros opprimendos
uterentur : quarum adventu prœlium dirimitur, ac suas
uterque legiones reducit in castra.

XLI. Eo biduo Cæsar cum equitibus DCCCC, quos
sibi præsidio reliquerat, in castra pervenit. Pons, qui
fuerat tempestate interruptus, pæne erat refectus : hunc
noctu perfici jussit. Ipse, cognita locorum natura, ponti
castrisque præsidio sex cohortes relinquit, atque omnia
impedimenta, et postero die omnibus copiis, triplici instructa acie, ad Ilerdam proficiscitur, et sub castris Afranii constitit : et, ibi paulisper sub armis moratus, facit
æquo loco pugnandi potestatem. Potestate facta, Afranius copias educit, et in medio colle sub castris constituit. Cæsar, ubi cognovit, per Afranium stare, quo
minus prœlio dimicaretur, ab infimis radicibus montis,

gage, tout à coup la violence des vents et la crue des
eaux rompit le pont et sépara l'armée. Petreius et Afranius s'aperçurent de cet accident par les débris de bois
et de claies que la rivière emportait. Aussitôt Afranius,
prenant quatre légions et toute sa cavalerie, passe sur
le pont qu'il avait construit entre son camp et la ville,
et va à la rencontre des deux légions de Fabius. L. Plancus, qui les commandait, fut obligé de gagner une hauteur, et de faire face des deux côtés pour n'être pas enveloppé par la cavalerie. En cet état, malgré l'inégalité
du nombre, il soutint les vives attaques et de la cavalerie
et des légions. L'action ainsi engagée, les deux partis
aperçurent de loin les enseignes des deux légions que
C. Fabius avait fait passer sur l'autre pont pour nous secourir. Il s'était bien douté que les chefs ennemis ne man-
queraient pas de profiter de cette faveur de la fortune pour
accabler les nôtres. L'arrivée de ces troupes fit cesser le
combat, et chacun ramena ses légions au camp.

XLI. Deux jours après, César arriva avec neuf cents
chevaux qu'il avait gardés pour son escorte. On avait
presque rétabli le pont qui avait été rompu : César le fit
terminer la nuit. Lorsqu'il eut reconnu le pays, il laissa
six cohortes à la garde du pont, du camp et du bagage,
marcha le lendemain à Ilerda avec toutes ses troupes rangées sur trois lignes, et s'arrêta devant le camp d'Afranius. Il y resta quelque temps sous les armes, et lui présenta le combat en rase campagne. De son côté, Afranius fit sortir ses troupes et les rangea sur le milieu d'une
colline, en avant de son camp. César, voyant qu'Afranius
ne se pressait pas de combattre, résolut de camper au

intermissis circiter passibus CD, castra facere constituit :
et, ne in opere faciendo milites repentino hostium incursu exterrerentur, atque opere prohiberentur, vallo
muniri vetuit, quod eminere et procul videri necesse
erat; sed a fronte contra hostem pedum xv fossam fieri
jussit. Prima et secunda acies in armis, ut ab initio
constituta erat, permanebat : post hos opus in occulto
a tertia acie fiebat. Sic omne prius est perfectum, quam
intelligeretur ab Afranio, castra muniri.

XLII. Sub vesperum, Cæsar intra hanc fossam legiones reducit, atque ibi sub armis proxima nocte con-
quiescit. Postero die omnem exercitum intra fossam
continet, et, quod longius erat agger petendus, in præsentia similem rationem operis instituit, singulaque latera castrorum singulis attribuit legionibus munienda,
fossasque ad eamdem magnitudinem perfici jubet : reliquas legiones in armis expeditas contra hostem constituit. Afranius Petreiusque terrendi causa, atque operis
impediendi, copias suas ad infimas montis radices pro-
ducunt, et proelio lacessunt. Neque idcirco Cæsar opus
intermittit, confisus præsidio legionum trium, et munitione fossæ. Illi, non diu commorati, nec longius ab infimo colle progressi, copias in castra reducunt. Tertio
die Cæsar vallo castra communit : reliquas cohortes,
quas in superioribus castris reliquerat, impedimentaque
ad se traduci jubet.

XLIII. Erat inter oppidum Ilerdam et proximum
collem, ubi castra Petreius atque Afranius habebant,

pied de la montagne, à environ quatre cents pas de distance; et afin que ses troupes ne pussent être alarmées
ou interrompues dans leurs travaux par quelqu'attaque
soudaine de l'ennemi, au lieu d'élever un rempart qui
nécessairement se serait vu de loin, il fit seulement
creuser à la tête du camp un fossé de quinze pieds. La
première et la seconde ligne restaient sous les armes,
dans le même rang où elles étaient d'abord; la troisième travaillait derrière elles : par ce moyen l'ouvrage
fut achevé avant qu'Afranius s'aperçût que l'on fortifiait
le camp.

XLII. Sur le soir, César ramène ses troupes dans ce
retranchement, et y passe la nuit sous les armes. Le
lendemain il retient toute son armée dans le camp, et
comme il eût fallu trop s'éloigner pour se procurer des
matériaux, il se contenta, pour le moment, de continuer
l'ouvrage sur le même plan : il chargea deux légions de
fortifier les côtés du camp, d'ouvrir des fossés de la même
largeur, et tint les autres légions en bataille vis-à-vis
l'ennemi. Afranius et Petreius, voulant effrayer ou troubler les travailleurs, font paraître leurs troupes au pied
de la colline, et nous provoquent au combat. Mais César
laisse continuer le travail, sûr d'être assez défendu par
son fossé et ses trois légions. L'ennemi n'osa s'avancer,
et ne tarda pas à se retirer. Le troisième jour, César for-
tifie son nouveau camp d'un rempart, et y fait venir les
bagages et le reste des cohortes qu'il avait laissées dans
l'autre.

XLIII. Entre la ville d'Ilerda et la colline voisine,
où campaient Afranius et Petreius, était une plaine d'en-

planities circiter passuum ccc : atque in hoc fere medio spatio tumulus erat paulo editior : quem si occupasset Cæsar et communisset, ab oppido et ponte et commeatu omni, quem in oppidum contulerant, se interclusurum adversarios confidebat. Hoc sperans, legiones tres ex castris educit, acieque in locis idoneis instructa, unius legionis antesignanos procurrere, atque occupare eum tumulum jubet. Qua re cognita, celeriter, quæ in statione pro castris erant Afranii cohortes, breviore itinere ad eumdem occupandum locum mittuntur. Contenditur prœlio; et, quod prius in tumulum Afraniani venerant, nostri repelluntur, atque, aliis submissis præsidiis, terga vertere, seque ad signa legionum recipere coguntur.

XLIV. Genus erat pugnæ militum illorum, ut magno impetu primo procurrerent, audacter locum caperent, ordines suos non magnopere servarent, rari dispersique pugnarent; si premerentur, pedem referre, et loco excedere, non turpe existimarent, cum Lusitanis reliquisque barbaris genere quodam pugnæ assuefacti : quod fere fit, quibus quisque in locis miles inveteravit, uti multum earum regionum consuetudine moveatur. Hæc tamen ratio nostros perturbavit, insuetos hujus generis pugnæ : circumiri enim sese ab aperto latere, procurrentibus singulis, arbitrabantur; ipsi autem suos ordines servare, neque ab signis discedere, neque sine gravi causa eum locum, quem ceperant, dimitti censuerant oportere. Itaque, perturbatis antesignanis, legio, quæ in eo cornu constiterat, locum non tenuit, atque in proximum collem sese recepit.

viron trois cents pas, et au milieu une petite hauteur : si
César parvenait à s'en rendre maître et à s'y fortifier, il
croyait pouvoir ôter aux ennemis toute communication
avec le pont et la ville, d'où ils tiraient leurs subsistances.
Dans cet espoir, il fait sortir trois légions, les range en
bataille dans un lieu convenable, et ordonne au premier
rang de l'une d'elles de courir en avant et de prendre
cette hauteur. A cette vue, les cohortes qui étaient de
garde en tête du camp d'Afranius, sont envoyées au même
endroit par un chemin plus court. Le combat s'engage ;
mais les soldats d'Afranius étaient arrivés les premiers ;
ils repoussent les nôtres, et, à l'aide d'un renfort, les
contraignent de tourner le dos et de regagner les légions.

XLIV. Telle était la manière de combattre des soldats d'Afranius : ils attaquaient avec vivacité, s'empa-
raient d'une position avec audace, s'embarrassaient peu
de garder leurs rangs, ne se montraient que par pelo-
tons : s'ils étaient pressés, ils reculaient et lâchaient pied
sans scrupule. Ils avaient pris cette habitude chez les Lu-
sitaniens et les autres barbares : car on sait que le soldat
qui a fait un long séjour chez le même peuple, est fort
disposé à en adopter la tactique. Les nôtres, peu faits à ce
genre de combat, ne laissèrent pas d'être troublés. A chacune de ces attaques partielles et soudaines, ils croyaient
qu'on voulait les envelopper et les prendre en flanc : car,
pour eux, ils ne savaient que garder leurs rangs, ne point
se séparer des étendards, ne jamais quitter, sans de fortes
raisons, le poste qu'ils avaient pris d'abord. Le désordre
s'étant donc mis dans les rangs avancés de la légion, cette
aile entière s'ébranla et se retira sur un coteau voisin.

XLV. Cæsar, pæne omni acie perterrita, quod præter opinionem consuetudinemque acciderat, cohortatus suos, legionem nonam subsidio ducit: hostem, insolenter atque acriter nostros insequentem, supprimit, rursusque terga vertere, seque ad oppidum Ilerdam recipere, et sub muro consistere cogit. Sed nonæ legionis milites, elati studio, dum sarcire acceptum detrimentum volunt, temere insecuti fugientes, in locum iniquum progrediuntur, et sub montem, in quo erat oppidum positum Ilerda, succedunt. Hinc se recipere quum vellent, rursus illi ex loco superiore nostros premebant. Præruptus locus erat, utraque ex parte directus, ac tantum in latitudinem patebat, ut tres instructæ cohortes eum locum explerent, et neque subsidia a lateribus submitti, neque equites laborantibus usui esse possent. Ab oppido autem declivis locus tenui fastigio vergebat in longitudinem passuum circiter CD. Hac nostris erat receptus, quod eo, incitati studio, inconsultius processerant. Hoc pugnabatur loco, et propter angustias iniquo, et quod sub ipsis radicibus montis constiterant, ut nullum frustra telum in eos mitteretur: tamen virtute et patientia nitebantur, atque omnia vulnera sustinebant. Augebatur illis copia, atque ex castris cohortes per oppidum crebro submittebantur, ut integri defessis succederent. Hoc idem Cæsar facere cogebatur, ut, submissis in eumdem locum cohortibus, defessos reciperet.

XLVI. Hoc quum esset modo pugnatum continenter horis V, nostrique gravius a multitudine premerentur, consumptis omnibus telis, gladiis districtis, impetum ad-

XLV. César, voyant l'effroi gagner presque tous les siens, contre leur coutume et contre son attente, cherche à les rassurer, et conduit la neuvième légion au secours des troupes en péril : il arrête les vives poursuites d'un ennemi enhardi par le succès, le force à son tour de fuir et de se retirer vers Ilerda, sous les murs même de la ville. Mais le désir de la vengeance emporta trop nos soldats : tandis qu'ils poursuivent imprudemment les fuyards, ils s'engagent dans une position dangereuse, sous la montagne même où la ville est située. Quand ils voulurent se retirer, l'ennemi les accabla d'en haut. L'endroit était escarpé et à pic des deux côtés; il n'avait de largeur que pour contenir trois cohortes en bataille; on ne pouvait envoyer des renforts sur les flancs, ni faire soutenir l'attaque par la cavalerie. Du côté de la ville, le terrain descendait en pente douce durant environ cinq cents pas; c'est par là que les nôtres cherchaient à sortir du passage dangereux où leur ardeur les avait témérairement engagés. Resserrés entre un défilé étroit et le pied même de la montagne, ils combattaient avec désavantage; aucun des traits lancés contre eux n'était perdu. Cependant ils se soutenaient par leur valeur, et supportaient leurs blessures avec une inébranlable patience. A chaque instant le nombre des ennemis augmentait; des cohortes fraîches traversaient la ville, pour relever celles qui étaient fatiguées. César, de son côté, était forcé d'envoyer des cohortes nouvelles, pour remplacer ses soldats harassés.

XLVI. L'action durait depuis cinq heures sans relâche, et les nôtres étaient vivement pressés par le nombre : tous leurs traits étaient épuisés; ils mirent l'épée

versus montem in cohortes faciunt, paucisque dejectis, reliquos sese convertere cogunt. Submotis sub murum cohortibus, ac nonnulla parte propter terrorem in oppidum compulsis, facilis est nostris receptus datus. Equitatus autem noster ab utroque latere, etsi dejectis atque inferioribus locis constiterat, tamen in summum jugum virtute connititur, atque inter duas acies perequitans commodiorem ac tutiorem nostris receptum dat. Ita vario certamine pugnatum est. Nostri in primo congressu circiter LXX ceciderunt; in his Q. Fulginius ex primo hastato legionis XIV, qui propter eximiam virtutem, ex inferioribus ordinibus in eum locum pervenerat. Vulnerantur amplius DC. Ex Afranianis interficiuntur T. Cæcilius, primi pili centurio, et præter eum centuriones IV, milites amplius CC.

XLVII. Sed hæc ejus diei præfertur opinio, ut se utrique superiores discessisse existimarent; Afraniani, quod, quum esse omnium judicio inferiores viderentur, cominus tam diu stetissent, et nostrorum impetum sustinuissent, et initio locum tumulumque tenuissent, quæ causa pugnandi fuerat, et nostros primo congressu terga vertere coegissent; nostri autem, quod, iniquo loco atque impari congressi numero, quinque horis proelium sustinuissent, quod montem gladiis districtis ascendissent, quod ex loco superiore terga vertere adversarios coegissent, atque in oppidum compulissent. Illi eum tumulum, pro quo pugnatum est, magnis operibus munierunt, præsidiumque ibi posuerunt.

à la main, s'élancèrent sur la colline avec impétuosité, renversèrent quelques cohortes, et obligèrent le reste à reculer : elles furent repoussées jusque sous les murs, et même, en plus d'un endroit, la terreur les chassa jusque dans la ville : ainsi, elles laissèrent aux nôtres une facile retraite. En même temps, notre cavalerie passa sur les deux flancs : quoique placée au bas de la montagne, elle parvint au sommet par ses efforts; et, voltigeant entre les deux armées, rendit la retraite plus aisée et plus sûre. Ainsi le succès du combat fut partagé. A la première attaque, nous perdîmes environ soixante-dix des nôtres, et de ce nombre Q. Fulginius, premier hastaire de la quatorzième légion, qui, par sa valeur, s'était élevé des rangs inférieurs de la milice jusqu'à ce grade; plus de six cents furent blessés. Du côté d'Afranius, périrent T. Cécilius, centurion primipile, quatre autres centurions, et plus de deux cents soldats.

XLVII. Chacun s'attribua l'avantage de la journée : les soldats d'Afranius alléguaient que, malgré leur infériorité reconnue, ils avaient long-temps résisté de près, repoussé notre première attaque, et gardé d'abord la hauteur disputée, en nous forçant de reculer; les nôtres se glorifiaient d'avoir, quoique inférieurs en nombre, tenu un mauvais poste pendant cinq heures, emporté la hauteur l'épée à la main, chassé et poussé l'ennemi jusque dans les murs. Afranius fortifia avec soin le poste pour lequel on avait combattu, et y plaça un corps de troupes. -

XLVIII. Accidit etiam repentinum incommodum biduo, quo hæc gesta sunt. Tanta enim tempestas cooritur, ut nunquam illis locis majores aquas fuisse constaret. Tum autem ex omnibus montibus nives proluit, ac summas ripas fluminis superavit, pontesque ambos, quos C. Fabius fecerat, uno die interrupit. Quæ res magnas difficultates exercitui Cæsaris attulit. Castra enim, ut supra demonstratum est, quum essent inter flumina duo, Sicorim et Cingam, spatio millium xxx, neutrum horum transiri poterat; necessarioque omnes his angustiis continebantur. Neque civitates, quæ ad Cæsaris amicitiam accesserant, frumentum supportare; neque ii, qui pabulatum longius progressi erant, interclusi fluminibus, reverti; neque maximi comitatus, qui ex Italia Galliaque veniebant, in castra pervenire poterant. Tempus erat anni difficillimum, quo neque frumenta in hibernis erant, neque multum a maturitate aberant; ac civitates exinanitæ, quod Afranius pæne omne frumentum ante Cæsaris adventum Ilerdam convexerat; reliqui si quid fuerat, Cæsar superioribus diebus consumpserat: pecora, quod secundum poterat esse inopiæ subsidium, propter bellum, finitimæ civitates longius removerant. Qui erant pabulandi aut frumentandi causa progressi, hos levis armaturæ Lusitani, peritique earum regionum cetrati citerioris Hispaniæ, consectabantur, quibus erat proclive transnare flumen, quod consuetudo eorum omnium est, ut sine utribus ad exercitum non eant.

XLIX. At exercitus Afranii omnium rerum abundabat copia. Multum erat frumentum provisum et convectum superioribus temporibus: multum ex omni provincia

XLVIII. Deux jours après, il arriva un accident imprévu : un violent orage amena une crue d'eau, telle qu'on n'en avait jamais vue en ces lieux. Des masses de neige roulèrent du haut des montagnes, la rivière se déborda, et les deux ponts construits par C. Fabius furent emportés en un jour. Cet évènement mit l'armée de César dans une position critique : son camp, comme on l'a dit, était situé dans une plaine d'environ trente milles, entre la Sègre et la Cinga[60]. Ces fleuves n'étaient point guéables; l'armée se trouvait resserrée dans un espace étroit. Ni les peuples alliés de César ne pouvaient lui apporter des vivres, ni les fourrageurs, arrêtés par les eaux, revenir au camp, ni les grands convois de l'Italie et de la Gaule parvenir jusqu'à lui. C'était l'époque de l'année la plus difficile; le temps de la moisson approchait, et il ne restait plus rien de la provision d'hiver. Le pays était épuisé, et par Afranius, qui avant l'arrivée de César, avait fait porter à Ilerda presque tout le blé, et par César, qui les jours précédens avait consommé le reste. Les bestiaux eussent été d'un utile secours dans cette disette; mais les habitans les avaient éloignés à cause de la guerre. Ceux qui s'écartaient, pour chercher des grains et des fourrages, étaient poursuivis par les troupes légères de la Lusitanie et de l'Espagne citérieure. Celles-ci connaissaient bien le pays, et pouvaient aisément traverser les rivières, parce que leur coutume est de ne jamais se mettre en marche sans porter des outres[61].

XLIX. L'armée d'Afranius avait tout en abondance. Il avait fait d'avance de grandes provisions de blé; on lui en apportait de toute la province : le fourrage ne lui

comportabatur : magna copia pabuli suppetebat. Harum rerum omnium facultates sine ullo periculo pons Ilerdæ præbebat, et loca trans flumen integra, quo omnino Cæsar adire non poterat.

L. Hæ permanserunt aquæ dies complures. Conatus est Cæsar reficere pontes : sed nec magnitudo fluminis permittebat, neque ad ripam dispositæ cohortes adversariorum perfici patiebantur; quod illis prohibere erat facile, tum ipsius fluminis natura atque aquæ magnitudine, tum quod ex totis ripis in unum atque angustum locum tela jaciebantur : atque erat difficile, eodem tempore, rapidissimo flumine, opera perficere, et tela vitare.

LI. Nuntiatur Afranio, magnos comitatus, qui iter habebant ad Cæsarem, ad flumen constitisse. Venerant eo sagittarii ex Rutenis, equites ex Gallia cum multis carris magnisque impedimentis, ut fert Gallica consuetudo. Erant præterea cujusque generis hominum millia circiter vi cum servis liberisque; sed nullus ordo, nullum imperium certum, quum suo quisque consilio uteretur, atque omnes sine timore iter facerent, usi superiorum temporum atque itinerum licentia. Erant complures honesti adolescentes, senatorum filii et ordinis equestris; erant legationes civitatum; erant legati Cæsaris. Hos omnes flumina continebant. Ad hos opprimendos cum omni equitatu tribusque legionibus Afranius de nocte proficiscitur, imprudentesque ante missis equitibus aggreditur. Celeriter tamen sese Galli equites expediunt, prœliumque committunt. Hi, dum pari

manquait pas. Le pont d'Ilerda lui assurait tous ces transports, et lui ouvrait au delà du fleuve un pays neuf, où César ne pouvait pénétrer.

L. Les eaux restèrent élevées pendant plusieurs jours. César tâcha de rétablir les ponts, mais ne le put, à cause de la profondeur du fleuve et des cohortes ennemies placées sur la rive. Il était facile aux ennemis de s'opposer à ses efforts, parce que le fleuve était large et naturellement rapide, et que de toute la rive ils lançaient leurs traits sur un point unique et resserré : il nous était bien difficile de vaincre tout à la fois la rapidité du fleuve, d'achever les travaux et de nous garantir des traits de l'ennemi.

LI. On vint annoncer à Afranius qu'un grand convoi, destiné à César, était arrêté au bord de la rivière. C'étaient des archers du pays des Rutènes, et des cavaliers gaulois, traînant à leur suite, selon l'usage de la Gaule, quantité de charriots et de bagages. Il y avait, de plus, environ six mille hommes de toute profession avec leurs esclaves et leurs affranchis; mais tous sans ordre, sans chef, agissant à leur fantaisie, sans inquiétude et sans crainte, avec toute la sécurité de leurs premières marches. Parmi eux, se trouvaient des jeunes gens de noble famille, des fils de sénateurs et de chevaliers, des députés des villes, des lieutenans de César : cette multitude était retenue sur la rive. Afranius part de nuit avec toute sa cavalerie et trois légions, pour les accabler; la cavalerie prend les devants, et tombe inopinément sur eux. La cavalerie gauloise se met promptement en défense, et en-

certamine res geri potuit, magnum hostium numerum pauci sustinuere; sed, ubi signa legionum appropinquare cœperunt, paucis amissis, sese in montes proximos conferunt. Hoc pugnæ tempus magnum attulit nostris ad salutem momentum : nacti enim spatium, se in loca superiora receperunt. Desiderati sunt eo die sagittarii circiter cc, equites pauci, calonum atque impedimentorum non magnus numerus.

LII. His tamen omnibus annona crevit : quæ fere res non solum inopia præsentis, sed etiam futuri temporis timore ingravescere consuevit. Jamque ad denarios L in singulos modios annona pervenerat, et militum vires inopia frumenti deminuerat; atque incommoda in dies augebantur; et tam paucis diebus magna erat rerum facta commutatio, ac se fortuna inclinaverat, ut nostri magna inopia necessariarum rerum conflictarentur; illi omnibus abundarent rebus, superioresque haberentur. Cæsar iis civitatibus, quæ ad ejus amicitiam accesserant, quo minor erat frumenti copia, pecus imperabat; calones ad longinquiores civitates dimittebat; ipse præsentem inopiam, quibus poterat subsidiis, tutabatur.

LIII. Hæc Afranius Petreiusque et eorum amici pleniora etiam atque uberiora Romam ad suos perscribebant. Multa rumor fingebat, ut pæne bellum confectum videretur. Quibus litteris nuntiisque Romam perlatis, magni domum concursus ad Afranium, magnæ gratulationes fiebant : multi ex Italia ad Cn. Pompeium proficiscebantur : alii, ut principes talem nuntium attulisse; alii, ne eventum belli exspectasse, aut ex omnibus novissimi venisse viderentur.

gage le combat. Tant qu'elle n'eut à résister qu'à des
troupes de même arme, elle se soutint contre des forces
supérieures ; mais, à la vue des enseignes des légions, elle
se retira sur les montagnes voisines avec peu de perte.
Le temps que dura le combat fut d'un grand secours pour
les autres ; ils purent se sauver et gagner les hauteurs.
On perdit ce jour là environ deux cents archers, un
petit nombre de cavaliers, des valets, et quelque bagage.

LII. Cependant toutes ces circonstances augmentèrent
la cherté des vivres, suite inévitable de la disette du moment et de la crainte de l'avenir. Déjà le boisseau de
blé se vendait cinquante deniers[62], le soldat perdait ses
forces, le mal devenait plus pressant. En peu de jours
il s'était fait un grand changement dans nos affaires et
notre fortune : nos soldats manquaient du nécessaire ;
ceux d'Afranius étaient dans l'abondance et semblaient
avoir l'avantage sur nous. César, ne pouvant trouver de
blé, demandait du bétail aux villes qui avaient pris son
parti ; il renvoyait au loin les valets de l'armée, et pour-
voyait lui-même, autant qu'il était possible, aux néces-
sités du moment.

LIII. Ces embarras étaient encore exagérés dans les
lettres que Petreius, Afranius et leurs amis envoyaient à
Rome. Le bruit public inventait de nouvelles circonstances : on croyait la guerre terminée. Ces récits parvenus à
Rome, la foule se pressa chez Afranius, et apporta ses félicitations : un grand nombre de citoyens partirent d'Italie
pour aller joindre Pompée, les uns afin d'être les premiers
à lui porter ces nouvelles, d'autres, pour ne point paraître
avoir attendu l'évènement, ou venir les derniers de tous.

LIV. Quum in his angustiis res esset, atque omnes viæ ab Afranianis militibus equitibusque obsiderentur, nec pontes perfici possent, imperat militibus Cæsar, ut naves faciant, cujus generis eum superioribus annis usus Britanniæ docuerat. Carinæ primum ac statumina ex levi materia fiebant : reliquum corpus navium, viminibus contextum, coriis integebatur. Has perfectas carris junctis devehit noctu millia passuum a castris xxii, militesque his navibus flumen transportat, continentemque ripæ collem improviso occupat. Hunc celeriter, priusquam ab adversariis sentiatur, communit. Huc legionem postea trajicit; atque ex utraque parte pontem institutum perficit biduo. Ita comitatus, et qui frumenti causa processerant, tuto ad se recipit, et rem frumentariam expedire incipit.

LV. Eodem die equitum magnam partem flumen trajecit; qui, inopinantes pabulatores et sine ullo dissipatos timore aggressi, quam magnum numerum jumentorum atque hominum intercipiunt; cohortibusque centuriatis subsidio missis, scienter in duas partes sese distribuunt, alii, ut prædæ præsidio sint, alii, ut venientibus resistant, atque eos propellant : unamque cohortem, quæ temere ante ceteras extra aciem procurrerat, seclusam ab reliquis circumveniunt atque interficiunt; incolumesque cum magna præda eodem ponte in castra revertuntur.

LVI. Dum hæc ad Ilerdam geruntur, Massilienses, usi L. Domitii consilio, naves longas expediunt, numero xvii, quarum erant xi tectæ. Multa huc minora

LIV. En cette extrémité, tous les passages étant fermés par les troupes et par la cavalerie d'Afranius, César, qui ne pouvait achever ses ponts, ordonne aux soldats de construire des navires semblables à ceux dont il avait appris à se servir les années précédentes en Bretagne. La quille et les varangues étaient d'un bois léger, et le reste du corps formé d'un tissu d'osier recouvert de cuir. Quand il furent terminés, il les fait conduire, la nuit, sur des charriots accouplés, jusqu'à vingt-deux milles de son camp. Les soldats passent le fleuve sur ces navires, s'emparent à l'improviste d'une hauteur qui tenait à la rive, et la fortifient avant que l'ennemi se soit aperçu de ce mouvement. César y mène ensuite une légion, établit un pont des deux côtés, et l'achève en deux jours. Par ce moyen, le convoi et les fourrageurs reviennent en sûreté, et l'on commence à se pourvoir de vivres.

LV. Le même jour, une grande partie de sa cavalerie passe le fleuve, surprend les fourrageurs ennemis, qui s'étaient dispersés sans crainte, et leur enlève beaucoup d'hommes et de chevaux. Des cohortes[63] étant venues à leur secours, elle se partage habilement en deux troupes, l'une pour garder le butin, l'autre pour faire face à l'ennemi. Une cohorte qui s'avança imprudemment fut enveloppée et égorgée; les nôtres revinrent au camp par le même pont, sans perte et avec un butin considérable.

LVI. Tandis que ces faits se passent à Ilerda, les Marseillais équipent, par le conseil de L. Domitius, dix-sept galères, dont onze étaient pontées. Ils y ajoutent beau-

navigia addunt, ut ipsa multitudine nostra classis ter-
reatur : magnum numerum sagittariorum, magnum Albicorum, de quibus supra demonstratum est, imponunt,
atque hos præmiis pollicitationibusque incitant. Certas
sibi deposcit naves Domitius, atque has colonis pasto-
ribusque, quos secum adduxerat, complet. Sic, omnibus
rebus instructa classe, magna fiducia ad nostras naves
procedunt, quibus præerat D. Brutus. Hæ ad insulam,
quæ est contra Massiliam, stationes obtinebant.

LVII. Erat multo inferior numero navium Brutus :
sed delectos ex omnibus legionibus fortissimos viros, antesignanos, centuriones, Cæsar ei classi attribuerat, qui
sibi id muneris depoposcerant. Ii manus ferreas atque
harpagones paraverant, magnoque numero pilorum,
tragularum, reliquorumque telorum, se instruxerant.
Ita, cognito hostium adventu, suas naves ex portu educunt, cum Massiliensibus confligunt. Pugnatum utrinque est fortissime atque acerrime; neque multum Albici
nostris virtute cedebant, homines asperi et montani,
exercitati in armis : atque ii, modo digressi a Massiliensibus, recentem eorum pollicitationem animis continebant; pastoresque indomiti, spe libertatis excitati, suh
oculis domini suam probare operam studebant.

LVIII. Ipsi Massilienses, et celeritate navium, et
scientia gubernatorum confisi, nostros eludebant, im-
petusque eorum excipiebant : et, quoad licebat latiore
spatio, producta longius acie, circumvenire nostros,
aut pluribus navibus adoriri singulas, aut remos trans-
currentes detergere, si possent, contendebant : quum
propius erat necessario ventum, ab scientia gubernato-

coup de bâtimens légers, afin d'effrayer notre flotte par le nombre, et les remplissent d'une foule d'archers et de ces Albices[64] dont nous avons parlé : ils n'épargnent, pour les exciter, ni argent ni promesses. Domitius se réserve quelques navires, et y place les cultivateurs et les pâtres qu'il avait amenés. Tout étant disposé, ils s'avancent avec confiance contre notre flotte, que commandait D. Brutus : elle était à l'ancre devant une île située vis-à-vis Marseille.

LVII. La flotte de Brutus était bien inférieure en nombre; mais César y avait placé l'élite de toutes ses légions, des soldats choisis dans les premiers rangs et des centurions qui avaient eux-mêmes demandé cet emploi. Tous s'étaient pourvus de harpons, de mains de fer, d'une grande quantité de javelots, de dards et d'autres traits. A l'approche de la flotte ennemie, ils sortent du port et engagent l'action. Des deux côtés, l'ardeur fut extrême. Les Albices, montagnards robustes et aguerris, ne le cédaient guère aux nôtres en courage : à peine sortis de la ville, ils avaient l'esprit encore plein des promesses qu'on venait de leur faire; et les pâtres, hommes féroces, animés par l'espoir de la liberté, brûlaient de déployer leur vaillance sous les yeux de leur maître.

LVIII. Les Marseillais, par la vitesse de leurs navires et l'adresse de leurs pilotes, savaient éviter ou soutenir le choc des galères, et, étendant leurs ailes autant que l'espace le permettait, ils cherchaient à nous envelopper, se réunissaient contre un seul navire, ou tâchaient, en passant, de briser les rames. S'ils étaient forcés d'en venir à l'abordage, la science et l'habileté des

rum atque artificiis ad virtutem montanorum confugie-
bant. Nostri, quod minus exercitatis remigibus minus-
que peritis gubernatoribus utebantur (qui repente ex
onerariis navibus erant producti, neque dum etiam vo-
cabulis armamentorum cognitis), tum etiam gravitate
et tarditate navium impediebantur : factæ enim subito
ex humida materia, non eumdem usum celeritatis habebant. Itaque, dum locus cominus pugnandi daretur,
æquo animo singulas binis navibus objiciebant, atque
injecta manu ferrea, et retenta utraque nave, diversi
pugnabant, atque in hostium naves transcendebant; et,
magno numero Albicorum et pastorum interfecto, partem navium deprimunt; nonnullas cum hominibus capiunt; reliquas in portum compellunt. Eo die naves
Massiliensium cum iis, quæ sunt captæ, intereunt ix.

LIX. Hoc primum ut Cæsari ad Ilerdam nuntiatur,
simul, perfecto ponte, celeriter fortuna mutatur. Illi,
perterriti virtute equitum, minus libere, minus audacter vagabantur : alias, non longo ab castris progressi
spatio, ut celerem receptum haberent, angustius pabu-
labantur, alias longiore circuitu : custodias stationesque
equitum vitabant, aut aliquo accepto detrimento, aut
procul equitatu viso, ex medio itinere, projectis sarcinis,
fugiebant. Postremo etiam plures intermittere dies, et,
præter consuetudinem omnium, noctu constituerant pa-
bulari.

LX. Interim Oscenses et Calagurritani, qui erant
cum Oscensibus contributi, mittunt ad eum legatos,
seseque imperata facturos pollicentur. Hos Tarraconen-
ses, et Iacetani, et Ausetani, et paucis post diebus Il-

pilotes faisaient place à la vigueur des montagnards. Les
nôtres avaient des rameurs et des pilotes moins exercés,
qui, tirés tout à coup des vaisseaux de transport, igno-
raient même les termes de la manœuvre; nos vaisseaux
étaient d'ailleurs retardés par leur pesanteur : faits à la
hâte et de bois vert, ils ne pouvaient avoir même vitesse. Mais si l'on venait à s'approcher, ils ne craignaient pas d'avoir affaire à deux vaisseaux à la fois; et,
les retenant avec la main de fer, ils combattaient en même
temps des deux côtés, et s'élançaient dans les navires ennemis. Après un grand carnage des Albices et des pâtres,
plusieurs navires furent coulés à fond, quelques-uns furent pris avec les hommes qui les montaient, les autres repoussés dans le port. Les Marseillais perdirent dans cette
journée neuf galères, en comptant celles qui furent prises.

LIX. César reçut cette nouvelle à Ilerda. Son pont était
achevé : la face des affaires changea bientôt. Les ennemis, redoutant la valeur de notre cavalerie, se montraient
moins libres et moins hardis dans leurs courses. Tantôt,
ils fourrageaient assez près du camp, pour se ménager une
prompte retraite; tantôt, ils prenaient de longs détours.
Ils évitaient nos gardes et nos postes. Au moindre échec,
ou seulement à la vue de notre cavalerie, ils jetaient leur
charge au milieu du chemin, et s'enfuyaient. Ils finirent
même par rester plusieurs jours au camp, et se décidè-
rent, contre l'usage, à ne plus sortir que de nuit.

LX. Cependant les Oscenses[65] et les Calagurritains,
peuple dépendant des Oscenses, envoient une députation
à César, et lui promettent obéissance. Les Tarragonais,
les Iacétaniens[66], les Ausétans, et peu de jours après les

18.

lurgavonenses, qui flumen Iberum attingunt, insequuntur. Petit ab his omnibus, ut se frumento juvent. Pollicentur, atque, omnibus undique conquisitis jumentis,
in castra deportant. Transit etiam cohors Illurgavonen-
sis ad eum, cognito civitatis consilio, et signa ex statione transfert. Magna celeriter commutatio rerum. Perfecto ponte, magnis v civitatibus ad amicitiam adjunctis,
expedita re frumentaria, exstinctis rumoribus de auxiliis legionum, quæ cum Pompeio per Mauritaniam venire dicebantur, multæ longinquiores civitates ab Afranio desciscunt, et Cæsaris amicitiam sequuntur.

LXI. Quibus rebus perterritis animis adversariorum,
Cæsar, ne semper magno circuitu per pontem equitatus
esset mittendus, nactus idoneum locum, fossas pedum
xxx in latitudinem complures facere instituit, quibus
partem aliquam Sicoris averteret, vadumque in eo flumine efficeret. His pæne effectis, magnum in timorem
Afranius Petreiusque perveniunt, ne omnino frumento
pabuloque intercluderentur, quod multum Cæsar equitatu
valebat. Itaque constituunt ipsi iis locis excedere, et in
Celtiberiam bellum transferre. Huic consilio suffraga-
batur etiam illa res, quod ex duobus contrariis generibus,
quæ superiore bello cum L. Sertorio steterant civitates,
victæ nomen atque imperium absentis timebant; quæ
in amicitia manserant, Pompeii magnis affectæ beneficiis eum diligebant : Cæsaris autem in barbaris erat nomen obscurius. Hinc magnos equitatus magnaque auxilia exspectabant, et suis locis bellum in hiemem ducere
cogitabant. Hoc inito consilio, toto flumine Ibero naves
conquirere, et Octogesam adduci jubent. Id erat oppi-

Illurgavoniens [67], voisins de l'Èbre, suivent leur exemple. César leur demande à tous du blé; ils s'engagent à en fournir, et, ayant rassemblé de toutes parts des bêtes de somme, ils en portent au camp. Une cohorte d'Illurgavoniens, apprenant la résolution de leur cité, passent de son côté avec leurs enseignes. Tout change bientôt : le pont était terminé, cinq grands peuples s'étaient ralliés à César, on avait des vivres en abondance, il n'était plus question des légions que l'on disait venir avec Pompée par la Mauritanie. Aussi plusieurs nations éloignées quittent le parti d'Afranius et embrassent celui de César.

LXI. César s'aperçut de la frayeur des ennemis. Pour que sa cavalerie ne fût pas toujours obligée d'aller si loin chercher un pont [68], il résolut de détourner une partie de la Sègre, et de la rendre guéable. Dans ce but, il choisit un endroit convenable, et fit faire plusieurs fossés de trente pieds de large. L'ouvrage presqu'achevé, Afranius et Petreius craignirent que César, avec sa nombreuse cavalerie, ne leur coupât tout à fait les vivres et le fourrage. Ils se décident à se retirer et à porter la guerre en Celtibérie. Ce qui contribua encore à les déterminer, c'est que des deux partis qui avaient éclaté dans la dernière guerre de Sertorius, les vaincus redoutaient Pompée, même absent, et les autres, ses anciens alliés, lui étaient attachés par les plus grands bienfaits : le nom de César, au contraire, était presqu'ignoré chez ces barbares. Afranius et Pétreius comptaient tirer de cette contrée des forces considérables de cavalerie et d'infanterie, et pouvoir traîner la guerre en longueur jusqu'à l'hiver dans un pays ami. Cette résolution prise, ils rassemblent de tous côtés des vaisseaux sur

dum positum ad Iberum, milliaque passuum a castris
aberat xx. Ad eum locum fluminis, navibus junctis,
pontem imperant fieri, legionesque II flumen Sicorim
traducunt, castraque muniunt vallo pedum XII.

LXII. Qua re per exploratores cognita, summo labore
militum Cæsar, continuato diem noctemque opere in flumine avertendo, huc jam deduxerat rem, ut equites, etsi
difficulter atque ægre fiebat, possent tamen atque auderent flumen transire, pedites vero tantummodo humeris
ac summo pectore exstare, et tum altitudine aquæ, tum
etiam rapiditate fluminis, ad transeundum impedirentur.
Sed tamen eodem fere tempore pons in Ibero prope ef-
fectus nuntiabatur, et in Sicori vadum reperiebatur.

LXIII. Jam vero eo magis illi maturandum iter existimabant. Itaque duabus auxiliaribus cohortibus Ilerdæ
præsidio relictis, omnibus copiis Sicorim transeunt, et
cum duabus legionibus, quas superioribus diebus tra-
duxerant, castra conjungunt. Relinquebatur Cæsari nihil, nisi uti equitatu agmen adversariorum male haberet
et carperet. Pons enim ipsius magnum circuitum habebat, ut multo breviore itinere illi ad Iberum pervenire
possent. Equites ab eo missi flumen transeunt; et quum
de tertia vigilia Petreius atque Afranius castra movis-
sent, repente sese ad novissimum agmen ostendunt, et,
magna multitudine circumfusa, morari atque iter impedire incipiunt.

LXIV. Prima luce ex superioribus locis, quæ Cæsaris
castris erant conjuncta, cernebatur, equitatus nostri
prœlio novissimos illorum premi vehementer, ac non-

l'Ebre, et les amènent à Octogesa[69], ville située sur ce fleuve, à vingt milles de leur camp. Là, ils ordonnent d'établir un pont formé de navires joints ensemble, font passer la Sègre à deux légions, et garnissent le camp d'un retranchement de douze pieds.

LXII. César en fut instruit par ses éclaireurs. Déjà, par le travail opiniâtre de ses soldats, qui ne se reposaient ni le jour ni la nuit, il était parvenu à détourner la Sègre, assez pour que la cavalerie pût et osât la traverser, quoiqu'avec peine; mais l'infanterie, ayant de l'eau jusqu'aux épaules, était retenue par la profondeur et la rapidité du fleuve. Toujours était-il vrai que la Sègre se trouvait guéable au moment où l'on apprenait que l'ennemi avait presqu'achevé son pont sur l'Èbre.

LXIII. Ce fut pour nos adversaires un motif de hâter leur départ. Laissant donc deux cohortes auxiliaires à la garde d'Ilerda, ils passent la Sègre avec toutes leurs troupes, et rejoignent les deux légions qu'ils avaient fait passer les jours précédens. Il ne restait à César qu'à envoyer sa cavalerie pour les harceler dans leur marche : car il fallait faire un grand détour pour gagner le pont qu'il avait construit, et les ennemis avaient une bien moindre distance pour parvenir à l'Èbre. La cavalerie de César part, traverse le fleuve, se montre tout à coup à l'arrière-garde d'Afranius et de Petreius, qui avaient levé leur camp à la troisième veille; elle se répand à l'entour, inquiète et retarde leur marche.

LXIV. Au point du jour, on voyait, des hauteurs voisines du camp, notre cavalerie aux prises avec cette arrière-garde, la presser vivement, quelquefois la forcer

nunquam sustinere extremum agmen atque interrumpi;
alias inferri signa, et universarum cohortium impetu nostros propelli; deinde rursus conversos insequi. Totis vero
castris milites circulari et dolere, hostem ex manibus dimitti, bellum non necessario longius duci: centuriones
tribunosque militum adire, atque obsecrare, ut per eos
Cæsar certior fieret, « ne labori suo, neu periculo parce-
ret: paratos esse sese; posse et audere ea transire flumen,
qua traductus esset equitatus. » Quorum studio et vocibus excitatus Cæsar, etsi timebat tantæ magnitudinis
flumini exercitum objicere, conandum tamen atque ex-
periendum judicat. Itaque infirmiores milites ex omnibus
centuriis deligi jubet, quorum aut animus aut vires videbantur sustinere non posse. Hos cum legione una præsidio castris relinquit: reliquas legiones expeditas educit; magnoque numero jumentorum in flumine supra
atque infra constituto, traducit exercitum. Pauci ex his
militibus, vi fluminis abrepti, ab equitatu excipiuntur
ac sublevantur: interiit tamen nemo. Traducto incolumi
exercitu, copias instruit, triplicemque aciem ducere incipit. Ac tantum fuit in militibus studii, ut, millium vi
ad iter addito circuitu, magnaque ad vadum fluminis
mora interposita, eos, qui de tertia vigilia exissent, ante
horam diei nonam consequerentur.

LXV. Quos ubi Afranius procul visos cum Petreio
conspexit, nova re perterritus, locis superioribus consistit, aciemque instruit. Cæsar in campis exercitum refi-
cit, ne defessum prœlio objiciat. Rursus conantes progredi insequitur et moratur. Illi necessario maturius,

de s'arrêter et de faire face; puis toutes leurs cohortes se porter contre les nôtres, les repousser, et ensuite se remettre en marche, toujours poursuivies par nos troupes. Dans tout le camp les soldats se rassemblent; ils se plaignent qu'on laisse échapper l'ennemi de leurs mains, et qu'on prolonge la guerre sans nécessité : ils s'adressent aux centurions et aux tribuns; ils les conjurent de faire savoir à César qu'il ne songe à leur épargner ni fatigues, ni périls; qu'ils sont prêts à tout; qu'ils pourront et oseront traverser le fleuve où la cavalerie l'a passé. Excité par leur zèle et leurs plaintes, César, bien qu'il craignît d'exposer l'armée à un courant si rapide, crut devoir essayer le passage. Choisissant dans toutes les centuries les soldats qui ne lui semblent ni assez forts ni assez hardis, il les laisse à la garde du camp avec une légion; il emmène les autres sans bagage, fait placer au dessus et au dessous du courant un grand nombre de chevaux de charge, et passe avec l'armée. Quelques soldats, emportés par le courant, furent recueillis par la cavalerie; aucun ne périt. César, ayant fait passer ses troupes sans perte, les rangea sur trois lignes; et telle fut leur ardeur, que, malgré un détour de six milles, et la longueur du temps employé au passage, ils atteignirent, avant la neuvième heure du jour, l'ennemi parti à la troisième veille.

LXV. Afranius et Petreius, apercevant de loin nos troupes, furent saisis d'étonnement et de crainte, s'arrêtèrent sur les hauteurs, et s'y mirent en bataille. César fit reposer les siens dans la plaine, pour ne pas combattre avec des troupes fatiguées; mais, voyant les en-

quam constituerant, castra ponunt : suberant enim montes, atque a millibus passuum v itinera difficilia atque
angusta excipiebant. Hos intra montes se recipiebant,
ut equitatum effugerent Caesaris, praesidiisque in angustiis collocatis, exercitum itinere prohiberent, ipsi sine
periculo ac timore Iberum copias traducerent : quod
fuit illis conandum, atque omni ratione efficiendum. Sed
totius diei pugna atque itineris labore defessi, rem in
posterum diem distulerunt. Caesar quoque in proximo
colle castra ponit.

LXVI. Media circiter nocte iis, qui adaquandi causa
longius a castris processerant, ab equitibus correptis,
fit ab his certior Caesar, duces adversariorum silentio
copias castris educere. Quo cognito, signum dari jubet,
et vasa militari more conclamari. Illi, exaudito clamore,
veriti, ne noctu impediti sub onere confligere cogerentur, aut ne ab equitatu Caesaris in angustiis tenerentur,
iter supprimunt, copiasque in castris continent. Postero
die, Petreius cum paucis equitibus occulte ad exploranda
loca proficiscitur. Hoc idem fit ex Caesaris castris. Mittitur L. Decidius Saxa cum paucis, qui loci naturam pers-
piciat. Uterque idem suis renuntiat, v millia passuum
proxima intercedere itineris campestris; inde excipere
loca aspera et montuosa : qui prior has angustias occu-
paverit, ab hoc hostem prohiberi, nihil esse negotii.

LXVII. Disputatur in concilio a Petreio et Afranio,
et tempus profectionis quaeritur. Plerique censebant,
« ut noctu iter facerent : posse prius ad angustias veniri,
quam sentirentur. Alii, quod pridie noctu conclamatum

nemis essayer de continuer leur marche, il les suit et les arrête : ils furent obligés de camper plus tôt qu'ils n'avaient résolu. Près de là étaient des montagnes, et, à cinq milles, des chemins difficiles et étroits. Ils voulaient se retirer derrière ces montagnes, pour échapper à la cavalerie de César, et pour entraver notre marche en plaçant des postes dans les défilés, tandis qu'eux-mêmes passeraient l'Èbre sans péril. Ce devait être le but de tous leurs efforts; mais la fatigue du combat et de la marche leur fit remettre ce projet au lendemain. César, de son côté, établit son camp sur une colline voisine.

LXVI. Vers le milieu de la nuit, la cavalerie ayant saisi quelques soldats qui s'étaient écartés pour chercher de l'eau, César apprit d'eux que les chefs ennemis faisaient sortir leurs troupes en silence. Aussitôt il donne le signal, et commande de se mettre en marche. Les ennemis entendent ce bruit; craignant d'être enfermés par notre cavalerie, ou obligés de combattre la nuit sous le bagage, ils s'arrêtent et rentrent dans le camp. Le lendemain, Petreius part secrètement avec quelques cavaliers, pour reconnaître le pays; César fait de même, et envoie L. Decidius Saxa[70], avec quelques hommes, examiner la nature des lieux. Tous deux rapportent aux leurs, qu'après avoir traversé une plaine de cinq milles, on trouve un pays rude et montueux, et que le premier qui occupera ces défilés n'aura pas de peine à y arrêter l'ennemi.

LXVII. On délibéra, au conseil de Petreius et d'Afranius, sur le moment du départ. Presque tous étaient d'avis de partir la nuit, disant qu'on atteindrait les défilés avant d'être aperçu; les autres concluaient de l'expé-

esset in castris Cæsaris, argumenti sumebant loco, non posse clam exiri; circumfundi noctu equitatum Cæsaris, atque omnia loca atque itinera obsideri : nocturnaque proelia esse vitanda, quod perterritus miles in civili dissensione timori magis, quam religioni, consulere consuerit : at lucem multum per se pudorem omnium oculis, multum etiam tribunorum militum et centurionum præsentiam afferre : quibus rebus coerceri milites, et in officio contineri soleant. Quare omni ratione esse interdiu perrumpendum : etsi aliquo accepto detrimento, tamen summa exercitus salva, locum, quem petant, capi posse. » Hæc evicit in concilio sententia; et prima luce postridie constituunt proficisci.

LXVIII. Cæsar, exploratis regionibus, albente coelo, omnes copias castris educit, magnoque circuitu, nullo certo itinere, exercitum ducit : nam, quæ itinera ad Iberum atque Octogesam pertinebant, castris hostium oppositis tenebantur. Ipsi erant transcendendæ valles maximæ ac difficillimæ; saxa multis locis prærupta iter impediebant, ut arma per manus necessario traderentur, militesque inermi sublevatique alii ab aliis magnam partem itineris conficerent. Sed hunc laborem recusabat nemo, quod eum omnium laborum finem fore existimabant, si hostem Ibero intercludere et frumento prohibere potuissent.

LXIX. Ac primo Afraniani milites, visendi causa, læti ex castris procurrebant, contumeliosisque vocibus prosequebantur, « nos necessarii victus inopia coactos fugere, atque ad Ilerdam reverti. » Erat enim iter a proposito diversum, contrariamque in partem iri videbatur.

rience faite la nuit précédente, qu'on ne saurait sortir secrètement : la cavalerie de César se répandait la nuit, et gardait les chemins; il fallait éviter tout combat nocturne, surtout dans une guerre civile, où le soldat consulte plus sa frayeur que ses sermens : en plein jour, la honte l'arrête; la présence des tribuns et des centurions le retient dans le devoir. Il fallait donc à tout prix s'ouvrir un passage pendant le jour : éprouvât-on quelque perte, au moins l'armée se sauverait et gagnerait la hauteur qu'on voulait prendre. Cet avis l'emporta au conseil; le départ fut résolu pour le lendemain, au point du jour.

LXVIII. César, bien informé de la disposition des lieux, fait sortir ses troupes aux premières blancheurs de l'aube, et les conduit par un grand détour, sans tenir de route certaine, parce que l'ennemi avait son camp sur le chemin qui conduisait à Octogesa et à l'Èbre. Il eut à traverser des vallées profondes et difficiles; des roches escarpées arrêtaient la marche en plusieurs endroits; les soldats étaient obligés de se donner leurs armes de main en main, et de se soulever les uns les autres. On fit ainsi une partie de la route; mais aucun ne se refusait à la fatigue, espérant en trouver le terme, s'il pouvait couper à l'ennemi le chemin de l'Èbre et les vivres.

LXIX. Les soldats d'Afranius sortent avec joie de leur camp, pour nous voir partir, et nous adressent des paroles insultantes. Ils croyaient que le défaut de vivres nous obligeait à fuir et à retourner à Ilerda; car nous prenions une route qui semblait tout opposée au but où

Duces vero eorum suum consilium laudibus ferebant, quod se castris tenuissent : multumque eorum opinionem adjuvabat, quod sine jumentis impedimentisque ad iter profectos videbant, ut, non posse diutius inopiam sustinere, confiderent. Sed, ubi paulatim retorqueri agmen ad dextram conspexerunt, jamque primos superare regionem castrorum animum adverterunt, nemo erat adeo tardus aut fugiens laboris, quin statim castris excundum atque occurrendum putarent. Conclamatur ad arma, atque omnes copiæ, paucis præsidio relictis cohortibus, exeunt, rectoque ad Iberum itinere contendunt.

LXX. Erat in celeritate omne positum certamen, utri prius angustias montesque occuparent : sed exercitum Cæsaris viarum difficultates tardabant; Afranii copias equitatus Cæsaris insequens morabatur. Res tamen ab Afranianis huc erat necessario deducta, ut, si priores montes, quos petebant, attigissent, ipsi periculum vitarent, impedimenta totius exercitus cohortesque, in castris relictas, servare non possent; quibus interclusis exercitu Cæsaris auxilium ferri nulla ratione poterat. Confecit prior iter Cæsar, atque ex magnis rupibus nactus planitiem, in hac contra hostem aciem instruit. Afranius, quum ab equitatu novissimum agmen premeretur, et ante se hostem videret, collem quemdam nactus, ibi constitit. Ex eo loco quatuor cetratorum cohortes in montem, qui erat in conspectu omnium excelsissimus, mittit. Hunc magno cursu concitatos jubet occupare, eo consilio, ut ipse eodem omnibus copiis contenderet, et, mutato itinere, jugis Octogesam perveniret. Hunc quum

nous voulions atteindre. Leurs chefs s'applaudissaient de
s'être décidés à garder leur position; et, nous voyant
partir sans bêtes de somme ni équipages, ils ne s'en per-
suadaient que mieux que nous ne pouvions supporter
plus long-temps la disette. Mais lorsqu'ils virent notre
armée tourner peu à peu vers la droite, et que déjà la
tête de nos troupes avait dépassé les hauteurs qui domi-
naient leur camp, tous, jusqu'aux plus lents et aux plus
paresseux, se mirent aussitôt en devoir de sortir du camp
et de marcher au devant de nous. On crie aux armes,
et, laissant quelques cohortes à la garde du bagage,
tous sortent et vont droit à l'Èbre.

LXX. C'était un combat de vitesse, à qui occuperait
le premier les défilés et les montagnes. L'armée de César
était retardée par la difficulté des chemins; celle d'Afranius, par la cavalerie qui le poursuivait. Et telle était la
position d'Afranius, que s'il atteignait le premier les hauteurs, il évitait pour lui le péril, mais ne pouvait sauver
ni les bagages de toute l'armée, ni les cohortes qu'il avait
laissées au camp : il en était séparé par l'armée de César,
de manière à ne pouvoir les secourir. César arriva le
premier; et, ayant trouvé une plaine au sortir de ces rochers, il s'y rangea en face de l'ennemi. Afranius, dont
l'arrière-garde était pressée par notre cavalerie, et qui
se voyait l'ennemi en tête, gagna une colline et s'y arrêta. De là, il détacha quatre cohortes espagnoles vers
une haute montagne qui était en vue des deux armées :
il leur ordonna d'y courir en toute hâte. Son dessein
était de s'y porter lui-même avec toutes ses troupes, et,
changeant sa route, d'arriver à Octogesa par les hau-

obliquo itinere cetrati peterent, conspicatus equitatus
Cæsaris, in cohortes impetum facit : nec minimam partem temporis equitum vim cetrati sustinere potuerunt,
omnesque àb eis circumventi, in conspectu utriusque
exercitus interficiuntur.

LXXI. Erat occasio bene gerendæ rei. Neque vero id
Cæsarem fugiebat, tanto sub oculis accepto detrimento,
perterritum exercitum sustinere non posse, præsertim
circumdatum undique equitatu, quum in loco æquo atque aperto confligeretur : idque ex omnibus partibus ab
eo flagitabatur. Concurrebant legati, centuriones, tri-
bunique militum, « ne dubitaret prœlium committere ;
omnium esse militum paratissimos animos : Afranianos
contra multis rebus sui timoris signa misisse, quod suis
non subvenissent, quod de colle non decederent, quod
vix equitum incursus sustinerent, collatisque in unum
locum signis, conferti, neque ordines, neque signa servarent. Quod si iniquitatem loci timeret, datum iri tamen aliquo loco pugnandi facultatem, quod certe inde
decedendum esset Afranio, nec sine aqua permanere
posset. »

LXXII. Cæsar in eam spem venerat, se sine pugna
et sine vulnere suorum rem conficere posse, quod re
frumentaria adversarios interclusisset : « cur etiam secundo prœlio aliquos ex suis amitteret? cur vulnerari
pateretur optime de se meritos milites? cur denique fortunam periclitaretur? præsertim quum non minus esset
imperatoris, consilio superare, quam gladio. » Movebatur etiam misericordia civium, quos interficiendos videbat : quibus salvis atque incolumibus, rem obtinere

teurs. Tandis que ces cohortes se dirigeaient vers ce poste par une marche oblique, la cavalerie de César les aperçut, tomba sur elles sans qu'elles pussent soutenir le choc un instant, les enveloppa et les tailla en pièces à la vue des deux armées.

LXXI. L'occasion était favorable. César n'ignorait pas que l'armée ennemie ne pourrait soutenir l'attaque après un tel échec, dans un lieu plat et découvert, où sa cavalerie l'enveloppait de toutes parts. Tous lui demandaient le signal : les lieutenans, les centurions, les tribuns militaires, accourant vers lui, le suppliaient de ne pas hésiter à livrer bataille. Ses soldats sont prêts : ceux d'Afranius ont donné plusieurs marques de crainte; ils n'ont pas osé secourir leurs cohortes, descendre de leur colline, soutenir le choc de notre cavalerie; ils ont réuni leurs enseignes, sans se mettre en peine de les défendre ni de garder leurs rangs. Si c'est le désavantage du terrain qui l'arrête, l'occasion de combattre n'en sera pas moins inévitable; car Afranius, ne pouvant rester sans eau, quittera nécessairement ce poste.

LXXII. César, en coupant les vivres à ses ennemis, espérait terminer l'affaire sans combat et sans aucune perte des siens. Pourquoi acheter même une victoire au prix du sang de quelques soldats? exposer aux blessures ceux qui lui sont si dévoués, enfin tenter la fortune, quand le devoir d'un général est de vaincre par la prudence aussi bien que par l'épée? D'ailleurs, il se sentait ému de pitié pour tant de citoyens dont il voyait la perte inévitable; il aimait mieux vaincre en les sauvant. Cette résolution

malebat. Hoc consilium Cæsaris a plerisque non proba-
batur; milites vero palam inter se loquebantur, quoniam talis occasio victoriæ dimitteretur, etiam quum
vellet Cæsar, sese non esse pugnaturos. Ille in sua sententia perseverat, et paululum ex eo loco digreditur,
ut timorem adversariis minuat. Petreius atque Afranius,
oblata facultate, in castra sese referunt. Cæsar, præsidiis in montibus dispositis, omni ad Iberum intercluso
itinere, quam proxime potest hostium castris castra
communit.

LXXIII. Postero die, duces adversariorum perturbati,
quod omnem rei frumentariæ fluminisque Iberi spem
dimiserant, de reliquis rebus consultabant. Erat unum
iter, Ilerdam si reverti vellent; alterum, si Tarraconem
peterent. Hæc consiliantibus eis, nuntiatur, aquatores
ab equitatu premi nostro. Qua re cognita, crebras stationes disponunt equitum et cohortium alariarum, le-
gionariasque interjiciunt cohortes, vallumque ex castris
ad aquam ducere incipiunt, ut intra munitionem, et sine
timore, et sine stationibus aquari possent. Id opus inter
se Petreius atque Afranius partiuntur, ipsique perfi-
ciendi operis causa longius progrediuntur.

LXXIV. Quorum discessu liberam nacti milites col-
loquiorum facultatem, vulgo procedunt, et quem quisque in castris notum aut municipem habebat, conquirit
atque evocat. Primum agunt gratias omnes omnibus,
quod sibi perterritis pridie pepercissent; eorum se beneficio vivere. Deinde imperatoris fidem quærunt, rectene
se illi sint commissuri; et, quod non ab initio fecerint,

de César déplaisait au plus grand nombre : les soldats disaient entre eux que puisqu'il laissait échapper une occasion si belle, ils ne combattraient plus quand César le voudrait. Il demeura inébranlable, et s'éloigna un peu pour diminuer la frayeur de l'ennemi. Afranius et Petreius profitèrent de ce mouvement, et rentrèrent dans leur camp. César plaça des postes sur les hauteurs, ferma tous les chemins jusqu'à l'Èbre, et vint camper le plus près qu'il put des ennemis.

LXXIII. Le lendemain, leurs généraux, inquiets d'être séparés de l'Èbre et privés de subsistance, délibèrent sur ce qu'ils ont à faire. Il leur restait un chemin pour retourner à Ilerda, un autre pour aller à Tarragone. Durant le conseil, on leur annonce que ceux de leurs gens qui allaient à l'eau sont pressés par notre cavalerie : sur cet avis, ils disposent plusieurs postes de cavalerie et d'infanterie auxiliaire, les entremêlent de cohortes légionnaires, et commencent un retranchement depuis leur camp jusqu'à la source, afin de pouvoir y aller à couvert sans crainte et sans escorte. Afranius et Petreius partagent entre eux le travail, et s'éloignent pour le surveiller.

LXXIV. Les soldats profitent de cette absence pour s'entretenir librement avec les nôtres : ils sortent du camp, cherchent parmi nous, et appellent ceux qui sont de leur connaissance ou de leur ville. D'abord ce sont des actions de grâces : tous nous remercient de les avoir épargnés la veille, et reconnaissent qu'ils nous doivent la vie; puis ils s'informent de ce qu'ils peuvent espérer de Cé-

armaque quod cum hominibus necessariis et consangui-
neis contulerint, queruntur. His provocati sermonibus,
fidem ab imperatore de Petreii et Afranii vita petunt, ne
quod in se scelus concepisse, neu suos prodidisse videantur. Quibus confirmatis rebus, se statim signa transla-
turos confirmant; legatosque de pace primorum ordinum
centuriones ad Cæsarem mittunt. Interim alii suos in
castra, invitandi causa, adducunt; alii ab suis adducun-
tur, adeo ut una castra jam facta ex binis viderentur;
compluresque tribuni militum et centuriones ad Cæsarem veniunt, seque ei commendant. Hoc idem fit a principibus Hispaniæ, quos illi evocaverant, et secum in castris habebant obsidum loco. Ii suos notos hospitesque
quærebant, per quem quisque eorum aditum commen-
dationis haberet ad Cæsarem. Afranii etiam filius adolescens de sua ac parentis sui salute cum Cæsare per
Sulpicium legatum agebat. Erant plena lætitia et gratu-
latione omnia; eorum, qui tanta pericula vitasse, et
eorum, qui sine vulnere tantas res confecisse videbantur: magnumque fructum suæ pristinæ lenitatis, omnium
judicio, Cæsar ferebat, consiliumque ejus a cunctis pro-
babatur.

LXXV. Quibus rebus nuntiatis Afranio, ab instituto
opere discedit, seque in castra recipit, sic paratus, ut
videbatur, ut, quicunque accidisset casus, hunc quieto
et æquo animo ferret. Petreius vero non deserit sese:
armat familiam : cum hac et prætoria cohorte cetratorum, barbarisque equitibus paucis, beneficiariis suis,
quos suæ custodiæ causa habere consuerat, improviso

sar, et s'ils ne risqueraient rien à se confier à lui : ils regrettent de ne l'avoir point fait d'abord, et de s'être armés contre leurs amis et leurs proches. De propos en propos, ils demandent la parole de César pour la vie d'Afranius et de Petreius, afin de ne pas paraître coupables d'une odieuse trahison. Sur cette assurance, ils s'engagent à passer aussitôt avec leurs enseignes : ils envoient vers César les centurions de premier rang pour traiter de la paix. En même temps ils s'invitent, ils se conduisent mutuellement d'un camp à l'autre, et bientôt les deux camps n'en forment plus qu'un seul. Un grand nombre de tribuns et de centurions vont trouver César, et se rendent à lui. Les principaux Espagnols qu'ils avaient appelés à leur aide, ou gardés en otage, font de même, et cherchent des amis et des hôtes qui les présentent à César. Le jeune fils d'Afranius traitait de la sûreté de son père et de la sienne par l'entremise du lieutenant Sulpicius. Ce n'était partout que félicitations et allégresse, les uns pour avoir échappé à un si grand péril, les autres pour avoir terminé sans verser de sang une affaire si importante. César recueillait, au jugement de tous, le précieux fruit de sa clémence; chacun applaudissait au parti qu'il avait pris.

LXXV. Afranius, averti de ce qui se passait, quitte les travaux et revient au camp, décidé, selon les apparences, à supporter avec patience l'évènement, quel qu'il fût. Mais Petreius ne désespère point; il arme ses domestiques, y joint une cohorte prétorienne espagnole et quelques cavaliers barbares, sa garde ordinaire et favorite : il vole aussitôt aux retranchemens, rompt les entre-

ad vallum advolat, colloquia militum interrumpit, nostros repellit ab castris; quos deprehendit, interficit. Reliqui coeunt inter se, et, repentino periculo exterriti,
sinistras sagis involvunt, gladiosque destringunt, atque
ita se a cetratis equitibusque defendunt, castrorum propinquitate confisi; seque in castra recipiunt, et ab iis cohortibus, quæ erant in statione ad portas, defenduntur.

LXXVI. Quibus rebus confectis, flens Petreius ma-
nipulos circuit, militesque appellat; neu se, neu Pompeium absentem, imperatorem suum, adversariis ad supplicium tradant, obsecrat. Fit celeriter concursus in
prætorium. Postulat, ut jurent omnes, se exercitum du-
cesque non deserturos, neque predituros, neque sibi
separatim a reliquis consilium capturos. Princeps in hæc
verba jurat ipse : idem jusjurandum adigit Afranium :
subsequuntur tribuni militum centurionesque : centu-
riatim producti milites idem jurant. Edicunt, penes quem
quisque sit Cæsaris miles, ut producatur : productos
palam in prætorio interficiunt. Sed plerosque hi, qui
receperant, celant, noctuque per vallum emittunt. Sic
terrore oblato a ducibus, crudelitas in supplicio, nova
religio jurisjurandi, spem præsentis deditionis sustulit,
mentesque militum convertit, et rem ad pristinam belli
rationem redegit.

LXXVII. Cæsar, qui milites adversariorum in castra
per tempus colloquii venerant, summa diligentia conquiri et remitti jubet : sed ex numero tribunorum militum centurionumque nonnulli sua voluntate apud eum

tiens des soldats, chasse les nôtres du camp, tue ceux qu'il saisit. Les autres, dans ce danger imprévu, se rassemblent, s'enveloppent le bras gauche[71] de leur manteau, et, rassurés, par la proximité du camp, ils se défendent contre l'infanterie espagnole et la cavalerie, et rentrent au camp, protégés par les cohortes qui étaient de garde aux portes.

LXXVI. Cependant Petreius parcourt les rangs en versant des larmes; il exhorte les soldats, il les conjure de ne point livrer à César et au supplice Pompée, leur général absent, et lui-même. Sur le champ on s'assemble devant sa tente : là il fait jurer à tous de n'abandonner ni l'armée ni les chefs, de ne point les trahir, et de ne faire aucun traité particulier. Il s'y engage le premier, il exige le même serment d'Afranius : les tribuns des soldats et les centurions suivent cet exemple; les soldats viennent également par centuries. On ordonne à tous ceux qui ont en leur pouvoir quelque soldat de César, de l'amener, et là, dans le prétoire, on l'égorge. Mais la plupart de ceux qui en avaient reçu les cachent et les font échapper, la nuit, par le rempart. Ainsi la crainte que surent inspirer les chefs, la cruauté du massacre, la religion d'un nouveau serment, tout détruisit l'espoir d'un accommodement, changea les dispositions du soldat, et ramena les premières idées de guerre.

LXXVII. César fit rechercher avec soin les soldats ennemis qui étaient venus dans son camp à l'époque des premiers pourparlers, et les renvoya. Il y eut plusieurs centurions et tribuns qui préférèrent rester avec lui :

remanserunt, quos ille postea magno in honore habuit; centuriones in ampliores ordines, equites romanos in tribunitium restituit honorem.

LXXVIII. Premebantur Afraniani pabulatione, aquabantur ægre. Frumenti copiam legionarii nonnullam habebant, quod dierum XXII ab Ilerda frumentum jussi erant efferre; cetrati auxiliaresque nullam, quorum erant et facultates ad parandum exiguæ, et corpora insueta ad onera portanda. Itaque magnus eorum quotidie numerus ad Cæsarem perfugiebat. In his erat angustiis res; sed ex propositis consiliis duobus explicitius videbatur, Ilerdam reverti, quod ibi paululum frumenti reliquerant: ibi se reliquum consilium explicaturos confidebant. Tarraco aberat longius : quo spatio plures rem posse casus recipere intelligebant. Hoc probato consilio, ex castris proficiscuntur. Cæsar, equitatu præmisso, qui novissimum agmen carperet atque impediret, ipse cum legionibus subsequitur. Nullum intercedebat tempus, quin extremi cum equitibus prœliarentur.

LXXIX. Genus erat hoc pugnæ. Expeditæ cohortes novissimum agmen claudebant, pluriesque in locis campestribus subsistebant. Si mons erat ascendendus, facile ipsa loci natura periculum repellebat, quod ex locis superioribus, qui antecesserant, suos ascendentes protegebant. Quum vallis aut locus declivis suberat, neque ii, qui antecesserant, morantibus opem ferre poterant, equites vero ex loco superiore in aversos tela conjiciebant, tum magno erat in periculo res. Re-

César les honora depuis d'une manière particulière; il éleva les centurions à des grades supérieurs, et fit les chevaliers romains tribuns des soldats.

LXXVIII. Les ennemis souffraient de la disette de fourrage, et n'avaient de l'eau qu'avec peine. Les légionnaires avaient bien un peu de blé, parce qu'en partant d'Ilerda, l'ordre avait été donné d'en prendre pour vingt-deux jours; mais l'infanterie espagnole et les troupes auxiliaires en manquaient : elles avaient peu de moyens d'en acheter, et d'ailleurs n'étaient point accoutumées à porter des fardeaux. Aussi venaient-elles chaque jour se rendre en foule auprès de César. La position était critique. Des deux partis qui s'offraient, le plus sûr parut de retourner à Ilerda, où ils avaient laissé quelque blé : ils pourraient ensuite aviser au reste. Tarragone était plus éloignée, et par conséquent la route exposée à plus de hasards. Cette résolution prise, ils partent du camp. César envoie sa cavalerie pour inquiéter leur arrière-garde, et les suit avec ses légions. La cavalerie ne leur donne pas un instant de relâche.

LXXIX. Voici comment ils soutenaient le combat. Des cohortes sans bagage fermaient l'arrière-garde et s'arrêtaient souvent dans les plaines. S'il fallait garnir une hauteur, le site même les favorisait, parce que les premiers rangs, placés au dessus des autres, protégeaient ceux qui venaient ensuite. Mais avaient-ils à défendre une vallée, les derniers rangs ne pouvaient alors être secourus, et notre cavalerie leur lançait d'en haut une grêle de traits : leur retraite ne s'opérait alors qu'avec

linquebatur, ut, quum ejusmodi esset locis appropinqua-
tum, legionum signa consistere juberent, magnoque
impetu equitatum repellerent; eo submoto, repente incitati cursu sese in valles universi demitterent, atque ita
transgressi, rursus in locis superioribus consisterent.
Nam tantum ab equitum suorum auxiliis aberant, quorum numerum habebant magnum, ut eos, superioribus
perterritos prœliis, in medium reciperent agmen, ultro-
que eos tuerentur : quorum nulli ex itinere excedere licebat, quin ab equitatu Cæsaris exciperetur.

LXXX. Tali quum pugnatur modo, lente atque paulatim proceditur, crebroque, ut sint auxilio suis, subsistunt, ut tum accidit. Millia enim progressi IV, vehe-
mentiusque peragitati ab equitatu, montem excelsum
capiunt, ibique una fronte contra hostem castra muniunt, neque jumentis onera deponunt. Ubi Cæsaris castra posita, tabernaculaque constituta, et dimissos equites
pabulandi causa animum adverterunt, sese subito proripiunt : hora circiter sexta ejusdem diei, et spem nacti
moræ, discessu nostrorum equitum, iter facere incipiunt.
Qua re animadversa, Cæsar, relictis legionibus, subsequitur, præsidio impedimentis paucas cohortes relinquit : hora x subsequi pabulatores, equitesque revocari
jubet. Celeriter equitatus ad quotidianum itineris officium revertitur : pugnatur acriter ad novissimum agmen,
adeo, ut pæne terga convertant; compluresque milites,
etiam nonnulli centuriones, interficiuntur. Instabat agmen Cæsaris, atque universum imminebat.

de grands périls. Quand ils approchaient de pareils endroits, leurs légions étaient obligées de faire halte, et
de repousser notre cavalerie par une charge vigoureuse;
puis, après l'avoir écartée, tout à coup elles précipi-
taient leur course, se jetaient toutes ensemble dans les
vallées, et se reformaient ensuite sur les hauteurs. Leur
cavalerie, quoique nombreuse, loin de leur être d'aucun
secours, était si effrayée des combats précédens, qu'ils
étaient obligés de la placer dans leur centre, et de la
défendre eux-mêmes. Aucun homme ne sortait de la
ligne sans être enlevé par la cavalerie de César.

LXXX. Ces combats continuels rendaient la marche
lente et tardive; la nécessité de secourir les derniers rangs
leur faisait faire des haltes nombreuses. Aussi, après un
chemin de quatre milles, vivement poursuivis par notre
cavalerie, ils gagnent une haute montagne et y fortifient
leur camp, seulement du côté qui regarde l'ennemi, sans
décharger le bagage. Dès qu'ils virent notre camp établi,
nos tentes dressées, et notre cavalerie partie pour le fourrage, ils se mettent aussitôt en marche vers la sixième[72]
heure, espérant nous devancer, tandis que nous atten-
drions notre cavalerie pour les poursuivre. César s'en
aperçoit, prend le reste des légions, laisse quelques cohortes à la garde du bagage, et ordonne qu'à la dixième
heure on rappelle la cavalerie, et que les fourrageurs le
suivent. Celle-ci revient bientôt reprendre son service
journalier : on combat vivement à l'arrière-garde : l'ennemi est fortement pressé; un grand nombre de soldats,
plusieurs centurions même périssent. L'armée entière de
César approchait et allait fondre sur eux.

LXXXI. Tum vero neque ad explorandum idoneum
locum castris, neque ad progrediendum data facultate,
consistunt necessario, et procul ab aqua, et natura iniquo loco castra ponunt. Sed iisdem de causis Cæsar, quæ
supra sunt demonstratæ, prœlio amplius non lacessit,
et eo die tabernacula statui passus non est, quo para-
tiores essent ad insequendum omnes, sive noctu, sive
interdiu erumperent. Illi enim, adverso vitio castrorum,
tota nocte munitiones proferunt, castraque castris convertunt. Hoc idem proximo die a prima luce faciunt; to-
tumque in ea re diem consumunt. Sed, quantum opere
processerant, et castra protulerant, tanto aberant ab
aqua longius, et præsenti malo aliis malis remedia da-
bantur. Prima nocte aquandi causa nemo egreditur ex
castris : proximo die, præsidio in castris relicto, univer-
sas ad aquam copias educunt; pabulatum emittitur nemo.
His eos supplices male haberi Cæsar, et necessariam subire deditionem, quam prœlio decertare, malebat : co-
natur tamen eos vallo fossaque circummunire, ut quam
maxime repentinas eorum eruptiones demoretur, quo
necessario descensuros existimabat. Illi, et inopia pabuli
adducti, et, quo essent ad iter expeditiores, omnia sar-
cinaria jumenta interfici jubent.

LXXXII. In his operibus consiliisque biduum consu-
mitur : tertio die magna jam pars operis Cæsaris pro-
cesserat. Illi impediendæ rei causa, hora circiter octava
signo dato, legiones educunt, aciemque sub castris instruunt. Cæsar ab opere legiones revocat, equitatum omnem convenire jubet, aciem instruit : contra opinionem

LXXXI. Alors, ne pouvant plus ni continuer leur route, ni chercher une position convenable, ils sont forcés de s'arrêter et de camper en un lieu désavantageux et éloigné de l'eau. César, par les motifs exposés ci-dessus, ne voulut point les attaquer : il défendit seulement de dresser les tentes, afin d'être plus en état de les suivre le jour ou la nuit, s'ils voulaient s'échapper. Ceux-ci, remarquant le désavantage du poste, changent la disposition de leur camp, et travaillent toute la nuit à étendre leurs retranchemens. Ils font de même le lendemain, dès le matin, et y emploient toute la journée. Mais plus ils s'étendaient, plus ils s'éloignaient de l'eau, et ils remédiaient ainsi à un mal par un autre. La première nuit, personne n'osa sortir du camp pour aller à l'eau ; le jour suivant, on laissa une garde au camp ; toute l'armée y alla en corps ; mais personne n'alla au fourrage. César, plutôt que de combattre, préférait les réduire par ce moyen à la nécessité de se rendre. En même temps il travailla à les enfermer par un fossé et un retranchement, pour arrêter les sorties subites auxquelles il pensait bien qu'ils auraient recours. Ceux-ci, manquant de fourrage, et voulant être plus libres dans leur marche, firent tuer toutes les bêtes de somme.

LXXXII. Deux jours se passèrent dans ces préparatifs ; le troisième, les travaux de César étaient déjà fort avancés. Vers la huitième heure, à un signal donné, ils essaient de nous interrompre, font sortir leurs légions, et les rangent devant leur camp. César rappelle ses travailleurs, rassemble toute la cavalerie, et se met en

enim militum famamque omnium videri proelium diffugisse, magnum detrimentum afferebat. Sed eisdem de causis, quæ sunt cognitæ, quo minus dimicare vellet, movebatur; atque hoc etiam magis, quod spatii brevitas, etiam in fugam conjectis adversariis, non multum ad summam victoriæ juvare poterat : non enim amplius pedum millibus ii ab castris castra distabant. Hinc duas partes acies occupabant duæ; tertia vacabat, ad incursum atque impetum militum relicta. Si proelium committeretur, propinquitas castrorum celerem superatis ex fuga receptum dabat. Hac de causa constituerat, signa inferentibus resistere, prior proelio non lacessere.

LXXXIII. Acies erat Afraniana duplex legionum quinque; tertium in subsidiis locum alariæ cohortes obtinebant : Cæsaris triplex; sed primam aciem quaternæ cohortes ex v legionibus tenebant : has subsidiariæ ternæ, et rursus aliæ totidem suæ cujusque legionis subsequebantur; sagittarii funditoresque media continebantur acie; equitatus latera cingebat. Tali instructa acie, tenere uterque propositum videbatur; Cæsar nisi coactus proelium non committere; ille, ut opera Cæsaris impediret. Producitur tamen res, aciesque ad solis occasum continentur : inde utrique in castra discedunt. Postero die, munitiones institutas Cæsar parat perficere; illi vadum fluminis Sicoris tentare, si transire possent. Qua re animadversa, Cæsar Germanos levis armaturæ equitumque partem flumen transjicit, crebrasque in ripis custodias disponit.

bataille. Paraître éviter une action, contre le désir des soldats et l'opinion de tous, c'eût été se faire grand tort. Cependant les motifs déjà connus l'empêchaient de souhaiter le combat, d'autant plus que le peu d'étendue du terrain ne permettait pas, même en cas de succès, une victoire décisive : il n'y avait guère que deux mille pas d'un camp à l'autre. Deux tiers étaient occupés par les deux armées; un seul tiers restait pour l'attaque. Si l'on en venait aux mains, la proximité du camp donnait aux vaincus une facile retraite. Cette raison le déterminait à attendre l'attaque, au lieu de la commencer.

LXXXIII. L'armée d'Afranius était rangée sur deux lignes composées de cinq légions, et les troupes auxiliaires formaient le corps de réserve. Celle de César était sur trois lignes; la première, formée de quatre cohortes prises à chacune des cinq légions, trois de chaque en seconde ligne, et autant dans la troisième [73]; au milieu, les archers et les frondeurs; la cavalerie sur les ailes. Dans cet ordre de bataille, César et Afranius paraissaient s'en tenir à leur plan, l'un, de ne point combattre, l'autre, d'empêcher les travaux de César. Les armées restèrent en cet état jusqu'au coucher du soleil, où chacun se retira dans son camp. Le lendemain, César continue ses travaux : l'ennemi tente le passage de la Sègre, et cherche un gué. César, s'en étant aperçu, fait passer la rivière à une partie de la cavalerie et à l'infanterie légère des Germains, et place des postes nombreux sur le bord.

LXXXIV. Tandem, omnibus rebus obsessi, quartum jam diem sine pabulo retentis jumentis, aquæ, lignorum, frumenti inopia, colloquium petunt, et id, si fieri possit, semoto a militibus loco. Ubi id a Cæsare negatum, et, palam si colloqui vellent, concessum est, datur obsidis loco Cæsari filius Afranii. Venitur in eum locum, quem Cæsar delegit. Audiente utroque exercitu, loquitur Afranius : « Non esse aut ipsis aut militibus succensendum, quod fidem erga imperatorem suum Cn. Pompeium conservare voluerint : sed satis jam fecisse officio, satisque supplicii tulisse, perpessos omnium rerum inopiam : nunc vero, pæne ut feminas, circummunitos prohiberi aqua, prohiberi ingressu; neque corpore dolorem, neque animo ignominiam ferre posse : itaque se victos confiteri : orare atque obsecrare, si qui locus misericordiæ relinquatur, ne ad ultimum supplicium progredi necesse habeant. » Hæc quam potest demississime atque subjectissime exponit.

LXXXV. Ad ea Cæsar respondit : « Nulli omnium has partes vel querimoniæ, vel miserationis, minus convenisse : reliquos enim omnes suum officium præstitisse; se, qui etiam bona conditione, et loco et tempore æquo, confligere noluerit, ut quam integerrima essent ad pacem omnia; exercitum suum, qui, injuria etiam accepta suisque interfectis, quos in sua potestate habuerit, conservarit et texerit; illius denique exercitus milites, qui per se de consilianda pace egerint : qua in re omnium suorum vitæ consulendum putarint. Sic omnium ordinum partes in misericordia constitisse : ipsos duces a pace abhorruisse : eos neque colloquii, neque induciarum jura

LXXXIV. Enfin, assiégés 74 de tous côtés, depuis quatre jours sans fourrage, privés d'eau, de bois, de grains, ils demandent une entrevue, et, s'il se peut, dans un lieu éloigné des troupes. César refuse, et offre de les entendre publiquement : on lui donne en otage le fils d'Afranius, et l'on se rend au lieu qu'il désigne. Afranius prend la parole, en présence des deux armées, et dit, « qu'on ne doit pas leur faire un crime, à eux et à leurs troupes, d'avoir voulu rester fidèles à Cn. Pompée, leur général. Mais leur devoir est rempli : ils ont assez souffert ; ils ont assez enduré de privations de tout genre. Maintenant encore, enfermés comme des femmes, ils manquent d'eau, et ne peuvent faire le moindre mouvement. Ni leurs corps ne sauraient plus long-temps supporter tant de souffrances, ni leurs âmes tant d'ignominie : ils s'avouent donc vaincus, et ils demandent, s'il reste quelque recours à la pitié, qu'on ne les réduise pas à la nécessité de mourir. » Il prononça ces paroles du ton le plus humble et le plus soumis.

LXXXV. César répondit que personne n'avait moins le droit d'implorer la compassion, et de faire entendre des plaintes. Tous les autres ont fait leur devoir ; César, en s'abstenant de combattre dans un temps et un lieu favorables, afin de laisser accès à des voies de conciliation ; ses soldats, en conservant et protégeant les ennemis qui étaient en leur pouvoir, malgré la plus cruelle injure et le massacre des leurs ; enfin, les troupes d'Afranius, en venant traiter elles-mêmes de la paix, et en même temps du salut de tous. Ainsi dans tous les rangs on s'arrêtait au parti conseillé par l'humanité : les chefs seuls ont repoussé la paix ; loin de respecter une trève

servasse, et homines imperitos, et per colloquium decep-
tos crudelissime interfecisse. Accidisse igitur his, quod
plerumque hominibus nimia pertinacia atque arrogantia
accidere soleat, uti eo recurrant, et id cupidissime petant, quod paulo ante contempserint. Neque nunc se illorum humilitate, neque aliqua temporis opportunitate
postulare, quibus rebus augeantur opes suæ; sed eos
exercitus, quos contra se multos jam annos aluerint,
velle dimitti. Neque enim sex legiones alia de causa missas in Hispaniam, septimamque ibi conscriptam, neque
tot tantasque classes paratas, neque submissos duces,
rei militaris peritos : nihil horum ad pacandas Hispanias, nihil ad usum Provinciæ provisum; quæ, propter diuturnitatem pacis, nullum auxilium desiderarit;
omnia hæc jam pridem contra se parari; in se novi
generis imperia constitui, ut idem ad portas urbanis
præsidia rebus, et duas bellicosissimas provincias absens tot annos obtineat : in se jura magistratuum com-
mutari, ne ex prætura et consulatu, ut semper, sed per
paucos probati et electi in provincias mittantur : in se
ætatis excusationem nihil valere, quod superioribus bellis probati ad obtinendos exercitus evocentur : in se uno
non servari, quod sit omnibus datum semper imperatoribus, ut, rebus feliciter gestis, aut cum honore aliquo,
aut certe sine ignominia domum revertantur, exercitumque dimittant. Quæ tamen omnia et se tulisse patienter,
et esse laturum; neque nunc id agere, ut ab illis abduc-
tum exercitum teneat ipse, quod tamen sibi difficile non
sit, sed ne illi habeant, quo contra se uti possint. Proinde,
ut esset dictum, provinciis excederent, exercitumque di-

et une entrevue, ils ont cruellement massacré des hommes sans défiance qui se reposaient sur la foi publique.
Aujourd'hui, par un sort ordinaire à l'arrogance et à la
présomption, ils recherchent avec empressement ce qu'ils
ont d'abord dédaigné. Il ne se prévaudra point de leur
abaissement, ni des circonstances, pour accroître son
pouvoir; mais il veut que les armées depuis long-temps
entretenues contre lui soient licenciées. Il le sait, ce n'est
point pour d'autre motif qu'on a envoyé six légions en
Espagne, et qu'on y en a levé une septième; qu'on a
équippé tant de flottes, convoqué de si habiles généraux;
ce n'était ni pour pacifier l'Espagne, ni pour secourir
la Province, dont une longue paix avait assuré le sort:
toutes ces mesures étaient dès long-temps dirigées contre
César: c'est pour le combattre, que les formes anciennes
du gouvernement ont été changées; que, des portes de
Rome, le même homme préside aux délibérations intérieures, et, quoiqu'absent, gouverne depuis tant d'années deux provinces[75] belliqueuses; que les droits sacrés
des magistrats ont été violés, et qu'on a donné des provinces, non plus, selon l'usage constant, à d'anciens préteurs et à d'anciens consuls, mais à des particuliers[76]
choisis par une faction; qu'enfin, au mépris du privilège de l'âge, on appelait aux armes des vétérans, malgré
leurs anciens services. A lui seul on refuse ce qui fut toujours accordé aux généraux qui ont bien servi l'état, de
rentrer dans Rome avec honneur, ou du moins sans
honte, après avoir congédié l'armée. Tous ces outrages,
il les a supportés patiemment, et les supportera encore:
il ne veut pas même, ce qui lui serait facile, incorporer

mitterent : si id sit factum, nociturum se nemini : hanc
unam atque extremam pacis esse conditionem. »

LXXXVI. Id vero militibus fuit pergratum et jucun-
dum, ut ex ipsa significatione potuit cognosci, ut, qui
aliquid justi incommodi exspectavissent, ultro præmium
missionis ferrent. Nam quum de loco et tempore ejus
rei controversia inferretur, et voce et manibus universi
ex vallo, ubi constiterant, significare cœperunt, ut statim dimitterentur; neque omni interposita fide firmum
esse posse, si in aliud tempus differretur. Paucis quum
esset in utramque partem verbis disputatum, res huc
deducitur, ut ii, qui habeant domicilium aut possessio-
nes in Hispania, statim, reliqui ad Varum flumen, dimit-
tantur : ne quid eis noceatur, neu quis invitus sacramentum dicere cogatur a Cæsare, cavetur.

LXXXVII. Cæsar, ex eo tempore, dum ad flumen
Varum veniatur, se frumentum daturum pollicetur :
addit etiam, ut, « quid quisque eorum in bello amiserit,
quæ sint penes milites suos, iis, qui amiserint, resti-
tuatur : » militibus, æqua facta æstimatione, pecuniam
pro iis rebus dissolvit. Quascumque postea controversias
inter se milites habuerint, sua sponte ad Cæsarem in
jus adierunt. Petreius atque Afranius, quum stipendium
ab legionibus pæne seditione facta flagitaretur, cujus illi
diem nondum venisse dicerent, Cæsar ut cognosceret,
postulant; eoque utrique, quod statuit, contenti fuerunt.

à son armée les troupes qu'ils commandent, mais seulement les empêcher de s'en servir contre lui; qu'ainsi ils sortent de la Province et licencient leurs soldats. Cela fait, il ne maltraitera personne. Telle est l'unique et irrévocable condition qu'il met à la paix.

LXXXVI. La joie des soldats montra assez que ce discours leur avait plu : ils devaient s'attendre à un juste châtiment, et, en recevant leur congé, ils obtenaient la plus douce récompense. Aussi, comme on discutait sur le lieu et l'époque du licenciement, tous, du geste et de la voix, demandèrent qu'il se fît à l'instant; aucun serment n'en assurerait assez l'exécution, si on le différait. Après quelques paroles échangées à ce sujet, on convint que ceux qui avaient leur demeure ou des propriétés en Espagne seraient licenciés sur-le-champ, les autres sur les bords du Var : il fut stipulé qu'aucun mal ne leur serait fait, et que nul ne serait forcé de prêter le serment militaire à César.

LXXXVII. César s'engagea à leur fournir du blé dès ce moment jusqu'à leur arrivée sur les bords du Var: il ajouta que tout ce qu'ils avaient perdu à la guerre, et qui se trouverait entre les mains de ses soldats, leur serait rendu; il en fit faire l'estimation, et en paya le prix à ses troupes. Il devint l'arbitre de tous les différends : Petreius et Afranius, refusant le paiement de la solde, dont le terme, disaient-ils, n'était pas encore échu, virent une sédition près d'éclater, et prièrent César de décider : les uns et les autres s'en tinrent à son jugement. Le tiers environ de cette armée fut licencié en

Parte circiter tertia exercitus eo biduo dimissa, ii legiones suas antecedere, reliquas subsequi jussit, ut non longo inter se spatio castra facerent; eique negotio Q. Fufium Calenum legatum praefecit. Hoc ejus praescripto ex Hispania ad Varum flumen est iter factum, atque ibi reliqua pars exercitus dimissa.

deux jours. César fit partir devant deux de ses légions,
et ordonna aux autres de les suivre, de manière que
leurs camps ne fussent jamais éloignés l'un de l'autre.
Il donna la conduite de cette marche à son lieutenant
Q. Fufius Calenus. On alla ainsi depuis l'Espagne jusqu'au Var, où le reste de l'armée fut licencié.

NOTES

SUR LE PREMIER LIVRE DE LA GUERRE CIVILE.

———

1. *Fabius*. Dion Cass., l. xli, et Appien, disent que ces lettres furent remises par Curion. La plupart des manuscrits portent le nom de Fabius.

2. *Les vives instances des tribuns, etc.* Cassius et Antoine. *Voyez* chap. 2.

3. *Les consuls*. L. Lentulus et C. Marcellus, tous deux ennemis de César.

4. *Scipion, etc.* Metellus Scipion, beau-père de Cn. Pompée.

5. *M. Marcellus*. Le même qui, après la guerre de Pompée, obtint son pardon de la clémence de César.

6. *A qui l'on avait retiré, etc. Voyez* liv. viii de la Guerre des Gaules, chap. 54.

7. *M. Rufus*. On trouve des lettres de ce M. Rufus dans le liv. viii des *Epit. fam.* de Cicéron. Nous avons de l'orateur romain un discours en sa faveur.

8. *Q. Cassius*. C'était le frère de C. Cassius, un des meurtriers de César.

9. *Pompée, etc.* On se rappelle que Pompée était alors aux portes de Rome. Sa dignité de proconsul l'empêchait d'entrer dans la ville.

10. *Le censeur L. Pison.* L. Pison était beau-père de César.

11. *Le préteur L. Roscius.* L. Roscius, ancien lieutenant de César, dont il est question au liv. v, chap. 24, de la Guerre des Gaules.

12. *D'anciennes inimitiés.* César, étant consul, avait fait conduire Caton en prison.

13. *Et la honte, etc.* Caton avait brigué le consulat, et avait échoué par les intrigues de César et de Pompée. *Voyez* DION CASS., XL.

14. *Un autre Sylla.* On sait que les livres Sybillins avaient promis l'empire de Rome à trois Cornelius. La prédiction s'était vérifiée pour deux d'entre eux, L. Corn. Cinna, consul, et Corn. Sylla, dictateur. Corn. Lentulus avait conçu de son nom les mêmes espérances.

15. *La crainte.* Scipion avait été accusé de brigue par Memmius.

16. *De détourner le péril qui les menace.* Le consul avait dit aux tribuns de sortir du sénat, s'ils ne voulaient pas qu'on fît outrage à leur dignité. DION CASS., XLI; APPIEN, II.

17. *Les extrêmes périls.* Cette formule investissait les consuls du pouvoir le plus étendu. Ils pouvaient lever des troupes, infliger des châtimens, réprimer à leur gré les séditieux. *Voyez* SALLUST., *Catil.*, 29.

18. *Ravenne.* Ville de la Gaule cisalpine; elle porte encore le même nom.

19. *Hors de Rome.* On voulait que Pompée pût assister à la délibération.

20. *Faustus Sylla.* P. Cornelius Sylla Faustus était gendre de Pompée.

21. *Ariminum.* Ville d'Italie. Rimini, dans la Romagne.

22. *Là, le fils d'un de ses lieutenans. Voyez* liv. VII, chap. 12, Guerre des Gaules.

23. *Une faveur.* Le peuple avait permis à César de briguer le consulat, quoique absent. Pompée fit casser ce plébiscite.

24. *Arretium.* Aujourd'hui Arezzo, en Toscane.

25. *Pisaurum.* En Ombrie. Aujourd'hui Pesaro.

26. *Fanum.* Ville maritime.

27. *Ancône.* Ville du Picenum.

28. *Iguvium.* En Ombrie. Aujourd'hui Gubio.

29. *Auximum.* Aujourd'hui Osmo; Marche d'Ancône.

30. *Tout à coup il le laissa.* L'histoire dit au contraire que César trouva le trésor fermé, et ordonna de le briser. FLORUS, liv. IV.

31. *Il les distribua.* J'ai donné au texte l'interprétation qui résulte des expressions même de Cicéron, lett. 14, liv. VII, *à Atticus.*

32. *Toutes les préfectures.* On appelait *préfectures* les villes qui, chaque année, recevaient de Rome des préfets pour administrer la justice : elles étaient moins favorisées que les colonies et les villes municipales.

33. *Cingulum.* Ville du Picenum.

34. *Camérinum.* Ville d'Ombrie. Aujourd'hui Camerino; Marche d'Ancône.

35. *Corfinium.* Aujourd'hui Santo-Perino, dans l'Abruzze citérieure.

36. *Firmum.* Ville du Picenum, près de la mer; aujourd'hui Firmo.

37. *Sulmo.* Aujourd'hui Solmona; Abruzze citérieure.

38. *De la huitième, etc.* On croit qu'il faut lire *treizième légion.* La huitième n'était pas encore venue, comme on verra ci-après.

39. *Norique.* Aujourd'hui partie de la Bavière.

40. *Ayant lu la lettre.* On peut voir cette lettre dans Cicéron, liv. VIII, ep. 2, *à Atticus.*

41. *Marruciniens.* Peuple Samnite, entre les Apennins et la mer Adriatique.

42. *Frentaniens.* Près des Dauniens, en Apulie; Abruzze citérieure.

43. *Larinates*, dont la ville est *Larinum*, aujourd'hui Larino; royaume de Naples.

44. *Luceria.* Aujourd'hui Lucera; royaume de Naples.

45. *Canusium.* En Apulie daunienne. — Canosa.

46. *Brindes.* En Calabre.

47. *Albe.* Chez les Marses.

48. *Tarracine.* Ville des Volsques.

49. *Dyrrachium.* Ville et port de Macédoine, aujourd'hui Durazzo.

50. *Les deux Espagnes.* L'Espagne citérieure et ultérieure.

51. *Caralitains.* Habitans de Caralis, ville et promontoire de Sardaigne, aujourd'hui Cagliari.

52. *Igilium.* Petite île de la mer Tyrrhénienne, aujourd'hui Giglio.

53. *Varron.* M. Terentius Varron, si célèbre par son érudition.

54., *Castulo.* Sur la rive droite du Bœtis, aujourd'hui Cazlona, en Andalousie.

55. *Anas.* Aujourd'hui la Guadiana.

56. *Vettones.* Peuple de l'Espagne ultérieure. — Partie de l'Estramadure et du royaume de Léon.

57. *Celtibères.* L'Aragon.

58. *Cantabres.* La Biscaye.

59. *Ilerda.* Lerida.

60. *Cinga.* Rivière de l'Espagne citérieure, aujourd'hui la Senga.

61. *Sans porter des outres.* On trouve souvent dans les auteurs des traces de cet usage. *Voyez* Tit.-Liv., liv. xxi, 27 ; Suét., *Jul. Cæs.*, 57.

62. *Cinquante deniers.* A peu près quarante-un francs.

63. *Des cohortes.* Dans le texte, cohortes par centuries.

64. *Ces Albices. Voyez* chap. 34.

65. *Oscenses.* Peuple de l'Espagne citérieure, dont la ville est Osca, aujourd'hui Huesca.

66. *Iacétaniens.* Peuple de la Tarragonaise.

67. *Illurgavoniens.* Peuple à l'embouchure de l'Èbre, aujourd'hui partie de la Catalogne et du royaume de Valence.

68. *Chercher un pont. Voyez* plus haut le chap. 54.

69. *Octogesa.* Position incertaine ; elle occupait à peu près la place de Mequinenza, dans l'Aragon.

70. *L. Decidius Saxa.* C'était un Celtibérien que César fit tribun du peuple. *Voyez* Cic., xi, *Philip.* 5.

71. *Le bras gauche.* Ils avaient laissé au camp leurs boucliers.

72. *Vers la sixième heure.* C'est-à-dire vers midi.

73. *Dans la troisième.* Ce qui faisait en tout cinquante cohortes ; vingt dans la première ligne, quinze dans chacune des deux autres.

74. *Enfin, assiégés.* Le grand Condé admirait cette manœuvre de César. Il alla lui-même en Catalogne, dit Bossuet, reconnaître les lieux où ce fameux capitaine, par l'avantage des postes, contraignit cinq légions romaines et deux chefs expérimentés à poser les armes sans combat. (*Oraison funèbre du prince de Condé.*)

75. *Deux provinces.* L'Espagne et l'Afrique.

76. *Mais à des particuliers. Voyez* le chap. 6 de ce livre.

LIBER II.

I. Dum hæc in Hispania geruntur, C. Trebonius legatus, qui ad oppugnationem Massiliæ relictus erat, duabus ex partibus aggerem, vineas, turresque ad oppidum agere instituit. Una erat proxima portui navalibusque; altera ad partem, qua est aditus ex Gallia atque Hispania ad id mare, quod attingit ad ostium Rhodani. Massilia enim fere ex tribus oppidi partibus mari alluitur : reliqua quarta est, quæ aditum habet a terra. Hujus quoque spatii pars ea, quæ ad arcem pertinet, loci natura et valle altissima munita, longam et difficilem habet oppugnationem. Ad ea perficienda opera, C. Trebonius magnam jumentorum atque hominum multitudinem ex omni Provincia vocat : vimina materiamque comportari jubet. Quibus comparatis rebus, aggerem in altitudinem pedum LXXX exstruit.

II. Sed tanti erant antiquitus in oppido omnium rerum ad bellum apparatus, tantaque multitudo tormentorum, ut eorum vim nullæ contextæ viminibus viñeæ sustinere possent. Asseres enim pedum XII, cuspidibus præfixi, atque hi maximis ballistis missi, per IV ordines cratium in terra defigebantur. Itaque, pedalibus lignis conjunctis inter se, porticus integebantur; atque hac agger inter manus proferebatur. Antecedebat testudo pe-

LIVRE II.

I. TANDIS que ces évènemens se passent en Espagne, le lieutenant C. Trebonius, laissé au siège de Marseille, dresse contre la ville les mantelets et les tours, et forme une double attaque, l'une près du port et de l'arsenal des navires, l'autre du côté qui mène de la Gaule et de l'Espagne à la mer voisine des bouches du Rhône. Marseille est baignée par la mer de trois côtés ; il n'en reste qu'un seul, où l'on ait accès par terre, et encore la partie qui touche à la citadelle est-elle forte par sa position et par une vallée profonde, qui en rendent l'attaque longue et difficile. C. Trebonius rassemble, pour ces travaux, un grand nombre d'hommes : il tire de la Province des chevaux, des matériaux, des fascines, et élève une terrasse de quatre-vingts pieds de haut.

II. Mais on avait depuis long-temps pourvu la ville de munitions de guerre, et d'une telle quantité de machines, qu'aucun mantelet d'osier ne pouvait soutenir leurs efforts. D'énormes balistes lançaient des perches de douze pieds de long, armées de fer, qui, après avoir traversé quatre rangs de claies, allaient encore se ficher en terre. Il fallut faire une galerie couverte, avec des poutres d'un pied d'épaisseur, jointes ensemble. Là, on

dum LX, æquandi loci causa, facta item ex fortissimis lignis, involuta omnibus rebus, quibus ignis jactus et lapides defendi possent. Sed magnitudo operum, altitudo muri atque turrium, multitudo tormentorum omnem administrationem tardabat. Tum crebræ per Albicos eruptiones fiebant ex oppido, ignesque aggeri et turribus inferebantur, quæ facile nostri repellebant milites, magnisque ultro illatis detrimentis, eos, qui eruptionem fecerant, in oppidum rejiciebant.

III. Interim L. Nasidius, ab Cn. Pompeio cum classe navium XVI, in quibus paucæ erant æratæ, L. Domitio Massiliensibusque subsidio missus, freto Siciliæ, imprudente atque inopinante Curione, pervehitur : appulsisque Messanam navibus, atque inde propter repentinum terrorem principum ac senatus fuga facta, ex navalibus eorum unam deducit. Hac adjuncta ad reliquas naves, cursum Massiliam versus perficit : præmissaque clam navicula, Domitium Massiliensesque de suo adventu certiores facit, eosque magnopere hortatur, ut rursus cum Bruti classe, additis suis auxiliis, confligant.

IV. Massilienses, post superius incommodum, veteres ad eumdem numerum ex navalibus productas naves refecerant, summaque industria armaverant (remigum gubernatorumque magna copia suppetebat), piscatoriasque adjecerant atque contexerant, ut essent ab ictu telorum remiges tuti : has sagittariis tormentisque compleverunt. Tali modo instructa classe, omnium seniorum, matrum familiæ, virginum precibus et fletu excitati, et

se passait de main en main les matériaux nécessaires pour la construction de la terrasse. Afin de niveler le terrain, on faisait agir en avant une tortue de soixante pieds, composée aussi de fortes poutres, et enveloppée de tout ce qui pouvait la garantir du feu et des pierres. Mais l'étendue des ouvrages, la hauteur du mur et des tours, la quantité des machines, retardaient les travaux. Souvent les Albices sortaient de la ville, et lançaient des feux sur la terrasse et les tours : nos soldats les repoussaient aisément, et les rejetaient avec perte dans leurs murs.

III. Cependant L. Nasidius, que Cn. Pompée envoyait au secours de L. Domitius et des Marseillais avec seize navires, dont quelques-uns étaient à proue d'airain, pénètre dans le détroit de Sicile, à l'insu de Curion, qui ne l'attendait pas, et aborde à Messine. La terreur fut telle, que le sénat et les principaux citoyens prirent la fuite : il enleva une galère dans le port, la joignit aux siennes, et continua sa route vers Marseille. Il envoya secrètement un esquif donner avis de son arrivée à Domitius et aux Marseillais, et les engagea fortement à se joindre à lui, pour livrer un second combat à la flotte de Brutus.

IV. Depuis leur dernier échec [1], les Marseillais avaient remplacé les vaisseaux perdus par un même nombre de vieilles galères, tirées de leur arsenal; ils les avaient mises en état et armées avec soin; les rameurs et les pilotes ne leur manquaient pas. Ils y avaient ajouté des barques de pêcheurs, qu'ils avaient couvertes pour garantir les rameurs, et remplies d'archers et de machines. La flotte ainsi équipée, encouragés par les prières et les larmes

extremo tempore civitati subvenirent, non minore animo
ac fiducia, quam ante dimicaverant, naves conscendunt.
Communi enim fit vitio naturæ, ut invisis, latitantibus,
atque incognitis rebus magis confidamus, vehementius-
que exterreamur : ut tum accidit. Adventus enim L. Na-
sidii summa spe et voluntate civitatem compleverat. Nacti
idoneum ventum, ex portu exeunt, et Tauroenta, quod
est castellum Massiliensium, ad Nasidium perveniunt,
ibique naves expediunt, rursusque se ad confligendum
animo confirmant, et consilia communicant. Dextra pars
Massiliensibus attribuitur, sinistra Nasidio.

V. Eodem Brutus contendit, aucto navium numero.
Nam ad eas, quæ factæ fuerant Arelate per Cæsarem,
captivæ Massiliensium accesserant vi. Has superioribus
refecerat diebus, atque omnibus rebus instruxerat. Itaque suos cohortatus, quos integros superavissent, ut
victos contemnerent, plenus spei bonæ atque animi adversus eos proficiscitur. Facile erat, ex castris C. Tre-
bonii atque omnibus superioribus locis prospicere in
urbem, ut omnis juventus, quæ in oppido remanserat,
omnesque superioris ætatis, cum liberis atque uxoribus
publicisque custodiis, aut ex muro ad cœlum manus ten-
derent, aut templa deorum immortalium adirent, et
ante simulacra projecti victoriam ab diis exposcerent :
neque erat quisquam omnium, quin in ejus diei casu
suarum omnium fortunarum eventum consistere existimaret. Nam et honesti ex juventute, et cujusque ætatis

des vieillards, des mères de famille, des jeunes filles, qui les conjurent de sauver leur patrie dans cette extrémité, ils montent sur leurs vaisseaux avec cette hardiesse et cette confiance qu'ils avaient montrées dans le combat précédent. Telle est la faiblesse humaine : les choses imprévues, inconnues ou incertaines, nous inspirent tour à tour plus de confiance ou d'effroi. C'est ce qui arriva. L'approche de L. Nasidius avait rempli leurs esprits d'espérance et de courage. Ils sortent par un vent favorable, et joignent Nasidius à Taurois[2], une de leurs forteresses : là ils mettent leurs vaisseaux en ligne, se concertent entre eux, et se confirment dans la résolution de combattre. L'aile droite est donnée aux Marseillais, et la gauche à Nasidius.

V. Brutus se présente également avec sa flotte : le nombre de ses vaisseaux s'était accru par la réunion des six galères prises sur les Marseillais à celles que César avait construites à Arles. Toutes venaient d'être réparées et équipées. Exhortant donc les siens à mépriser, après sa défaite, l'ennemi qu'ils avaient vaincu dans sa force, il s'avance plein d'assurance et d'espoir. Du camp de Trebonius et de toutes les hauteurs on découvrait aisément ce qui se passait dans la ville : on voyait toute la jeunesse qui était restée, les vieillards, les femmes, les enfans, les gardes intérieures ; élever leurs mains au ciel du haut des murailles, ou courir aux temples des dieux, et se prosterner devant leurs images pour demander la victoire : tous savaient que ce jour déciderait à jamais de leur sort. La fleur de la jeunesse, les hommes de tout âge les plus recommandables, avaient été sommés,

amplissimi, nominatim evocati atque obsecrati, naves
conscenderant; ut, si quid adversi accidisset, ne ad conandum quidem sibi quidquam reliqui fore viderent; si
superavissent, vel domesticis opibus, vel externis auxiliis, de salute urbis confiderent.

VI. Commisso proelio, Massiliensibus res nulla ad
virtutem defuit : sed memores eorum praeceptorum, quae
paulo ante ab suis acceperant, hoc animo decertabant,
ut nullum aliud tempus ad conandum habituri viderentur, et quibus in pugna vitae periculum accideret, non
ita multo se reliquorum civium fatum antecedere existimarent, quibus, urbe capta, eadem esset belli fortuna
patienda. Diductisque nostris paulatim navibus, et artificio gubernatorum mobilitati navium locus dabatur, et,
si quando nostri facultatem nacti, ferreis manibus injec-
tis, navem religaverant, undique suis laborantibus suc-
currebant. Neque vero conjuncti Albicis cominus pug-
nando deficiebant; neque multum cedebant virtute nostris : simul ex minoribus navibus magna vis eminus
missa telorum, multa nostris de improviso imprudenti-
bus atque impeditis vulnera inferebant : conspicataeque
naves triremes duae navem D. Bruti, quae ex insigni facile agnosci poterat, duabus ex partibus sese in eam in-
citaverant; sed tantum, re provisa, Brutus celeritate
navis enisus est, ut parvo momento antecederet. Illae
adeo graviter inter se incitatae conflixerunt, ut vehementissime utraeque ex concursu laborarent, altera vero, prae-
rupto rostro, tota collabefieret. Qua re animadversa, quae
proximae ei loco ex Bruti classe naves erant, in eas im-
peditas impetum faciunt, celeriterque ambas deprimunt.

conjurés de monter sur la flotte. En cas de revers, il ne leur restait plus de ressources : vainqueurs, leurs propres forces ou les secours du dehors garantiraient le salut de leur ville.

VI. Le combat engagé, les Marseillais déployèrent toute leur valeur. Encore pleins des exhortations qu'ils venaient d'entendre, ils combattaient avec la pensée que ce moment était le dernier pour leur défense, et que ceux qui périraient dans l'action ne précéderaient que de peu d'instans le reste de leurs concitoyens, dont le sort devait être semblable, si la ville était prise. Nos vaisseaux s'étant insensiblement séparés, l'ennemi put profiter de l'habileté de ses pilotes et de l'agilité de ses navires; si nous venions à en saisir un avec les mains de fer, tous les autres accouraient à son secours. Réunis alors aux Albices, ils ne refusaient pas de combattre de près, et leur valeur cédait peu à la nôtre. En même temps une grêle de traits, lancée de loin par leurs moindres vaisseaux, venait surprendre et blesser nos soldats, occupés à repousser d'autres coups. Deux de leurs trirèmes, apercevant celle de D. Brutus, qu'il était aisé de reconnaître à son pavillon, s'élancèrent des deux côtés sur elle; mais Brutus, pour échapper au danger, fit force de rames, et prévint leur rencontre de quelques instans ; celles-ci se heurtèrent violemment et souffrirent beaucoup du choc; l'une d'elles brisa son éperon et fut toute fracassée. A cette vue, quelques vaisseaux de Brutus, qui se trouvaient près d'elles, profitent de leur désastre pour les attaquer et les couler toutes deux à fond.

VII. Sed Nasidianæ naves nulli usui fuerunt, celeri-terque pugna excesserunt : non enim has aut conspectus patriæ, aut propinquorum præcepta ad extremum vitæ periculum adire cogebant. Itaque ex eo numero navium nulla desiderata est : ex Massiliensium classe v sunt de-pressæ, IV captæ, una cum Nasidianis profugit : quæ omnes citeriorem Hispaniam petiverunt. At ex reliquis una præmissa Massiliam hujus nuntii perferendi gratia, quum jam appropinquaret urbi, omnis sese multitudo ad cognoscendum effudit : ac, re cognita, tantus luctus excepit, ut urbs ab hostibus capta eodem vestigio vide-retur. Massilienses tamen nihilo segnius ad defensionem urbis reliqua apparare cœperunt.

VIII. Est animadversum ab legionariis, qui dexteram partem operis administrabant, ex crebris hostium erup-tionibus, magno sibi esse præsidio posse, si pro castello ac receptaculo turrim ex latere sub muro fecissent, quam primo ad repentinos incursus humilem parvamque fece-rant. Huc se referebant : hinc, si qua major oppresse-rat vis, propugnabant : hinc ad repellendum et prose-quendum hostem procurrebant. Patebat hæc quoquover-sus pedes XXX, sed parietum crassitudo pedum quinque : postea vero, ut est rerum omnium magister usus, ho-minum adhibita solertia, inventum est, magno esse usui posse, si hæc esset in altitudinem turris elata. Id hac ratione perfectum est.

IX. Ubi turris altitudo perducta est ad contabulatio-nem, eam in parietes instruxerunt ita, ut capita tigno-rum extrema parietum structura tegerentur, ne quid

VII. Les vaisseaux de Nasidius ne furent d'aucun secours et ne tardèrent pas à se retirer du combat. Ni la vue de la patrie, ni les instances de leurs proches n'animaient ces hommes à braver le péril : aussi ne perdirent-ils aucun navire. Des galères marseillaises, cinq furent coulées à fond, quatre furent prises, une s'enfuit avec la flotte de Nasidius vers l'Espagne citérieure. Une de celles qui restaient aux vaincus fut envoyée à Marseille pour porter la nouvelle du combat. Comme elle approchait de la ville, les habitans se précipitèrent en foule à sa rencontre, afin d'apprendre l'évènement ; mais à peine fut-il connu, qu'une douleur profonde saisit toutes les âmes : on eût dit que la ville était déjà prise. Toutefois ils n'en furent pas moins ardens à disposer tout pour la défense.

VIII. Les légionnaires, qui occupaient la droite des travaux, jugèrent qu'une tour de briques élevée au pied de la muraille pourrait leur être d'un grand secours contre les fréquentes sorties de l'ennemi : celle qu'ils avaient faite d'abord était basse et petite ; cependant elle leur servait de retraite. Ils s'y défendaient contre de vives attaques, ou en sortaient pour repousser et poursuivre l'ennemi. Ce retranchement avait trente pieds en tous sens, et les murs avaient cinq pieds d'épaisseur. On reconnut ensuite (car l'expérience est un grand maître), que l'on pourrait, avec de l'industrie, en tirer un grand avantage, si on l'élevait à la hauteur d'une tour. Voici le moyen que l'on employa.

IX. Lorsque la tour eut été élevée à la hauteur d'un étage, ils placèrent les solives de manière que la maçonnerie en couvrît l'extrémité, afin qu'il n'y eût point

emineret, ubi ignis hostium adhæresceret. Hanc insuper
contignationem, quantum tectum plutei ac vinearum
passum est, laterculo adstruxerunt, supraque eum locum duo tigna transversa injecerunt, non longe ab extremis parietibus, quibus suspenderent eam contignationem, quæ turri tegimento esset futura; supraque ea
tigna directo transversas trabes injecerunt, easque axi-
bus religaverunt. Has trabes paulo longiores atque emi-
nentiores, quam extremi parietes erant, effecerunt, ut
esset, ubi tegimenta præpendere possent ad defendendos
ictus ac repellendos, dum inter eam contignationem parietes exstruerentur; eamque contabulationem summam
lateribus lutoque constraverunt, ne quid ignis hostium
nocere posset; centonesque insuper injecerunt, ne aut
tela tormentis missa tabulationem perfringerent, aut
saxa ex catapultis lateritium discuterent. Storias autem
ex funibus anchorariis tres, in longitudinem parietum
turris, latas iv pedes fecerunt, easque ex tribus partibus, quæ ad hostes vergebant, eminentibus trabibus circum turrim præpendentes religaverunt: quod unum genus tegimenti aliis locis erant experti nullo telo neque
tormento transjici posse. Ubi vero ea pars turris, quæ
erat perfecta, tecta atque munita est ab omni ictu hostium, pluteos ad alia opera abduxerunt: turris tectum
per se ipsum prehensionibus ex contignatione prima sus-
pendere ac tollere cœperunt, ubi, quantum storiarum
demissio patiebatur, tantum elevabant. Intra hæc tegimenta abditi atque muniti parietes lateribus exstruebant,
rursusque alia prehensione ad ædificandum sibi locum
expediebant. Ubi tempus alterius contabulationis vide-

de partie saillante, où le feu de l'ennemi pût s'attacher. Au dessus de ce plancher, ils continuèrent les murailles de briques, autant que le permirent les parapets et les mantelets sous lesquels ils étaient à couvert. Ils posèrent ensuite deux solives en croix, à peu de distance des extrémités de la muraille, pour y suspendre la charpente qui devait servir de toit à la tour; sur ces solives, ils mirent des poutres de traverse, qu'ils lièrent ensemble par des chevilles : ces poutres étaient longues et dépassaient les murailles, de manière qu'on pût y mettre des mantelets qui défendissent les ouvriers occupés à la construction du mur. Ils couvrirent ce plancher de briques et de mortier pour qu'il fût à l'épreuve du feu, et étendirent dessus des couvertures grossières, de peur que le plancher ne fût brisé par les traits des machines, ou que les pierres lancées par les catapultes ne fissent sauter les briques. Ils formèrent ensuite trois nattes avec des câbles servant aux ancres des vaisseaux, de la longueur des murs de la tour et de la largeur de quatre pieds, et les attachèrent aux extrémités saillantes des poutres, le long du mur, des trois côtés exposés aux ennemis. Les soldats avaient souvent éprouvé, en d'autres rencontres, que c'était le seul rempart impénétrable aux traits et aux machines. Une partie de la tour étant achevée, et mise à l'abri de toute insulte, ils transportèrent leurs mantelets aux autres ouvrages. Alors, prenant un appui sur le premier entablement, ils commencèrent à soulever le toit entier, tel qu'il se trouvait, et l'élevèrent à la hauteur que les nattes de câbles pouvaient mettre à couvert. Cachés sous cet abri, ils construisaient les murs en brique;

batur, tigna item, ut primo, tecta extremis lateribus in-
struebant, exque eâ contignatione rursus summam contabulationem storiasque elevabant. Ita tuto ac sine ullo
vulnere ac periculo sex tabulata exstruxerunt, fenestras-
que, quibus in locis visum est, ad tormenta mittenda
in struendo reliquerunt.

X. Ubi ex eâ turri, quæ circum essent, opera tueri
se posse confisi sunt, musculum pedum LX longum, ex
materia bipedali, quem a turri lateritia ad hostium turrim murumque perducerent, facere instituerunt; cujus
musculi hæc erat forma. Duæ primum trabes in solo
æque longæ, distantes inter se pedes IV, collocantur, in-
que eis columellæ pedum in altitudinem V defiguntur.
Has inter se capreolis molli fastigio conjungunt, ubi
tigna, quæ musculi tegendi causa ponant, collocentur:
eo super tigna bipedalia injiciunt, eaque laminis clavis-
que religant. Ad extremum musculi tectum trabesque
extremas, quadratas regulas, IV patentes digitos, defi-
gunt, quæ lateres, qui super musculo struantur, contineant. Ita fastigato atque ordinatim structo, ut trabes
erant in capreolis collocatæ, lateribus lutoque musculus,
ut ab igne, qui ex muro jaceretur, tutus esset, conte-
gitur: super lateres coria inducuntur, ne canalibus aqua
immissa lateres diluere posset. Coria autem, ne rursus
igni ac lapidibus corrumpantur, centonibus conteguu-
tur. Hoc opus omne, tectum vineis, ad ipsam turrim
perficiunt, subitoque, inopinantibus hostibus, machina-
tione navali, phalangis subjectis, ad turrim hostium ad-
movent, ut ædificio jungatur.

puis élevaient encore le toit, et se donnaient ainsi de
l'espace pour bâtir. Quand ils parvenaient à un autre
étage, ils faisaient un nouveau plancher avec des poutres, dont l'extrémité était cachée dans le mur, et de là
ils relevaient le toit supérieur et les nattes. C'est ainsi que,
sans courir de danger, sans s'exposer à aucune blessure,
ils élevèrent six étages. On laissa des embrasures aux endroits convenables, pour y placer les machines de guerre.

X. Lorsqu'ils furent assurés que de cette tour ils pouvaient défendre les ouvrages qui en étaient voisins, ils
commencèrent à construire, avec des poutres de deux
pieds d'équarrissage, une galerie, longue de soixante
pieds, qui, du bas de la tour, les mènerait à celle des
ennemis et au mur de la ville. On posa d'abord sur le
sol deux poutres d'égale longueur, à quatre pieds de
distance l'une de l'autre : on fit entrer dans ces poutres
des piliers de cinq pieds de haut; on les réunit par
des traverses un peu inclinées pour y placer les poutres destinées à soutenir le toit de la galerie. Par dessus
on mit des solives de deux pieds, reliées avec des chevilles et des bandes de fer. Au sommet du toit, et sur ces
dernières poutres, on cloua des lattes carrées, larges
de quatre doigts, pour soutenir les briques que l'on mit
dessus. La galerie ainsi construite et élevée, et les poutres portant sur les traverses, le tout fut recouvert de
briques et de terre détrempée, pour n'avoir point à craindre le feu qui serait lancé par les assiégés. Sur ces briques, on étendit des cuirs, de peur que l'eau, qu'on
pourrait diriger par des conduits, ne parvînt à délayer le
mortier; et pour que ces cuirs eux-mêmes ne pussent être

XI. Quo malo perterriti subito oppidani saxa, quam
maxima possunt, vectibus promovent, præcipitataque
muro in musculum devolvunt. Ictum firmitas materiæ
sustinet; et, quidquid incidit, fastigio musculi elabitur.
Id ubi vident, mutant consilium : cupas, tæda ac pice
refertas, incendunt, easque de muro in musculum devolvunt. Involutæ labuntur, delapsæ ab lateribus longu-
riis furcisque ab opere removentur. Interim sub musculo
milites vectibus infima saxa turris hostium, quibus fun-
damenta continebantur, convellunt. Musculus ex turri
lateritia a nostris telis tormentisque defenditur : hostes
ex muro ac turribus submoventur : non datur libera
muri defendendi facultas. Compluribus jam lapidibus ex
ea, quæ suberat, turri subductis, repentina ruina pars
ejus turris concidit.

XII. Pars reliqua consequens procumbebat, quum
hostes, urbis direptione perterriti, inermes cum infulis
sese porta foras universi proripiunt, ad legatos atque
exercitum supplices manus tendunt. Qua nova re oblata,
omnis administratio belli consistit, militesque, aversi a
prœlio, ad studium audiendi et cognoscendi feruntur.
Ubi hostes ad legatos exercitumque pervenerunt, uni-

gâtés par le feu ou les pierres, on les couvrit de peaux et
de laine. Tout cet ouvrage se fit au pied de la tour, à
l'abri des mantelets; et, tout à coup, lorsque les Marseillais s'y attendaient le moins, à l'aide de rouleaux usités
dans la marine, la galerie fut poussée contre la tour des
ennemis, et attachée au pied de leur mur.

XI. Les habitans, effrayés de cette manœuvre impré-
vue, font avancer, à force de leviers, les plus gros quartiers de roche, et les roulent du haut de la muraille sur
notre galerie. La solidité de la construction résista, et
tout ce qui tomba fut entraîné par la pente. A cette vue,
ils changent de dessein, embrasent des tonneaux remplis
de poix et de goudron, et les jettent du haut des murs.
Ces tonneaux roulent, tombent à terre par les côtés, et
sont écartés avec des perches et des fourches. Cependant
nos soldats, couverts par leur galerie, ébranlent, avec des
leviers, les pierres qui soutenaient les fondemens de la
tour des ennemis. La galerie était défendue par les traits
lancés du haut de notre tour de briques : les assiégés
étaient à la fois écartés de leurs tours et de leurs murailles, et on ne leur laissait pas le temps d'y paraître.
Un grand nombre de pierres étant retirées, une partie
de la tour s'écroula tout à coup.

XII. Déjà le reste tombait en ruines, quand les ennemis, redoutant le pillage de leur ville, sortent en foule,
sans armes, la tête couverte d'un voile[3], et tendent leurs
mains suppliantes aux généraux et aux soldats. La nouveauté du spectacle arrêta toute hostilité : nos soldats
cessent de combattre, pour écouter et pour apprendre
les motifs de cet incident. Dès que les Marseillais furent

versi se ad pedes projiciunt : orant, « ut adventus Cæsaris exspectetur : captam suam urbem videre, opera
perfecta, turrem subrutam; itaque a defensione desis-
tere : nullam exoriri moram posse, quo minus quum
venisset, si imperata non facerent, ad nutum e vestigio
diriperentur. Docent, si omnino turris concidisset, non
posse milites contineri, quin spe prædæ in urbem irrum-
perent, urbemque delerent. » Hæc, atque ejusdem generis complura, ut ab hominibus doctis, magna cum misericordia fletuque pronuntiantur.

XIII. Quibus rebus commoti, legati milites ex opere
deducunt, oppugnatione desistunt, operibus custodias
relinquunt. Induciarum quodam genere misericordia
facto, adventus Cæsaris exspectatur : nullum ex muro,
nullum a nostris mittitur telum : ut re confecta, omnes
curam et diligentiam remittunt. Cæsar enim per litteras
Trebonio magnopere mandaverat, ne per vim oppidum
expugnari pateretur, ne gravius permoti milites, et defectionis odio, et contemptione sui, et diutino labore,
omnes puberes interficerent : quod se facturos minaban-
tur; ægreque tunc sunt retenti, quin oppidum irrum-
perent; graviterque eam rem tulerunt, quod stetisse per
Trebonium, quo minus oppido potirentur, videbatur.

XIV. At hostes sine fide tempus atque occasionem
fraudis ac doli quærunt, interjectisque aliquot diebus,
nostris languentibus atque animo remissis, subito, me-
ridiano tempore, quum alius discessisset, alius ex diutino labore in ipsis operibus quieti se dedisset, arma

en présence des généraux et de nos troupes, ils se jetèrent à leurs pieds et les conjurèrent d'attendre l'arrivée de César. Ils renoncent à la défense; ils voient nos travaux achevés, leur tour renversée, leur ville déjà prise. Si, à l'arrivée de César, ils n'exécutaient pas ses ordres, un mot de sa bouche suffirait pour les détruire. Mais si la tour s'écroule entièrement, rien ne pourra contenir le soldat : l'espoir du butin l'entraînera, et la ville sera détruite de fond en comble. Les Marseillais, en hommes instruits et habiles [4], plaidèrent leur cause avec une éloquence que leurs larmes rendaient encore plus persuasive.

XIII. Les généraux, touchés de leurs larmes, font cesser les travaux et l'attaque; ils laissent seulement une garde aux ouvrages. La compassion fait une sorte de trève, et l'on attend l'arrivée de César. De part ni d'autre on ne lance plus de traits; tout semble terminé : le soin et l'activité se relâchent. César avait, dans ses lettres, fortement recommandé à Trebonius d'empêcher que la ville ne fût prise d'assaut : il craignait que les soldats, vivement irrités de la perfidie [5] et de la jactance de l'ennemi, et des longs travaux du siège, n'égorgeassent toute la jeunesse, comme ils avaient menacé de le faire. On eut de la peine à les contenir; ils voulaient forcer les portes : ils s'irritaient contre Trebonius, qui seul, disaient-ils, sauvait Marseille par sa timidité.

XIV. Mais l'ennemi méditait une trahison, et ne cherchait que le moment de l'accomplir. Après un intervalle de quelques jours, les esprits étant calmes et sans défiance, tout à coup, sur le midi, tandis que les uns s'étaient écartés, que les autres, fatigués, dormaient

vero omnia reposita contectaque essent, portis se foras
erumpunt, secundo magnoque vento ignem operibus in-
ferunt. Hunc sic distulit ventus, uti uno tempore agger,
plutei, testudo, turris, tormenta flammam conciperent,
et prius hæc omnia consumerentur, quam, quemadmodum accidisset, animadverti posset. Nostri, repentina
fortuna permoti, arma, quæ possunt, arripiunt : alii ex
castris sese incitant : fit in hostes impetus; sed muro
sagittis tormentisque, fugientes persequi, prohibentur.
Illi sub murum se recipiunt, ibique musculum turrim-
que lateritiam libere incendunt. Ita multorum mensium
labor hostium perfidia, et vi tempestatis, puncto temporis interiit. Tentaverunt hoc idem Massilienses postero
die : eamdem nacti tempestatem, majori cum fiducia ad
alteram turrem aggeremque eruptione pugnaverunt,
multumque ignem intulerunt. Sed, ut superioris temporis contentionem nostri omnem remiserant, ita, proximi
diei casu admoniti, omnia ad defensionem paraverant.
Itaque, multis interfectis, reliquos infecta re in oppidum
repulerunt.

XV. Trebonius ea, quæ sunt amissa, multo majore
studio militum administrare et reficere instituit. Nam,
ubi tantos suos labores et apparatus male cecidisse viderunt, induciisque per scelus violatis, suam virtutem ir-
risui fore perdoluerunt, quod, unde agger omnino comportari posset, nihil erat reliquum, omnibus arboribus
longe lateque in finibus Massiliensium excisis et convec-
tis, aggerem novi generis atque inauditum ex lateritiis
duobus muris, senum pedum crassitudine, atque eorum
murorum contignationem facere instituerunt, æqua fere

sur place, et que toutes les armes étaient posées et couvertes, les assiégés sortent par toutes les portes, et, à la faveur d'un vent violent, mettent le feu à nos ouvrages : le vent pousse la flamme; en un instant la terrasse, les mantelets, la tortue, la tour, les machines sont embrasés : tout fut consumé avant qu'on pût en savoir la cause. Les nôtres, frappés d'un malheur si subit, prennent les armes qui leur tombent sous la main; les autres accourent du camp : on charge l'ennemi; mais les traits lancés du haut des murs empêchent de le poursuivre. Il se retire sous ses murailles, et brûle librement la galerie et la tour de brique. Ainsi, par la perfidie des assiégés et par la violence du vent, nous vîmes périr en un instant le travail de plusieurs mois. Le lendemain, ils firent une nouvelle tentative; favorisés du même vent, ils attaquèrent avec plus de confiance encore l'autre tour et la terrasse, et y portèrent la flamme. Mais nos soldats, avertis par l'évènement de la veille, avaient rappelé toute leur vigilance et tout préparé pour se défendre. L'ennemi se retira avec perte et sans aucun succès.

XV. Trebonius résolut de rétablir ce qui venait d'être détruit; il trouva ses soldats plus zélés que jamais, tant ils étaient indignés d'avoir vu anéantir le fruit de leurs peines, et que la perfidie se jouât insolemment de leur valeur. Comme les matériaux étaient épuisés, et les arbres coupés et enlevés dans tous les environs de Marseille, ils entreprirent une terrasse d'un genre tout à fait nouveau. On éleva deux murs de brique de six pieds d'épaisseur, et à peu près aussi éloignés l'un de l'autre que la première terrasse avait de largeur : on y fit un plancher;

latitudine, atque ille congestitius ex materia fuerat agger.
Ubi aut spatium inter muros, aut imbecillitas materiæ
postulare videretur, pilæ interponuntur, transversaria
tigna injiciuntur, quæ firmamento esse possint : et, quidquid est contignatum, cratibus consternitur, cratesque
luto integuntur. Sub tecto miles, dextera ac sinistra
muro tectus, adversus plutei objectu, operi quæcunque
usui sunt, sine periculo supportat. Celeriter res admi-
nistratur : diuturni laboris detrimentum solertia et virtute militum brevi reconcinnatur : portæ, quibus locis
videtur, eruptionis causa in muro relinquuntur.

XVI. Quod ubi hostes viderunt, ea, quæ diu longo-
que spatio refici non posse sperassent, paucorum dierum
opera et labore ita refecta, ut nullus perfidiæ neque
eruptioni locus esset, neque quidquam omnino relinqueretur, quo aut vi militibus, aut igni operibus, noceri
posset; eodemque exemplo sentiunt, totam urbem, qua
sit aditus ab terra, muro turribusque circumiri posse,
sic, ut ipsis consistendi in suis munitionibus locus non
esset, quum pæne inædificata in muris ab exercitu nostro mœnia viderentur, ac tela manu conjicerentur, suorumque tormentorum usum, quibus ipsi magna speravis-
sent, spatio propinquitatis interire, parique conditione
ex muro ac turribus bellandi data, virtute se nostris
adæquare non posse intelligunt, ad easdem deditionis
conditiones recurrunt.

XVII. M. Varro in ulteriore Hispania, initio, cognitis
iis rebus, quæ sunt in Italia gestæ, diffidens Pompeianis
rebus, amicissime de Cæsare loquebatur : « præoccupa-
tum sese legatione ab Cn. Pompeio, teneri obstrictum

entre les murs, ou dans les parties trop faibles, on mit des piliers et des poutres transversales pour le soutenir : le tout fut recouvert de claies enduites de terre détrempée. Le soldat ainsi protégé sur les côtés par la muraille, et de front par les mantelets, portait sans risque, au moyen de cet abri, ce qui était nécessaire à l'ouvrage. Le travail fut prompt; l'activité et la constance du soldat eurent bientôt réparé le dommage. On ménagea des portes aux endroits qui parurent propres à des sorties.

XVI. Quand les ennemis virent rétabli en peu de jours ce qu'ils pensaient ne pouvoir l'être qu'après un long temps, et qu'ils comprirent qu'ils ne pourraient plus nous attaquer par la ruse ni à force ouverte, et que leurs traits n'atteindraient pas nos soldats, ni l'incendie nos ouvrages; que toutes les avenues de leur ville, du côté de la terre, pourraient également être fermées par un mur et des tours; que déjà nos remparts, élevés presqu'au pied de leurs murailles, et d'où l'on pouvait lancer des traits avec la main, ne leur permettaient plus de paraître, et rendaient inutiles, par cette proximité, les machines sur lesquelles ils comptaient le plus; persuadés qu'obligés de combattre de près, leur valeur ne pouvait égaler la nôtre, ils pensèrent à se soumettre aux conditions qu'ils avaient d'abord acceptées.

XVII. M. Varron commandait alors dans l'Espagne ultérieure. Ayant appris ce qui s'était passé en Italie, il commença à douter de la fortune de Pompée, et à parler de César en termes favorables. Il disait que sans

fide : necessitudinem quidem sibi nihilo minorem cum
Cæsare intercedere; neque se ignorare, quod esset officium legati, qui fiduciariam operam obtineret, quæ
vires suæ, quæ voluntas erga Cæsarem totius Provinciæ.»
Hæc omnibus ferebat sermonibus; neque se in ullam partem movebat. Postea vero, quum Cæsarem ad Massiliam
detineri cognovit, copias Petreii cum exercitu Afranii
esse conjunctas, magna auxilia convenisse, magna esse
in spe atque exspectari, et consentire omnem citeriorem
Provinciam, quæque postea acciderant, de angustiis ad
Ilerdam rei frumentariæ, accepit, atque hæc ad eum latius atque inflatius Afranius perscribebat, se quoque ad
motum fortunæ movere cœpit.

XVIII. Delectum habuit tota Provincia; legionibus
completis duabus, cohortes circiter xxx alarias addidit;
frumenti magnum numerum coegit, quod Massiliensibus, item quod Afranio Pompeioque mitteret; naves longas x Gaditanis, ut facerent, imperavit; complures præterea in Hispali faciendas curavit; pecuniam omnem om-
niaque ornamenta ex fano Herculis in oppidum Gades
contulit; eo sex cohortes præsidii causa ex Provincia
misit; Caiumque Gallonium, equitem romanum, familiarem Domitii, qui eo procurandæ hereditatis causa
venerat, missus a Domitio, oppido Gadibus præfecit;
arma omnia privata ac publica in domum Gallonii contulit; ipse habuit graves in Cæsarem conciones. Sæpe ex
tribunali prædicavit, «adversa Cæsarem prœlia fecisse,
magnum numerum ab eo militum ad Afranium perfu-
gisse : hæc se certis nuntiis, certis auctoribus, compe-

doute le titre de lieutenant et sa parole l'engageaient à
Cn. Pompée, mais que des liens non moins forts l'atta-
chaient à César; qu'il n'ignorait pas le devoir d'un lieutenant qui tient son pouvoir de la confiance de son chef,
mais qu'il connaissait ses forces, et que César était chéri
de la Province. Il répandait partout ces propos, et restait dans l'inaction. Mais, plus tard, instruit que César
était retenu au siège de Marseille, que les troupes de
Petreius s'étaient jointes à celles d'Afranius, qu'ils avaient
reçu de grands secours, qu'on en attendait encore, que
toute la Province citérieure s'était déclarée, que César
essuyait, à Ilerda, une cruelle disette, récit exagéré par
les lettres d'Afranius, il se décida et songea à suivre le
mouvement de la fortune.

XVIII. Il fit des levées dans toute la Province, forma
deux légions, y ajouta environ trente cohortes auxiliaires, envoya une grande quantité de blé aux Marseillais, ainsi qu'à Pompée et Afranius, commanda dix galères aux habitans de Cadix et un grand nombre à ceux
d'Hispalis[6]; il fit transporter à Cadix le trésor et les
ornemens[7] du temple d'Hercule, y établit en garnison
six cohortes tirées de la Province, et en donna le com-
-mandement à Caius Gallonius, chevalier romain, ami de
Domitius, qui l'avait envoyé en ce pays pour recueillir
une succession. En même temps qu'il faisait déposer chez
ce Gallonius toutes les armes des particuliers ou de l'état,
il ne cessait de décrier César : il disait souvent, du haut
de son tribunal, que César avait essuyé des défaites,
qu'un grand nombre de ses soldats avait déserté vers
Afranius, que la nouvelle en était certaine. Il effraya

risse.» Quibus rebus perterritos cives romanos ejus provinciæ sibi ad rempublicam administrandam ʜs cxc et
argenti pondo xx millia, tritici modios cxx millia polliceri coegit. Quas Cæsari esse amicas civitates arbitrabatur, iis graviora onera injungebat, præsidiaque eo de-
ducebat; et judicia in privatos reddebat, qui verba atque
orationem adversus rempublicam habuissent; eorum
bona in publicum addicebat; Provinciam omnem in sua
et Pompeii verba jusjurandum adigebat. Cognitis iis rebus, quæ sunt gestæ in citeriore Hispania, parabat bellum. Ratio autem hæc erat belli, ut se cum duabus legionibus Gades conferret, naves frumentumque omne
ibi contineret : Provinciam enim omnem Cæsaris rebus
favere cognoverat. In insula, frumento navibusque comparatis, bellum duci non difficile existimabat. Cæsar,
etsi multis necessariisque rebus in Italiam revocabatur,
tamen constituerat nullam partem belli in Hispaniis re-
linquere, quod magna esse Pompeii beneficia et magnas
clientelas in citeriore Provincia sciebat.

XIX. Itaque, duabus legionibus missis in ulteriorem Hispaniam cum Q. Cassio, tribuno plebis, ipse
cum ᴅᴄ equitibus magnis itineribus progreditur, edic-
tumque præmittit, ad quam diem magistratus principesque omnium civitatum sibi esse præsto Cordubæ
vellet. Quo edicto tota provincia pervulgato, nulla fuit
civitas, quin ad id tempus partem senatus Cordubam
mitteret, nullusve civis romanus paulo notior, quin ad
diem conveniret. Simul ipse Cordubæ conventus per se
portas Varroni clausit, custodias vigiliasque in muro

par de tels bruits les citoyens romains de cette province, et les força de lui donner, sous prétexte du service public [8], quatorze cent mille livres d'argent, et cent
vingt mille boisseaux de blé. S'il connaissait quelques
villes attachées à César, il les surchargeait, y mettait
des garnisons; il citait en justice les particuliers qui
avaient parlé contre la république, et confisquait leurs
biens. Il fit prêter serment à toute la Province, d'être
fidèle à sa cause et à celle de Pompée. Sur la nouvelle
de ce qui se passait dans l'Espagne citérieure, il disposa
tout pour la guerre. Son plan était de s'enfermer à Cadix
avec ses deux légions, ses vaisseaux et tous ses grains;
car il avait reconnu que la Province entière était dévouée
à César. Il comptait que dans cette île, il lui serait aisé,
avec ses navires et ses provisions, de traîner la guerre en
longueur. César, quoique rappelé en Italie par des affaires pressantes, voulait cependant ne laisser en Espagne aucune semence de guerre : il savait que Pompée
s'était fait, par ses bienfaits [9], de nombreux partisans dans
la Province citérieure.

XIX. Il envoie Q. Cassius, tribun du peuple, avec
deux légions dans l'Espagne ultérieure, y marche lui-
même à grandes journées avec six cents chevaux, et se
fait précéder d'un édit par lequel il enjoint aux magistrats et aux principaux citoyens de toutes les villes, de se
rendre près de lui, dans Cordoue, à jour nommé. Dès
que cet ordre fut connu, il n'y eut point de ville qui
n'envoyât au jour fixe une partie de son sénat à Cordoue,
et point de Romain un peu notable qui ne s'y rendît.
L'assemblée de Cordoue ferma d'elle-même les portes à

turribusque disposuit. Cohortes duas, quæ Colonicæ appellabantur, quum eo casu venissent, tuendi oppidi causa apud se retinuit. Iisdem diebus Carmonenses, quæ est longe firmissima totius provinciæ civitas, deductis tribus in arcem oppidi cohortibus a Varrone præsidio, per se cohortes ejecit, portasque præclusit.

XX. Hoc vero magis properare Varro, ut cum legionibus quam primum Gades contenderet, ne itinere aut trajectu intercluderetur : tanta ac tam secunda in Cæsarem voluntas provinciæ reperiebatur. Progresso ei paulo longius litteræ a Gadibus redduntur, simul atque sit cognitum de edicto Cæsaris, consensisse Gaditanos principes cum tribunis cohortium, quæ essent ibi in præsidio, ut Gallonium ex oppido expellerent, urbem insulamque Cæsari servarent. Hoc inito consilio, denuntiavisse Gallonio, ut sua sponte, dum sine periculo liceret, excederet Gadibus; si id non fecisset, sibi consilium capturos : hoc timore adductum Gallonium Gadibus excessisse. His cognitis rebus, altera ex duabus legionibus, quæ Vernacula appellabatur, ex castris Varronis, adstante et inspectante ipso, signa sustulit, seseque Hispalin recepit, atque in foro et porticibus sine maleficio consedit. Quod factum adeo ejus conventus cives romani comprobaverunt, ut domum ad se quisque hospitio cupidissime reciperet. Quibus rebus perterritus Varro, quum, itinere converso, sese Italicam venturum promisisset, certior ab suis factus est, præclusas esse portas. Tum vero, omni interclusus itinere, ad Cæsarem mittit, paratum se esse, legionem, cui jusserit,

Varron, mit des gardes sur les tours et les murailles, et
retint pour la défense de la ville deux cohortes, de celles
qu'on appelait Coloniques [10], que le hasard avait dirigées
de ce côté. En même temps les habitans de Carmone [11],
l'une des plus fortes villes du pays, chassèrent trois cohortes que Varron y avait menées, et lui fermèrent leurs
portes.

XX. Varron n'en fut que plus empressé à se jeter dans
Cadix avec ses légions; il craignait d'être coupé par terre
ou par mer, tant la Province montrait d'affection pour
César. Mais à peine fut-il en marche, qu'on lui remit des
lettres de Cadix, où on lui marquait que les principaux habitans, instruits de l'ordre de César, s'étaient concertés
avec les tribuns des cohortes, en garnison dans leur ville,
pour en chasser Gallonius et conserver à César l'île et la
place; que dans ce dessein ils avaient signifié à Gallonius
de se retirer de bonne grâce, tandis qu'il le pouvait sans
péril; sinon, qu'ils prendraient des mesures. Gallonius,
effrayé, avait quitté la ville. A cette nouvelle, celle des
deux légions de Varron, qu'on appelait Vernacula [12], leva
les enseignes sous ses propres yeux, et se retira à Hispalis, où elle s'établit sans aucun désordre sous les por-
tiques et sur la place. Les citoyens romains réunis dans
cette ville approuvèrent tellement cette démarche, qu'ils
s'empressèrent de les loger dans leurs propres demeures.
Varron étonné rebroussa chemin et annonça qu'il irait à
Italica [13] : on l'avertit que les portes en étaient fermées.
Alors, repoussé de toutes parts, il envoie dire à César
qu'il est prêt à remettre la légion à celui qu'il désignera.
Celui-ci envoie Sextus César pour la recevoir. Varron

tradere. Ille ad eum Sex. Cæsarem mittit, atque huic tradi jubet. Tradita legione, Varro Cordubam ad Cæsarem venit : relatis ad eum publicis cum fide rationibus, quod penes eum est pecuniæ, tradit, et, quod ubique habeat frumenti ac navium, ostendit.

XXI. Cæsar, concione habita Cordubæ, omnibus generatim gratias agit : civibus romanis, quod oppidum in sua potestate studuissent habere; Hispanis, quod præsidia expulissent; Gaditanis, quod conatus adversariorum infregissent, seseque in libertatem vindicassent; tribunis militum centurionibusque, qui eo praesidii causa venerant, quod eorum consilia sua virtute confirmassent: pecunias, quas erant in publicum Varroni cives romani polliciti, remittit; bona restituit iis, quos liberius locutos hanc pœnam tulisse cognoverat : tributis quibusdam publicis privatisque præmiis, reliquos in posterum bona spe complet; biduumque Cordubæ commoratus, Gades proficiscitur : pecunias monumentaque, quæ ex fano Herculis collata erant in privatam domum, referri in templum jubet : Provinciæ Q. Cassium præficit; huic quatuor legiones attribuit: ipse iis navibus, quas M. Varro, quasque Gaditani jussu Varronis fecerant, Tarraconem paucis diebus pervenit. Ibi totius fere citerioris Provinciæ legationes Cæsaris adventum exspectabant. Eadem ratione privatim ac publice quibusdam civitatibus habitis honoribus, Tarracone discedit, pedibusque Narbonem, atque inde Massiliam pervenit : ibi, legem de dictatore latam, seseque dictatorem dictum a M. Lepido prætore, cognoscit.

livre la légion, et va trouver César à Cordoue; il lui
rend un compte fidèle de la Province, et lui remet, avec
tout l'argent, l'état des vivres et des vaisseaux.

XXI. César tint une assemblée à Cordoue, et rendit à
chacun des actions de grâces : il remercia les citoyens
romains, de lui avoir conservé la ville; les Espagnols,
d'avoir chassé leurs garnisons; les habitans de Cadix,
d'avoir déjoué les efforts de leurs adversaires et reconquis
leur liberté; les tribuns et les centurions, qui étaient
venus garder la ville, d'avoir affermi ces bonnes dispositions par leur courage. Il fit remise aux citoyens romains
des sommes que Varron avait exigées, rétablit dans leurs
biens ceux qu'on avait punis pour la liberté de leurs discours, distribua des récompenses de toute sorte, et remplit les esprits d'espoir pour l'avenir. Après être resté
deux jours à Cordoue, il partit pour Cadix. Là, il fit
reporter dans le temple d'Hercule le trésor et les ornemens qui en avaient été enlevés pour passer dans une
maison privée : il donna le gouvernement de la Province
à Q. Cassius, lui laissa quatre légions, et se rendit en
peu de jours à Tarragone avec les vaisseaux de M. Varron et ceux que ce dernier s'était fait fournir par Cadix :
les députations de presque toute la Province citérieure
l'y attendaient; il accorda encore des grâces à plusieurs
de ces villes et à leurs habitans. De Tarragone, il vint,
par terre, à Narbonne, et de là à Marseille, où il apprit
qu'une loi venait de créer à Rome un dictateur, et que
c'était César, que le préteur M. Lépidus avait proclamé.

XXII. Massilienses, omnibus defessi malis, rei frumentariæ ad summam inopiam adducti, bis prœlio navali superati, crebris eruptionibus fusi, gravi etiam pestilentia conflictati ex diutina conclusione et mutatione victus (panico enim vetere atque hordeo corrupto omnes alebantur, quod, ad hujusmodi casus antiquitus paratum, in publicum contulerant), dejecta turri, labefacta magna parte muri, auxiliis provinciarum et exercituum desperatis, quos in Cæsaris potestatem venisse cognoverant, sese dedere sine fraude constituunt. Sed paucis ante diebus L. Domitius, cognita Massiliensium voluntate, navibus tribus comparatis, ex quibus duas familiaribus suis attribuerat, unam ipse conscenderat, nactus turbidam tempestatem, est profectus. Hunc conspicatæ naves, quæ jussu Bruti consuetudine quotidiana ad portum excubabant, sublatis anchoris, sequi cœperunt. Ex iis unum ipsius navigium contendit, et fugere perseveravit, auxilioque tempestatis ex conspectu abiit; duo, perterrita concursu nostrarum navium, sese in portum receperunt. Massilienses arma tormentaque ex oppido, ut est imperatum, proferunt; naves ex portu navalibusque educunt; pecuniam ex publico tradunt. Quibus rebus confectis, Cæsar magis eos pro nomine et vetustate, quam pro meritis in se civitatis, conservans, duas ibi legiones præsidio relinquit, ceteras in Italiam mittit : ipse ad urbem proficiscitur.

XXIII. Iisdem temporibus C. Curio, in Africam profectus ex Sicilia, et jam ab initio copias P. Attii Vari despiciens, duas legiones ex IV, quas a Cæsare acceperat, et D equites transportabat; biduoque et noctibus

XXII. Les Marseillais se lassèrent enfin de leurs souffrances : la disette était extrême ; ils ne se nourrissaient
plus que de millet vieilli et d'orge gâtée, dont ils s'étaient
jadis pourvus en cas de siège. Deux fois vaincus sur mer,
repoussés dans toutes les sorties, affligés de maladies con-
tagieuses, causées par la longueur du siège et le changement de nourriture, voyant leur tour détruite, une partie des murs renversée, n'ayant plus de secours à attendre des provinces et des armées qu'ils savaient au pouvoir de César, ils se déterminèrent à se rendre de bonne
foi. Quelques jours avant, Domitius, instruit de leur
résolution, avait préparé trois vaisseaux, en avait donné
deux à ceux qui devaient l'accompagner, et prenant pour
lui le troisième, était parti pendant une bourrasque. Les
vaisseaux de Brutus, en station devant le port, l'aperçurent, levèrent l'ancre, et se mirent à sa poursuite. Domitius fit force de rames, continua de fuir, et échappa à
la faveur du gros temps ; les deux autres navires furent
effrayés et rentrèrent dans le port. Les Marseillais, conformément à nos ordres, livrèrent leurs armes et leurs
machines, tirèrent du port tous leurs vaisseaux, et du
trésor public toutes leurs richesses. César, ayant plus
égard à leur antique origine qu'à leur conduite envers
lui, conserva leur ville, et y laissa deux légions en garnison ; il envoya le reste en Italie, et partit pour Rome[14].

XXIII. Vers ce même temps, C. Curion passa de Si-
cile en Afrique. Méprisant d'avance les forces de P. Attius
Varus, il avait pris deux légions seulement des quatre que
César lui avait données, et cinq cents chevaux. Après

tribus navigatione consumptis, appulit ad eum locum, qui appellatur Aquilaria. Hic locus abest a Clupeis passuum xxii millia, habetque non incommodam æstate stationem, et duobus eminentibus promontoriis continetur. Hujus adventum L. Cæsar filius cum x longis navibus ad Clupeam præstolans (quas naves Uticæ, ex prædonum bello subductas, P. Attius reficiendas hujus belli causa curaverat), veritusque navium multitudinem, ex alto refugerat, appulsaque ad proximum litus trireme constrata, et in litore relicta, pedibus Adrumetum profugerat (id oppidum C. Considius Longus unius legionis præsidio tuebatur): reliquæ Cæsaris naves ejus fuga Adrumetum se receperunt. Hunc secutus M. Rufus quæstor navibus duodecim, quas præsidio onerariis navibus Curio ex Sicilia eduxerat, postquam relictam in litore navem conspexit, hanc remulco abstraxit: ipse ad Curionem cum classe redit.

XXIV. Curio Marcum Uticam navibus præmittit: ipse eodem cum exercitu proficiscitur; biduique iter progressus, ad flumen Bagradam pervenit: ibi C. Caninium Rebilum legatum cum legionibus relinquit; ipse cum equitatu antecedit ad castra exploranda Cornelia, quod is locus peridoneus castris habebatur. Id autem est jugum directum, eminens in mare, utraque ex parte præruptum atque asperum, sed tamen paulo leniore fastigio ab ea parte, quæ ad Uticam vergit. Abest directo itinere ab Utica paulo amplius passuum mille. Sed hoc itinere est fons, quo mare succedit longius, lateque is locus restagnat: quem si quis vitare voluerit, sex millium circuitu in oppidum perveniet.

.une traversée de deux jours et de trois nuits, il aborda
au lieu nommé Aquilaria, à vingt-deux milles environ
de Clupea [15], dans une rade assez bonne en été, et garan-
tie par deux promontoires. L. César le fils l'attendait à
Clupea avec dix galères qui avaient été prises dans la
guerre des pirates, et que P. Attius avait fait radouber
à Utique, pour servir à la guerre présente. Mais la vue
d'une flotte si considérable l'effraya; il abandonna la
pleine mer, fit échouer sa trirème sur la côte la plus
proche, la laissa sur le rivage, et se réfugia par terre à
Adrumète, que C. Considius Longus occupait avec une
légion : le reste de sa flotte s'enfuit également dans ce
port. Le questeur M. Rufus le suivit avec douze galères,
que Curion avait amenées de Sicile pour escorter les
vaisseaux de charge. Ayant aperçu le navire que César
avait laissé sur la rive, il le fit remorquer, et revint ensuite auprès de Curion avec sa flotte.

XXIV. Curion envoya Marcus à Utique sur les vaisseaux ; il le suivit en même temps par terre avec l'armée,
et, en deux journées de marche, il arriva à la rivière de
Bagrada. Il y laissa C. Caninius Rebilus avec les légions:
pour lui, il prit les devants avec la cavalerie, afin de
reconnaître le camp Cornélien [16], que l'on disait être un
poste avantageux : c'est un promontoire qui domine la
mer, rude et escarpé des deux côtés, mais dont la pente
s'adoucit cependant du côté d'Utique. En droite ligne, il
est éloigné de cette place d'un peu plus de mille pas. Dans
ce chemin est une source qui descend à la mer et rend
cet endroit fort marécageux : si l'on veut l'éviter, il faut
prendre un détour de six mille pas pour arriver à la ville.

XXV. Hoc explorato loco, Curio castra Vari cons-. picit, muro oppidoque conjuncta, ad portam, quæ appellatur Bellica, admodum munita natura loci; una ex parte ipso oppido Utica, altera a theatro, quod est ante oppidum, substructionibus ejus operis maximis aditu ad 'castra difficili et angusto. Simul animadvertit, multa undique portari atque agi plenissimis viis, quæ repentini tumultus timore ex agris in urbem conferebantur. Huc equitatum mittit, ut diriperet, atque haberet loco prædæ. Eodemque tempore his rebus subsidio DC equites Numidæ ex oppido, peditesque CD mittuntur a Varo, quos auxilii causa rex Juba paucis diebus ante Uticam miserat. Huic et paternum hospitium cum Pompeio, et simultas cum Curione intercedebat; quod tribunus plebis legem promulgaverat, qua lege regnum Jubæ publicaverat. Concurrunt equites inter se; neque vero primum impetum nostrorum Numidæ ferre potuerunt; sed interfectis circiter CXX, reliqui se in castra ad oppidum receperunt. Interim, adventu longarum navium, Curio pronuntiare onerariis navibus jubet, quæ stabant ad Uticam numero circiter CC, « se in hostium habiturum loco, qui non e vestigio ad castra Corneliana vela direxisset.» Qua pronuntiatione facta, temporis puncto, sublatis anchoris, omnes Uticam relinquunt, et, quo imperatum est, transeunt. Quæ res omnium rerum copia complevit exercitum.

XXVI. His rebus gestis, Curio se in castra ad Bagradam recepit, atque universi exercitus conclamatione Imperator appellatur : posteroque die Uticam exercitum ducit, et prope oppidum castra ponit. Nondum opere

XXV. De ce poste, Curion observa le camp de Varus, placé sous les murs de la ville, vers la porte nommée Bellica. La position en était forte : il était défendu, d'un côté, par la ville même ; de l'autre, par un théâtre bâti devant la ville, et dont la vaste construction rendait l'accès du camp difficile et étroit. En même temps, il vit une multitude d'hommes qui couvraient les chemins et s'empressaient, dans leur frayeur, de transporter leurs richesses de la campagne à la ville. Il détache sa cavalerie pour enlever le butin ; au même moment, Varus fait marcher à leur secours six cents chevaux Numides, avec quatre cents fantassins que le roi Juba avait envoyés peu de jours avant à Utique. Ce roi était uni à Pompée par les liens de l'hospitalité paternelle, et il haïssait Curion, qui, étant tribun, avait, par une loi, fait confisquer son royaume. Les deux corps de cavalerie se rencontrent : les Numides ne peuvent soutenir notre premier choc ; ils perdent environ cent vingt hommes, et se retirent dans le camp, sous le mur de la ville. Sur ces entrefaites, les galères étant arrivées, Curion fait déclarer à deux cents vaisseaux de charge, alors en station à Utique, qu'il traitera en ennemi quiconque ne se rendra point à l'instant au camp Cornélien. A cette menace, tous lèvent l'ancre, abandonnent Utique, et se dirigent vers le lieu désigné. Cet évènement mit l'abondance dans notre armée.

XXVI. Cela fait, Curion se retira à son camp de Bagrada, où il fut salué *imperator*[17] par les acclamations unanimes de ses troupes. Le lendemain, il les mena vers Utique, et campa devant la ville. Ses retranchemens

castrorum perfecto, equites ex statione nuntiant, magna auxilia equitum peditumque, ab rege missa, Uticam venire : eodemque tempore vis magna pulveris cernebatur, et vestigio temporis primum agmen erat in conspectu. Novitate rei Curio permotus, præmiltit equites, qui primum impetum sustineant ac morentur : ipse, celeriter ab opere deductis legionibus, aciem instruit. Equites committunt prœlium ; et prius, quam plane legiones explicari et consistere possent, tota auxilia regis, impedita ac perturbata, quod nullo ordine et sine timore iter fecerant, in fugam se conjiciunt : equitatuque omni fere incolumi, quod se per litora celeriter in oppidum recepit, magnum peditum numerum interficiunt.

XXVII. Proxima nocte, centuriones Marsi duo ex castris Curionis cum manipularibus suis duobus et viginti ad Attium Varum perfugiunt. Hi, seu vere, quam habuerant, opinionem ad eum perferunt, sive etiam auribus Vari serviunt (nam, quæ volumus, et credimus libenter; et, quæ sentimus ipsi, reliquos sentire speramus) : confirmant quidem certe, totius exercitus animos alienos esse a Curione : maxime opus esse, in conspectum exercitum venire, et colloquendi dari facultatem. Qua opinione adductus Varus, postero die mane legiones ex castris educit. Facit idem Curio : atque, una valle non magna interjecta, suas uterque copias instruit.

XXVIII, Erat in exercitu Vari Sex. Quinctilius Varus, quem fuisse Corfinii, supra demonstratum est. Hic, di-

n'étaient pas achevés, que la cavalerie de garde vint
l'avertir qu'il arrivait à Utique un renfort considérable
de fantassins et de chevaux envoyés par Juba : déjà
on apercevait un nuage de poussière, et bientôt parut
l'avant-garde. Curion, étonné, détache sa cavalerie pour
soutenir le premier effort et arrêter leur marche, tandis
qu'il se hâte de rappeler les légions occupées aux travaux
du camp, et les range en bataille. Le combat s'engage
entre les cavaliers; et, avant que les légions eussent pu
se développer et prendre leur poste, les troupes du roi,
embarrassées et en désordre, parce qu'elles marchaient
sans défiance, prennent la fuite. Leur cavalerie échappa
presque tout entière, en se retirant à la hâte dans la ville,
le long du rivage : mais il périt un grand nombre de fantassins.

XXVII. La nuit suivante, deux centurions Marses
quittent le camp de Curion avec vingt-deux soldats de
leur compagnie, et passent dans celui d'Attius Varus.
Soit flatterie, soit qu'ils le crussent en effet (car on croit
aisément ce que l'on désire, et l'on espère trouver dans
les autres ses propres sentimens), ils lui affirment que
l'armée n'a nulle affection pour Curion; qu'il s'agirait
seulement de mettre les soldats en présence et à portée
de se parler. Varus, persuadé par ces paroles, tire le lendemain matin ses légions du camp; Curion fait de même:
les deux armées ne sont plus séparées que par un vallon
étroit.

XXVIII. Dans l'armée de Varus était Sextus Quinctilius Varus, qui, nous l'avons dit plus haut[18], était à

23.

missus a Cæsare, in Africam venerat; legionesque eas
traduxerat Curio, quas superioribus temporibus Corfinio receperat Cæsar; adeo ut, paucis mutatis centurionibus, iidem ordines manipulique constarent. Hanc nactus appellationis causam Quinctilius, circumire aciem
Curionis, atque obsecrare milites cœpit, « ne primi sacramenti, quod apud Domitium atque apud se quæstorem
dixissent, memoriam deponerent; neu contra eos arma
ferrent, qui eadem essent usi fortuna, eademque in obsidione perpessi; neu pro iis pugnarent, a quibus contumelia perfugæ appellarentur. » His pauca ad spem lar-
gitionis addidit, quæ ab sua liberalitate, si se atque Attium secuti essent, exspectare deberent.

XXIX. Hac habita oratione, nullam in partem ab
exercitu Curionis fit significatio, atque ita suas uterque
copias reducit: atque in castris Curionis magnus omnium incessit timor; nam is variis hominum sermonibus
celeriter augetur. Unusquisque enim opiniones fingebat,
et ad id, quod ab alio audierat, sui aliquid timoris ad-
debat. Hoc ubi uno auctore ad plures permanaverat,
atque alius alii tradiderat, plures auctores ejus rei videbantur. « Civile bellum; genus hominum, quod liceret
libere facere, et sequi, quod vellet. » Legiones eæ, quæ
paulo ante apud adversarios fuerant (nam etiam Cæsaris beneficium mutaverat consuetudo, qua offerrentur
municipia), etiam diversis partibus conjunctæ (namque
enim ex Marsis Pelignisque veniebant, ut qui superiore
nocte in contuberniis), commilitonesque nonnulli gra-
viores sermones militum vulgo durius accipiebant: non-

Corfinium. César l'ayant laissé aller, il était passé en Afrique : Curion avait amené avec lui ces mêmes légions qui se soumirent alors à César; c'était, à l'exception de quelques centurions, les mêmes rangs, les mêmes manipules. Quinctilius prit de là occasion de leur parler: il se montre devant leurs lignes, et les conjure de ne point perdre le souvenir du premier serment prêté à Domitius et à lui-même, son questeur; il les prie de ne pas tourner leurs armes contre ceux qu'ils ont vu partager avec eux les souffrances et les dangers d'un siège; de ne point combattre, enfin, pour des hommes qui leur donneraient le titre injurieux de transfuges. Il leur fit espérer des marques de sa générosité s'ils suivaient le parti d'Attius et le sien.

XXIX. Ces paroles ne produisirent aucun effet sur l'armée de Curion; elle resta immobile : chacun ramena ses troupes dans son camp. Toutefois, la frayeur se répandit dans celui de Curion : divers propos l'entretiennent et la propagent. Chacun se crée des alarmes, et mêle, au récit des autres, ses propres craintes : ce qu'un seul a dit, tous le repètent; le même récit, passant de bouche en bouche, semble obtenir plus d'autorité [19]. « On est en guerre civile: chacun alors peut tout faire et suit le parti qui lui plaît. » La générosité avec laquelle César offrait des gouvernemens et des honneurs avait tourné contre lui-même ses propres bienfaits : les légions qui, peu d'instans avant, servaient ses adversaires, formées encore de partis hostiles, de Marses, de Pélignes, tels que ceux qui, la nuit précédente, partageaient avec eux la même tente, s'unissant à quelques autres compagnons, accrédi-

nulla etiam ab iis, qui diligentiores videri volebant, fin-
gebantur.

XXX. Quibus de causis consilio convocato, de summa
rerum deliberare incipit. Erant sententiæ., quæ conandum omnibus modis, castraque Vari oppugnanda censerent; quod hujusmodi militum consiliis otium maxime
contrarium esse arbitrarentur : postremo præstare dice-
bant, « per virtutem in pugna belli fortunam experiri,
quam, desertos et circumventos ab suis; gravissimum
supplicium pati. » Porro erant, qui censerent, de tertia
vigilia in castra Cornelia recedendum, ut, majore
spatio temporis interjecto, militum mentes sanarentur;
simul, si quid gravius accidisset, magna multitudine
navium et tutius et facilius in Siciliam receptus daretur.

XXXI. Curio, utrumque improbans consilium, quantum alteri sententiæ deesset animi, tantum alteri supe-
resse dicebat : hos turpissimæ fugæ rationem habere,
illos etiam iniquo loco dimicandum putare. « Qua enim,
inquit, fiducia et opere et natura loci munitissima castra
expugnari posse confidimus? aut vero quid proficimus,
si, accepto magno detrimento, ab oppugnatione castrorum discedimus? quasi non et felicitas rerum gestarum
exercitus benevolentiam imperatoribus, et res adversæ
odia concilient. Castrorum autem mutatio quid habet,
nisi turpem fugam, et desperationem omnium, et alie-
nationem exercitus? nam neque prudentes suspicari opor-
tet, sibi parum credi; neque improbos scire, sese timeri :
quod illis licentiam timor augeat noster; his studia de-
minuat. Quod si jam, inquit, hæc explorata habemus,

taient ces discours, et y mettaient plus d'importance
que la foule des soldats; d'autres, voulant paraître bien
informés, inventaient aussi quelques nouvelles.

XXX. Ces circonstances déterminèrent Curion à assembler un conseil. Les avis furent partagés : les uns, persuadés que, dans une telle disposition des esprits, l'oi-
siveté surtout était dangereuse, voulaient attaquer à tout
prix le camp de Varus. Il vaut mieux, disaient-ils, tenter
vaillamment la fortune, que de se voir trahi lâchement
par les siens et livré au supplice : d'autres préféraient se
retirer, vers la troisième veille, au camp Cornélien, où
l'on aurait le temps de calmer les esprits des soldats, et
d'où l'on pourrait, en cas de revers, plus aisément et
plus sûrement gagner la Sicile, sur les nombreux vaisseaux dont on était maître.

XXXI. Curion désapprouva ces deux avis : l'un lui semblait trop timide, et l'autre trop hardi; celui-là conseillait une fuite honteuse, celui-ci une attaque téméraire.
« Avec quelle assurance pouvons-nous espérer de forcer
un camp défendu par la nature et par l'art? et qu'arri-
vera-t-il, si nous sommes repoussés? Si le succès donne
aux généraux la confiance du soldat, les revers leur attirent sa haine. Faut-il quitter notre position? le résultat
sera la honte d'une fuite, le découragement de tous, le
mécontentement de l'armée. Il ne faut point paraître se
méfier des bons, ni montrer aux méchans qu'on les craint:
l'affection des uns diminue; l'insolence des autres s'en ac-
croît. Si ce que l'on dit des sentimens de l'armée est certain (et je le crois entièrement faux ou du moins bien exagéré), ne serait-il pas mieux de le dissimuler, de le dé-

quæ de exercitus alienatione dicuntur, quæ quidem ego aut omnino falsa, aut certe minora opinione esse confido, quanto, hæc dissimulari et occultari, quam per nos confirmari, præstat? An non, uti corporis vulnera, ita exercitus incommoda sunt tegenda, ne spem adversariis augeamus? At etiam, ut media nocte proficiscamur, addunt; quo majorem, credo, licentiam habeant, qui peccare conentur : namque hujusmodi res aut pudore, aut metu tenentur, quibus rebus nox maxime adversaria est. Quare neque tanti sum animi, ut sine spe castra oppugnanda censeam; neque tanti timoris, ut ipse deficiam : atque omnia prius experienda arbitror, magnaque ex parte jam me una vobiscum de re judicium facturum confido. »

XXXII. Dimisso concilio, concionem advocat militum : commemorat, «quo sit eorum usus studio ad Corfinium Cæsar : ut magnam partem Italiæ, beneficio atque auctoritate eorum, suam fecerit. Vos enim, vestrumque factum, inquit, omnia deinceps municipia sunt secuta, neque sine causa et Cæsar amicissime de vobis, et illi gravissime judicaverunt. Pompeius enim, nullo prœlio pulsus, vestri facti præjudicio demotus, Italia excessit : Cæsar me, quem sibi carissimum habuit, provinciamque Siciliam atque Africam, sine quibus urbem atque Italiam tueri non potest, vestræ fidei commisit. Adsunt, qui vos hortentur, ut a nobis desciscatis. Quid enim est illis optatius, quam uno tempore et nos circumvenire, et vos nefario scelere obstringere? Aut quid irati gravius de vobis sentire possunt, quam ut eos prodatis, qui se vobis omnia debere judicant; et in eorum potestatem ve-

guiser, que de l'accréditer nous-mêmes? Il en est de ces
plaies comme de celles du corps, qu'il faut cacher à l'œil
de l'ennemi, pour ne pas augmenter sa confiance. On nous
propose de partir au milieu de la nuit; c'est sans doute
pour donner aux malveillans plus de hardiesse. De tels
desseins sont entravés par la crainte ou la honte : la nuit
leur est favorable. Non, je ne suis ni assez téméraire
pour attaquer un camp sans aucun espoir, ni assez timide pour m'abandonner et me trahir moi-même; je
préfère tenter tout autre moyen, et je me flatte de m'ac-
corder bientôt avec vous sur le parti qui nous reste à
prendre. »

XXXII. Le conseil s'étant séparé, Curion assemble les
soldats. Il leur rappelle l'affection qu'ils témoignèrent à
César devant Corfinium, et comme leur zèle et leur exemple lui assurèrent une grande partie de l'Italie. « Toutes
les villes municipales, dit-il, imitèrent votre conduite;
et ce n'est pas sans raison que César vous aime autant
que ceux-ci vous haïssent. Votre démarche força Pompée
à quitter l'Italie sans combat : César a confié à votre foi,
avec ma personne qui lui est chère, la Sicile et l'Afrique,
sans lesquelles il ne peut conserver Rome et l'Italie. Cependant nos ennemis vous exhortent à nous abandonner.
Peuvent-ils en effet rien souhaiter avec plus d'ardeur que
de nous perdre, en même temps qu'ils vous lieraient par
le crime? ou que peut désirer leur colère, sinon de vous
voir trahir ceux qui pensent tenir tout de vous, pour
tomber aux mains de ceux qui vous doivent leur perte?

niatis, qui se per vos perisse existimant? An vero in
Hispania res gestas Cæsaris non audistis? duos pulsos
exercitus? duos superatos duces? duas receptas provincias? hæc acta diebus quadraginta, quibus in conspectum adversariorum venerit Cæsar? An, qui incolumes
resistere non potuerunt, perditi resistant? vos autem,
incerta victoria Cæsarem secuti, dijudicata jam belli
fortuna, victum sequamini, quum vestri officii præmia
percipere debeatis? Desertos enim se ac proditos a vobis
dicunt, et prioris sacramenti mentionem faciunt. Vosne
vero L. Domitium, an vos L. Domitius deseruit? Nonne
extremam pati fortunam paratos projecit ille? non, sibi,
clam vobis, salutem fuga petivit? non, proditi per illum,
Cæsaris beneficio estis conservati? Sacramento quidem
vos tenere qui potuit, quum, projectis fascibus, et de-
posito imperio, privatus et captus ipse in alienam venisset potestatem? Relinquitur nova religio, ut, eo ne-
glecto sacramento, quo nunc tenemini, respiciatis illud,
quod deditione ducis et capitis deminutione sublatum
est. At, credo, si Cæsarem probatis, in me offenditis,
qui de meis in vos meritis prædicaturus non sum, quæ
sunt adhuc et mea voluntate et vestra exspectatione le-
viora : sed tamen sui laboris milites semper eventu belli
præmia petiverunt : qui qualis sit futurus, ne vos quidem dubitatis. Diligentiam quidem nostram, aut quem
ad finem adhuc res processit, fortunamque cur præter-
eam? An pœnitet vos, quod salvum atque incolumem
exercitum, nulla omnino nave desiderata, traduxerim?
quod classem hostium primo impetu adveniens profliga-
verim? quod bis per biduum equestri prœlio superave-

Ne savez-vous pas les exploits de César en Espagne?
deux armées mises en fuite, deux généraux vaincus[20],
deux provinces soumises[21]; tout cela dans l'espace de
quarante jours, dès son arrivée devant l'ennemi. Ceux
qui n'ont pu tenir avec toutes leurs forces, résisteront-
ils après leur défaite? Vous qui avez suivi César quand
la victoire était incertaine, suivrez-vous le parti vaincu,
lorsque la fortune a prononcé, et que vous devez recueillir le fruit de vos services? Ils se disent trahis et délais-
sés par vous, et vous parlent de votre ancien serment;
mais qui le premier s'est retiré? vous ou L. Domitius?
Vous étiez prêts à tout souffrir pour lui; il vous a reje-
tés. N'a-t-il pas à votre insu cherché son salut dans la
fuite? n'est-ce pas lui qui vous a trahis; et César qui
vous a sauvés? pouvait-il vous tenir encore sous le lien
du serment, quand lui-même, abdiquant le commandement et les faisceaux, simple particulier et captif, était
au pouvoir du vainqueur? Un nouvel engagement sub-
siste : irez-vous le quitter pour un autre dont vous a dé-
liés la soumission d'un chef qui n'est plus maître de sa
personne? Mais peut-être, contens de César, avez-vous
quelque chose à me reprocher. Je ne vous vanterai pas
mes services, ils sont bien au dessous de mes intentions
et de votre attente; mais, enfin, c'est de l'évènement de
la guerre que le soldat attend la récompense, et l'issue
de celle-ci ne peut vous paraître douteuse. Et pourquoi
tairai-je notre vigilance, nos succès, notre fortune? n'est-
ce rien que d'avoir amené ici l'armée entière, sans perdre
un seul navire? Avez-vous regret qu'à notre arrivée, dès
le premier choc, j'aie dispersé la flotte ennemie? que,

rim? quod ex portu sinuque adversariorum cc naves oneratas abduxerim, eoque illos compulerim, ut neque pedestri itinere, neque navibus commeatu juvari possint? Hac vos fortuna atque his ducibus repudiatis, Corfiniensem ignominiam, an Italiæ fugam, an Hispaniarum deditionem, an Africi belli præjudicia sequimini? Equidem me Cæsaris militem dici volui : vos me imperatoris nomine appellavistis. Cujus si vos pœnitet, vestrum vobis beneficium remitto : mihi meum restituite nomen, ne ad contumeliam honorem dedisse videamini.»

XXXIII. Qua oratione permoti milites, crebro etiam dicentem interpellabant, ut magno cum dolore infidelitatis suspicionem sustinere viderentur : discedentem vero ex concione universi cohortantur, magno sit animo, neu dubitet prœlium committere, et suam fidem virtutemque experiri. Quo facto commutata omnium voluntate et opinione, consensu suo constituit Curio, quum primum sit data potestas, prœlio rem committere. Postero die productos, eodem loco, quo superioribus diebus constiterat, in acie collocat. Ne Varus quidem Attius dubitat copias producere, sive sollicitandi milites, sive æquo loco dimicandi detur occasio, ne facultatem prætermittat.

XXXIV. Erat vallis inter duas acies, ut supra demonstratum est, non ita magno, aut difficili et arduo ascensu. Hanc uterque si adversariorum copiæ transire conarentur, exspectabat, quo æquiore loco prœlium committeret. Simul ab sinistro cornu P. Attii equitatus omnis,

deux fois en deux jours, leur cavalerie ait été défaite? que, du port même et de la rade ennemie, j'aie enlevé à nos adversaires deux cents vaisseaux chargés, leur coupant ainsi les vivres et sur terre et sur mer? Répudierez-vous de tels chefs et de tels succès, pour accepter en échange la honte de Corfinium, les frayeurs de l'Italie, la perte des Espagnes, et les tristes préludes de la guerre d'Afrique? Je voulais être appelé soldat de César, et vous m'avez nommé *imperator*. Si vous regrettez cette faveur, reprenez-la : rendez-moi mon nom, afin qu'on ne dise pas que vous ne m'avez honoré que pour me faire une injure. »

XXXIII. Les soldats émus de ces paroles l'avaient souvent interrompu : ils ne supportaient qu'avec une vive douleur ce soupçon d'infidélité. Lorsqu'il se retira, tous le prièrent de compter sur eux, de ne pas hésiter à livrer bataille, et de mettre à l'épreuve leur fidélité et leur courage. Curion, remarquant ce changement des esprits, se détermina volontiers à saisir la première occasion d'engager le combat. Dès le lendemain, il fit sortir ses troupes et les rangea dans le même lieu que les jours précédens. Attius Varus ne tarda pas à l'imiter, espérant débaucher les soldats, ou trouver une occasion heureuse pour combattre.

XXXIV. Entre les deux armées était, comme on l'a dit, un vallon assez peu spacieux, et d'une pente roide et difficile. Chacun attendait que l'ennemi le traversât, afin de combattre avec avantage. On vit partir de l'aile gauche de Varus et descendre dans le vallon toute sa ca-

et una levis armaturæ interjecti complures, quum se in vallem demitterent, cernebantur. Ad eos Curio equitatum, et duas Marrucinorum cohortes mittit : quorum primum impetum equites hostium non tulerunt, sed, admissis equis, ad suos refugerunt : relicti ab his, qui una procurrerant, levis armaturæ circumveniebantur atque interficiebantur ab nostris. Huc tota Vari conversa acies suos fugere et concidi videbat. Tum Rebilus, legatus Cæsaris, quem Curio secum ex Sicilia duxerat, quod magnum habere usum in re militari sciebat: «Perterritum, inquit, hostem vides, Curio : quid dubitas uti temporis opportunitate?» Ille unum elocutus, ut memoria tenerent milites ea, quæ pridie sibi confirmassent, sequi sese jubet, et præcurrit ante omnes : adeoque erat impedita vallis, ut in ascensu, nisi sublevati a suis, primi non facile eniterentur. Sed præoccupatus animus Attianorum militum timore, et fuga, et cæde suorum, nihil de resistendo cogitabat, omnesque jam se ab equitatu circumveniri arbitrabantur. Itaque prius, quam telum adjici posset, aut nostri proprius accederent, omnis Vari acies terga vertit, seque in castra recepit.

XXXV. Qua in fuga Fabius Pelignus quidam, ex infimis ordinibus de exercitu Curionis, primum agmen fugientium consecutus, magna voce Varum nomine appellans requirebat, uti unus esse ex ejus militibus, et monere aliquid velle ac dicere videretur. Ubi ille, sæpius appellatus, aspexit ac restitit, et, quis esset, aut quid vellet, quæsivit, humerum apertum gladio appetit, paulumque abfuit, quin Varum interficeret : quod ille periculum, sublato ad ejus conatum scuto, vitavit. Fabius,

valerie entremêlée d'infanterie légère. Curion y envoie
la sienne avec deux cohortes de Marruciniens [22] : les cavaliers ennemis ne purent en soutenir le choc, et s'enfuirent en toute hâte. Leur infanterie, ainsi délaissée, était
enveloppée et taillée en pièces : toute l'armée de Varus
était témoin de ce désastre. Alors Rebilus, lieutenant de
César, et que Curion avait amené avec lui de Sicile par
estime pour ses talens militaires : « Curion, dit-il, tu vois
l'ennemi troublé; que tardes-tu à saisir l'occasion? » Curion dit seulement aux soldats de se rappeler ce qu'ils lui
ont promis la veille, ordonne qu'on le suive, et il marche
en avant. La pente était si roide, que les premiers ne pouvaient monter aisément sans être soutenus. Mais les soldats de Varus encore préoccupés de leur crainte, et de
la fuite, du massacre des leurs, ne songeaient pas à se
défendre, et se croyaient déjà enveloppés par notre cavalerie. Ainsi, sans attendre notre approche, avant même
qu'on pût lancer le trait, toute cette armée tourna le dos,
et se retira dans son camp.

XXXV. Pendant cette déroute, un certain Fabius, Pé-
lignien, des derniers rangs de l'armée de Curion, ayant
atteint la tête des fuyards, cherchait Varus et l'appelait
à haute voix, feignant d'être un de ses soldats, et de
vouloir lui donner quelque avis. Celui-ci, s'entendant plusieurs fois nommer, regarde, s'arrête, et lui demande
qui il est et ce qu'il veut. Le soldat lui porte un coup
d'épée sur l'épaule qui était découverte, et l'eût tué, si
Varus n'eût paré le mouvement avec son bouclier. Fa-

a proximis militibus circumventus, interficitur. Hac fugientium multitudine ac turba portæ castrorum occu-
pantur, atque iter impeditur; pluresque in eo loco sine
vulnere, quam in prœlio aut fuga, intereunt : 'neque
multum abfuit, quin etiam castris expellerentur; ac nonnulli protinus eodem cursu in oppidum contenderunt.
. Sed quum loci natura et munitio castrorum aditum prohibebat, tum, quod ad prœlium egressi Curionis milites
iis rebus indigebant, quæ ad oppugnationem castrorum
erant usui. Itaque Curio exercitum in castra reducit, suis
omnibus præter Fabium incolumibus, ex numero adversariorum circiter DC interfectis, ac mille vulneratis : qui
omnes, discessu Curionis, multique præterea, per simu-
lationem vulnerum, ex castris in oppidum propter timorem sese recipiunt. Qua re animadversa, Varus, et
terrore exercitus cognito, buccinatore in castris et paucis ad speciem tabernaculis relictis, de tertia vigilia silentio exercitum in oppidum reducit.

XXXVI. Postero die, Curio Uticam obsidere, et vallo
circummunire instituit. Erat in oppido multitudo inso-
lens belli, diuturnitate otii; Uticenses pro quibusdam
Cæsaris in se beneficiis illi amicissimi; conventus is, qui
ex variis generibus constaret; terror ex superioribus prœliis magnus. Itaque de deditione omnes palam loquebantur, et cum P. Attio agebant, ne sua pertinacia omnium
fortunas perturbari vellet. Hæc quum agerentur, nuntii
præmissi ab rege Juba venerunt, qui illum cum magnis
copiis adesse dicerent, et de custodia ac defensione urbis
hortarentur : quæ res eorum perterritos animos confir-
mavit.

bius est enveloppé, et périt. La foule des fuyards obstrue les portes du camp et encombre le chemin; ils se pressent, et y périssent en plus grand nombre que dans le combat ou dans la fuite. Peu s'en fallut que le camp ne fût forcé, et même plusieurs, sans s'arrêter, coururent droit à Utique. Mais la nature du terrain où le camp était placé, les fortifications, la difficulté des abords, l'absence des machines nécessaires à un assaut (car nos soldats n'étaient armés que pour le combat), tout détermina Curion à ramener ses troupes sans avoir perdu d'autre homme que Fabius. Les ennemis eurent environ six cents morts et mille blessés : ceux-ci, ainsi que plusieurs autres qui feignirent de l'être pour déguiser leur crainte, se réfugièrent dans la ville après la retraite de Curion. Varus, voyant que la frayeur était générale, ne laissa dans le camp qu'un trompette[23] et quelques tentes, et, vers la troisième veille, il fit rentrer sans bruit ses troupes dans Utique.

XXXVI. Le lendemain, Curion résolut d'assiéger la place, et fit commencer la circonvallation. La ville était remplie d'une multitude qu'une longue paix avait rendue inhabile aux armes; les habitans étaient attachés à César par des bienfaits : l'assemblée se composait d'élémens divers; les combats précédens avaient répandu la terreur : aussi tous parlaient hautement de se rendre, et sollicitaient P. Attius de ne pas les perdre par son opiniâtreté. Pendant ce temps vinrent des envoyés de Juba, qui, annonçant l'arrivée de ce roi à la tête de forces considérables, exhortaient la ville à se défendre. Cette nouvelle rassura les esprits.

XXXVII. Nuntiabantur hæc eadem Curioni, sed aliquamdiu fides fieri non poterat: tantam habebat suarum rerum fiduciam! jamque Cæsaris in Hispania res secundæ in Africam nuntiis ac litteris perferebantur. Quibus omnibus rebus sublatus, nihil contra se regem nisurum existimabat. Sed ubi certis auctoribus comperit, minus v et xx millibus longe ab Utica ejus copias abesse, relictis munitionibus, sese in castra Cornelia recepit. Huc frumentum comportare, castra munire, materiam conferre cœpit, statimque in Siciliam misit, uti II legiones reliquusque equitatus ad se mitteretur. Castra erant ad bellum ducendum aptissima, natura loci et munitione, et maris propinquitate, et aquæ et salis copia, cujus magna vis jam ex proximis erat salinis eò congesta. Non materia multitudine arborum, non frumentum, cujus erant plenissimi agri, deficere poterat. Itaque omnium suorum consensu Curio reliquas copias exspectare, et bellum ducere parabat.

XXXVIII. His constitutis rebus, probatisque consiliis, ex perfugis quibusdam oppidanis audit, Jubam, revocatum finitimo bello et controversiis Leptitanorum, restitisse in regno; Saburam, ejus præfectum, cum mediocribus copiis missum, Uticæ appropinquare. His auctoribus temere credens, consilium commutat, et prœlio rem committere constituit. Multum ad hanc rem probandam adjuvat adolescentia, magnitudo animi, superioris temporis proventus, fiducia rei bene gerendæ. His rebus impulsus, equitatum omnem prima nocte ad

XXXVII. Curion en reçut avis; mais il fut quelque temps sans y ajouter foi, tant était grande sa confiance! Déjà le bruit des succès de César en Espagne s'était répandu dans l'Afrique. Enflé de ces avantages, il ne pensait pas que le roi osât rien entreprendre contre lui; mais quand il sut, par des rapports certains, que cette armée n'était plus qu'à vingt-cinq milles d'Utique, il abandonna les ouvrages et se retira dans le camp Cornélien. Il commença par y rassembler des vivres, y ajouta des retranchemens, y fit transporter des matériaux, et sur-le-champ il envoya en Sicile, pour demander les deux légions et le reste de la cavalerie. Dans cette position, il lui était facile de traîner la guerre en longueur : tout le favorisait, le terrain, les retranchemens, le voisinage de la mer, de l'eau et du sel que les salines voisines fournissaient en abondance; les arbres des environs donnaient une grande quantité de bois, les campagnes étaient couvertes de blé. Il fut donc unanimement convenu que l'on s'enfermerait dans ce poste, en attendant le reste des troupes.

XXXVIII. Tout étant ainsi réglé, des transfuges de la ville viennent dire à Curion que Juba était retenu dans ses états par quelque guerre des peuples voisins et par les querelles des habitans de Leptis[24]; que Sabura, son lieutenant, envoyé avec peu de troupes, s'avançait vers Utique. Se fiant témérairement à ces rapports, Curion change d'avis et se décide à livrer bataille. Tout l'entraîne à cette résolution, l'ardeur de la jeunesse et du courage, les succès précédens, l'espérance de la victoire. Ce parti pris, à l'entrée de la nuit il envoie toute sa cavalerie

castra hostium mittit, ad flumen Bagradam, quibus
præerat Sabura, de quo ante erat auditum. Sed rex omnibus copiis insequebatur, et vi millium passuum intervallo a Sabura consederat. Equites missi nocte iter
conficiunt, imprudentes atque inopinantes hostes aggre-
diuntur : Numidæ enim, quadam barbara consuetudine,
nullis ordinibus passim consederant. Hos oppressos som-
no et dispersos adorti, magnum eorum numerum interficiunt: multi perterriti profugiunt. Quo facto, ad Curionem equites revertuntur, captivosque ad eum reducunt.

XXXIX. Curio cum omnibus copiis quarta vigilia
exierat, cohortibus v castris præsidio relictis. Progressus
millia passuum sex, equites convenit, rem gestam cognovit; ex captivis quærit, quis castris ad Bagradam præsit?
Respondent, Saburam. Reliqua studio itineris conficiendi quærere prætermittit, proximaque respiciens signa :
« Videtisne, inquit, milites, captivorum orationem cum
perfugis convenire? abesse regem, exiguas esse copias
missas, quæ paucis equitibus pares esse non potuerunt?
Proinde ad prædam, ad gloriam properate, ut jam de
præmiis vestris, et de referenda gratia cogitare incipia-
mus. » Erant per se magna, quæ gesserant equites, præsertim quum eorum exiguus numerus cum tanta multitudine Numidarum conferretur : hæc tamen ab ipsis
inflatius commemorabantur, ut de suis homines laudibus
libenter prædicant. Multa præterea spolia præferebantur,
capti homines equitesque producebantur; ut, quidquid
intercederet temporis, hoc omne victoriam morari videretur. Ita spei Curionis militum studia non deerant.
Equites sequi jubet sese, iterque accelerat, ut quam

vers la rivière de Bagrada, au camp ennemi que Sabura
commandait. Le roi suivait avec toutes ses troupes, et
n'était éloigné que de six milles de son lieutenant. Cependant la cavalerie de Curion ayant marché toute la
nuit, attaque et surprend l'ennemi; car les Numides,
selon l'usage des barbares, campent dispersés et sans
ordre. Un grand nombre fut tué dans le sommeil; le
reste s'effraya et prit la fuite. Après cette expédition,
notre cavalerie retourna vers Curion, emmenant avec
elle ses prisonniers.

XXXIX. Curion s'était mis en marche avec toutes
ses troupes dès la quatrième veille, laissant cinq cohortes
à la garde du camp. A la distance de six milles, il rencontre sa cavalerie, et apprend les détails de l'action. Il
demande aux prisonniers, qui commande au camp de Bagrada? ils répondent, Sabura. Pressé d'achever sa route,
il néglige les autres informations, et se tournant vers
les plus proches enseignes : « Soldats, dit-il, voyez-vous
comme le rapport des prisonniers s'accorde avec celui
des transfuges? le roi est loin; il a envoyé si peu de
troupes, qu'elles n'ont pu tenir contre quelques cavaliers.
Marchez donc au butin, à la gloire : vous recevrez enfin
le prix de votre valeur, et notre reconnaissance sera sa-
tisfaite.» Ce qu'avait fait notre cavalerie était sans doute
glorieux en soi-même, et surtout si l'on comparait son
petit nombre à la multitude des Numides : mais le pen-
chant que tous les hommes ont à rehausser leur gloire,
lui faisait encore enfler cet avantage. On étalait de nombreuses dépouilles, on montrait beaucoup de prisonniers:
déjà le moindre délai semblait un larcin fait à la victoire.

maxime ex fuga perterritos adoriri posset. At illi, itinere totius noctis confecti, subsequi non poterant, atque alii alio loco resistebant. Ne hæc quidem res Curionem ad spem morabatur.

XL. Juba, certior factus a Sabura de nocturno prœlio, duo millia Hispanorum et Gallorum equitum, quos suæ custodiæ causa circum se habere consuerat, et peditum eam partem, cui maxime confidebat, Saburæ submittit : ipse cum reliquis copiis elephantisque lx lentius subsequitur, suspicatus, præmissis equitibus, ipsum adfore Curionem. Sabura copias equitum peditumque instruit, atque his imperat, ut simulatione timoris paulatim cedant, ac pedem referant; sese, quum opus esset, signum prœlii daturum, et, quod rem postulare cognovisset, imperaturum. Curio, ad superiorem spem addita præsentis temporis opinione, hostes fugere arbitratus, copias ex locis superioribus in campum deducit.

XLI. Quibus ex locis quum longius esset progressus, confecto jam labore exercitu, xvi millium spatio consistit. Dat suis signum Sabura, aciem constituit, et circumire ordines atque hortari incipit; sed peditatu duntaxat procul ad speciem utitur, equites in aciem mittit. Non deest negotio Curio, suosque hortatur, ut spem omnem in virtute reponant : ne militibus quidem, ut defessis, neque equitibus, ut paucis et labore confectis, studium ad pugnandum virtusque deerat : sed ii erant numero cc, reliqui in itinere substiterant. Hi quamcun-

L'ardeur des troupes secondait les espérances de Curion ;
il ordonne aux cavaliers de le suivre, et hâte sa marche
pour surprendre encore l'ennemi dans le désordre de sa
fuite. Ceux-ci, harassés des fatigues de la nuit, ne pouvaient suivre, et beaucoup d'entre eux furent forcés de
s'arrêter en divers lieux. Rien de tout cela ne diminuait
la confiance de Curion.

XL. Juba, instruit par Sabura de ce qui s'était passé
dans le combat de nuit, lui envoie deux mille cavaliers
espagnols et gaulois, qu'il avait coutume de tenir autour
de sa personne, avec un corps de sa meilleure infanterie ;
lui-même suit lentement avec le reste de ses troupes et
soixante éléphans : il se doutait bien que Curion arrivait
à la suite de sa cavalerie. Sabura range toute son armée
en bataille, et lui recommande de céder peu à peu par
une retraite simulée ; il donnera le signal du combat
quand il en sera temps, et des ordres selon les circonstances. Curion, entretenu dans son espoir par cette frayeur
apparente, croit que l'ennemi prend la fuite ; il quitte
les hauteurs et descend dans la plaine.

XLI. Il s'avance à quelque distance, et, ses troupes
étant épuisées de fatigue, il s'arrête enfin après une marche de seize milles. Sabura donne le signal, range ses
troupes, les encourage, court de rang en rang : mais il
tient son infanterie en réserve ; la cavalerie seule marche
au combat. De son côté, Curion ne reste pas inactif, et
exhorte les siens à mettre tout leur espoir dans leur courage. Le courage ne leur manquait pas, quoique l'infanterie fût harassée et la cavalerie réduite alors à deux cents
chevaux : le reste n'avait pu suivre. Partout où elle char-

que in partem impetum fecerant, hostes loco cedere cogebant; sed neque longius fugientes prosequi, nec vehementius equos incitare poterant. At equitatus hostium
ab utroque cornu circumire aciem nostram, et aversos
proterere incipit. Quum cohortes ex acie procucurris-
sent, Numidæ integri celeritate impetum nostrorum ef-
fugiebant, rursusque ad ordines suos se recipientes cir-
cumibant, et ab acie excludebant. Sic neque in loco
manere ordinesque servare, neque procurrere et casum
subire, tutum videbatur. Hostium copiæ, submissis ab
rege auxiliis, crebro augebantur : nostros vires lassitu-
dine deficiebant : simul ii, qui vulnera acceperant, neque acie excedere, neque in locum tutum referri poterant, quod tota acies equitatu hostium circumdata tenebatur. Hi, de salute sua desperantes, ut extremo vitæ
tempore homines facere consuerunt, aut suam mortem
miserabantur, aut parentes suos commendabant, si quos
ex eo periculo fortuna servare potuisset. Plena erant
omnia timoris et luctus.

XLII. Curio ubi, perterritis omnibus, neque cohor-
tationes suas, neque preces audiri intelligit, unam, ut
miseris in rebus, spem reliquam salutis esse arbitratus,
proximos colles capere universos, atque eo signa inferri
jubet. Hos quoque præoccupat missus a Sabura equitatus.
Tum vero ad summam desperationem nostri perveniunt,
et partim fugientes ab equitatu interficiuntur, partim
integri procumbunt. Hortatur Curionem Cn. Domitius,
præfectus equitum, cum paucis equitibus circumsistens,
ut fuga salutem petat, atque in castra contendat, et se
ab eo non discessurum pollicetur. At Curio, nunquam,

geait, elle faisait plier l'ennemi; mais elle ne pouvait ni poursuivre les fuyards, ni redoubler de vitesse. Bientôt la cavalerie ennemie commença à tourner nos deux ailes et à nous prendre en queue. Quand nos cohortes se détachaient, les Numides, frais et légers, évitaient le choc par la fuite; puis revenaient, et, les enveloppant tout à coup, les empêchaient de regagner leurs lignes. Ainsi l'on ne pouvait sans péril ni garder son poste et son rang, ni se porter en avant et tenter les hasards. L'armée ennemie s'augmentait incessamment des renforts envoyés par le roi : les nôtres tombaient de lassitude; nos blessés ne pouvaient ni se retirer du combat, ni trouver de réfuge, à cause de la cavalerie ennemie qui nous enveloppait de toutes parts. On les voyait donc, comme il arrive en ces extrémités, déplorer leur destin, et recommander leurs familles à ceux que la fortune sauverait du désastre. La consternation et le deuil étaient partout.

XLII. Curion, au milieu de l'alarme générale, voyant qu'on n'écoutait plus ses exhortations ni ses prières, prend le seul parti qu'il croit lui rester dans son désespoir, et ordonne à tous ses soldats de se saisir des hauteurs voisines et d'y porter les enseignes. La cavalerie de Sabura le prévient et s'en empare : les nôtres n'ont plus d'espérance; les uns sont massacrés dans leur fuite par la cavalerie, les autres meurent avant d'avoir fait aucun effort. Cn. Domitius, préfet de la cavalerie, veillait autour de Curion avec quelques cavaliers : il le conjure de chercher son salut dans la fuite et de regagner le camp, lui pro-

amisso exercitu, quem a Cæsare fidei suæ commissum acceperit, se in ejus conspectum reversurum confirmat; atque ita prœlians interficitur. Equites perpauci ex prœlio se recipiunt : sed ii, quos ad novissimum agmen equorum reficiendorum causa substitisse demonstratum est, fuga totius exercitus procul animadversa, sese incolumes in castra conferunt. Milites ad unum omnes interficiuntur.

XLIII. His rebus cognitis, M. Rufus quæstor, in castris relictus a Curione, cohortatur suos, ne animo deficiant. Illi orant atque obsecrant, ut in Siciliam navibus reportentur. Pollicetur, magistrisque imperat navium, ut primo vespere omnes scaphas ad litus appulsas habeant. Sed tantus fuit omnium terror, ut alii adesse copias Jubæ dicerent, alii cum legionibus instare Varum, jamque se pulverem venientium cernere (quarum rerum nihil omnino acciderat), alii classem hostium celeriter advolaturam suspicarentur. Itaque, perterritis omnibus, sibi quisque consulebat : qui in classe erant, proficisci properabant; horum fuga navium onerariarum magistros incitabat : pauci lenunculi ad officium imperiumque conveniebant. Sed tanta erat, completis litoribus, contentio, qui potissimum ex magno numero conscenderent, ut multitudine atque onere nonnulli deprimerentur, reliqui ob timorem propius adire tardarentur.

XLIV. Quibus rebus accidit, ut pauci milites patresque familiæ, qui aut gratia, aut misericordia valerent, aut naves adnare possent, recepti, in Siciliam incolumes pervenirent : reliquæ copiæ, missis ad Varum noctu legatorum numero centurionibus, sese ei dediderunt. Quo-

mettant de ne pas l'abandonner. Curion répond que jamais, après la perte de l'armée que César lui avait confiée, il ne reparaîtra devant lui, et se fait tuer en combattant. Quelques cavaliers échappèrent; ceux que nous avons dit être restés à l'arrière-garde pour faire reposer leurs chevaux, voyant de loin la déroute de toute l'armée, se retirèrent au camp sans aucun danger. Tous les fantassins périrent jusqu'au dernier.

XLIII. A la nouvelle de ce désastre, le questeur M. Rufus, que Curion avait laissé à la garde du camp, essaya de rassurer les esprits. Tous le prient et le conjurent de les ramener en Sicile. Il y consent, et ordonne aux pilotes de tenir les chaloupes prêtes sur le soir. Mais telle était l'épouvante, que les uns croyaient déjà voir Juba avec ses troupes; d'autres apercevaient Varus et la poussière s'élevant sous les pas de ses légions : et rien de cela n'était réel. Plusieurs s'imaginaient que la flotte ennemie allait survenir. Au milieu de cette frayeur, chacun ne songeait qu'à soi : ceux qui étaient sur la flotte se hâtaient de partir; leur exemple excitait les pilotes des vaisseaux de charge à les suivre. Peu de chaloupes obéirent à l'ordre qui avait été donné; et tel était l'empressement de la foule qui couvrait le rivage, que plusieurs esquifs furent submergés sous le poids des fugitifs; les autres étaient retenus par la crainte d'un sort semblable.

XLIV. Il arriva de là que fort peu de légionnaires ou de citoyens furent reçus dans les navires, soit par grâce, soit en les gagnant à la nage, et purent parvenir en Sicile : le reste des troupes députa cette nuit même des centurions à Varus, et se rendit à lui. Le lendemain,

rum cohortes militum postero die ante oppidum Juba conspicatus, suam esse prædicans prædam, magnam partem eorum interfici jussit; paucos electos in regnum remisit. Quum Varus suam fidem ab eo lædi quereretur, neque resistere auderet, ipse equo in oppidum vectus, prosequentibus compluribus senatoribus, quo in numero erat Serv. Sulpicius et Licinius Damasippus, paucis diebus, quæ fieri vellet Uticæ, constituit atque imperavit; diebus æque post paucis se in regnum cum omnibus copiis recepit.

Juba, apercevant ces cohortes sous les murs de la ville, dit que ces prisonniers lui appartenaient, et en fit égorger une grande partie; il en choisit un petit nombre qu'il envoya dans ses états. Tandis que Varus se plaignait de cette violation de la foi jurée, mais n'osait faire résistance, Juba entra dans Utique à cheval, suivi d'une foule de sénateurs, au nombre desquels étaient Serv. Sulpicius et Licinius Damasippus. Il y resta quelques jours pour donner ses ordres; après quoi, il reprit le chemin de son royaume avec toutes ses troupes.

NOTES

----

1. *Depuis leur dernier échec. Voyez* le liv. i, ch. 58.

2. *Taurois.* Taurenti, selon d'Anville, à la droite de l'entrée de la baie de Ciotat.

3. *La tête couverte d'un voile.* Costume ordinaire aux supplians ; les victimes étaient ainsi parées pour l'autel.

4. *En hommes instruits et habiles.* Marseille était célèbre par ses palais, ses gymnases, ses écoles. On y retrouvait en partie la civilisation de l'Asie et de la Grèce.

5. *Irrités de la perfidie.* On a vu, au livre précédent, chap. 36, les Marseillais ouvrir leur port à la flotte de Domitius, au moment même où ils promettaient à César de garder la neutralité.

6. *Hispalis.* Sur la rive gauche du Bœtis. — Séville.

7. *Le trésor et les ornemens.* Le temple d'Hercule était hors des murs. Varron en fit transporter les richesses à Cadix, pour les soustraire à l'avidité de César.

8. *Sous prétexte du service public.* Il y a ici quelqu'incertitude sur le texte.

9. *Voyez* le liv. i, chap. 29.

10. *Qu'on appelait Coloniques.* On appelait ainsi les cohortes levées dans les colonies.

11. *Carmone.* Ville de la Bœtique, à peu de distance d'Hispalis.

12. *Qu'on appelait Vernacula.* C'est-à-dire composée d'esclaves nés dans la maison de leur maître, et d'affranchis.

13. *Italica.* Ville sur le Bœtis, près d'Hispalis, aujourd'hui Sevilla la Vieja, en Andalousie.

14. *Et partit pour Rome.* César y allait prendre possession de la dictature qu'on lui avait décernée.

15. *Clupea.* Ville de l'Afrique propre.

16. *Le camp Cornélien.* C'était le nom que l'on donnait au lieu où P. Cornelius Scipion l'Africain avait autrefois assis son camp.

17. *Il fut salué imperator.* On sait que les troupes donnaient ce titre aux généraux victorieux.

18. *Nous l'avons dit plus haut.* Voyez le liv. 1, chap. 23.

19. *Obtenir plus d'autorité.* Ce morceau paraît altéré. Les interprètes y ont fait un grand nombre de corrections. — J'ai suivi le texte de Lemaire.

20. *Deux généraux vaincus.* Petreius et Afranius.

21. *Deux provinces soumises.* L'Espagne citérieure et ultérieure.

22. *Marruciniens.* Peuple d'Italie. — Abruzze ultérieure.

23. *Qu'un trompette.* C'était avec la trompette qu'on donnait le signal pour relever les sentinelles. — Varus voulait faire croire que le camp était toujours occupé.

24. *Leptis parva.* Ville d'Afrique à peu de distance d'Adrumète.

TABLE

DES MATIÈRES DU TOME II.

-SUITE DE LA GUERRE DES GAULES.

GUERRE CIVILE.

FIN DU SECOND VOLUME.

www.ingramcontent.com/pod-product-compliance
Lightning Source LLC
Chambersburg PA
CBHW072013270326
41928CB00009B/1643